木簡・金石文と記紀の研究

小谷博泰著作集　第二巻

和泉書院

目次

第二部　古事記の成立と日本書紀

第一部　上代文字資料の表記をめぐって

1　七世紀における日本語の文章表記

はじめに

日本で書かれた最も古い時代のもので、字数の多いまとまった文章としては、まず第一に稲荷山古墳鉄剣銘をあげねばなるまい。文章表現のレベルの高さから、私は漠然と五三一年、もしくは五九一年の成立と考えたこともあったが、[1]近年の考古学方面等の研究によって、四七一年の成立がほぼ動かないものとなっている。

オホヒコからヲワケ臣に至る系譜と、奉仕の業績を記したこの文章は、系譜について言われているように、[2]口承されたものを漢文にして記したのであろう。この原文はすでに多くの研究文献に活字化されて引用されており、また七世紀の資料というわけではないので、省略して私の訓み下したものを次に記す。

辛亥年、七月中に記す。ヲワケ臣は、上つ祖、名はオホヒコ、其の児タカリ足尼、其の児、名はテヨカリワケ、其の児、名はタカハシワケ、其の児、名はタサキワケ、其の児、名はハテヒ、其の児、名はカシハデ、其の児、名はヲワケ臣。世々《みよみよ》、杖刀人の首と為《し》て、奉事《つかへまつ》り来、今に至りて、ワカタキル大王《おほきみ》、シキの宮に寺在す時、吾《われ》、天の下治むることを左《たす》く。此の百練の利《と》き刀を作ら令《し》め、吾が奉事る根原を記す也。

口承された段階では、ヲワケ臣らが使っていたことばで述べられたであろう。当時の日本のことばの一種か、もし彼らが渡来人の一族なら、古代朝鮮のことばの一種で述べられたのである。それを、古代中国の文章に翻訳したのが、右の文章の原文というわけである。

その漢文を記したときに、それがどういう意味の文章なのか、日本語のことばに再翻訳して口頭で示したことも、可能性としては考えられるが、これを訓読して、あるいは翻訳しながら、たとえば服属儀礼や葬送儀礼の中で読み上げたことがあるとまでは言えない。

当時にはまだ、強力な口頭伝承の伝統があったであろうから、わざわざ中国語の文章にして記した上で、それを読み上げるようなめんどうなことをしなかったであろうと推測される。しかし、これを日本語で読みあげなかったかどうかについて、明確な証拠があるわけではない。

さて、日本語の文章、つまり和文として書かれた確かな資料の存在は七世紀に始まる。近年の、飛鳥京や飛鳥池をはじめとする各地の遺跡からの、七世紀に書かれた木簡資料の出土により、和文の表記の成立は、従来に考えられていたより古い時期にさかのぼるものと考えねばならなくなってきた。ここでは、これらの資料を手がかりに、七世紀の日本における文章表記について再考し、大きく言えば上代日本語の歴史を書き改めようとするものである。

一、法隆寺金堂薬師仏光背銘

現存する資料では、この銘文によって、明確に和文の歴史が始まる。成立は、小松英雄氏の述べられた(3)ように、丁卯年、つまり六〇七年とするのが妥当である。氏の書かれているように、六七〇年ころまでに字句の部分的な改変があった可能性もないではないが、六〇七年にほぼこの文章が書きあげられたと考えられる。

池辺大宮治天下天皇大御身労賜時歳次丙午年召於大王天皇与太子而誓願賜我大御病太平欲坐故将造寺薬師像作

仕奉詔然当時崩賜造不堪者小治田大宮治天下大王天皇及東宮聖王大命受賜而歳次丁卯年仕奉

この文章については、すでにいくつもの訓釈があり、小松英雄氏の詳しい分析もあるが、あえて以前に作成した[4]私の訓み下し文を次に示しておく。

池辺の大宮に天の下治めたまひし天皇《すめらみこと》、大御身労《つか》らし賜ひし時、歳《やど》丙午に次る年に、大王天皇と太子を召して誓《うけ》ひ願ひ賜ひしく、「我が大御病、太平《たひら》けく坐《いま》さまく欲りするが故に、寺を造り薬師を像《かたど》作り、仕へ奉らむ」と詔りたまひき。然るに当時《そのとき》、崩《かく》れ賜ひ造り堪《あ》へねば、小治田《をはりた》の大宮に天の下治めたまふ大王天皇と東宮《ひがしのみやの》聖王《ひじりのみこ》、大命を受け賜はりて、歳丁卯に次る年に仕へ奉りき。

右の平仮名で表記した部分を万葉仮名にすれば宣命体表記になるものであり、宣命の慣用句「大命受賜而」ほか、宣命に類似の字句が得られる個所もある。ちなみに、「大命を受け賜はる」は、『続日本紀』宣命第一詔、文武元年(六九七)八月の詔が初出である。銘文の推古十五年(六〇七)からは九十年のちのものとなる。

なお、漢文(中国語の文章)の和化漢文、および宣命体表記への推移の前に、古代朝鮮における漢文への吏読の混用がある。姜斗興氏[5]は、四一四年建立とされる「広開土王碑」の固有名詞表記にすでに吏読が確認されると述べ、金思燁氏[6]は五六八年建立とする「新羅真興王巡狩碑」を吏読混用の金石文の最も古いものとして示された。ただし、井上秀雄氏[7]は、真興王の碑は固有名詞を除けばほぼ完全な漢文とされるが、新羅の国内向けの碑文として、五七八年建立と推定される戊戌塢作碑などをあげ、正則的な漢文に混って吏読的な書法がかなり見られるものとする。吏読による表記が明確なものでは、すでに河野六郎氏[8]の解説された「南山新城碑」(推定五九一年建立)があった。

「新羅真興王巡狩碑」の文章の一部と類似の詞章が、日本の詔勅や宣命からも得られることはすでに述べたことがある。『三国史記』[9]の「新羅本紀」などに収められた文章に、日本の宣命や祝詞との類似関係のうかがわれるもののあることも拙稿で述べている。

日本の「法隆寺金堂薬師仏光背銘」は、古代朝鮮におけるそうした文章作成の流れを受けて成立したものであろうことが、時代的に言えるであろう。小松英雄氏[10]はこの銘文の書記様式について、「日本語に基づいた記録を残す必要を満たすために工夫されたもの」とされる。そこから一歩を進め、これは記録するだけではなく、日本語によって口頭で読み上げるための文章として書かれたものではないかと私は仮定し、その仮定が成り立つかどうか、ここで可能性をさぐってみたい。

さて、前記した銘文中の、「我大御病太平欲坐故、将造寺薬師像作仕奉詔」の部分は、用明天皇が大王天皇（推古天皇）と太子（聖徳太子）に述べたことばである。「将」字の位置、及び「造寺」における倒置表記が漢文式だが、他は和文の語順で表記されている。これが宣命なら、「寺を造らむ。薬師を像《かた》作《ど》り仕へ奉れ、と詔りたまふ」と読まれるところで、あるいはそのように、文を分けて読むべきかも知れない。主語が動くことになるが。

このように天皇が病気回復を誓願して述べた詔に次の例がある。

> 遣二伊勢王及官人等於飛鳥寺一、勅二衆僧一曰、近者朕身不和。願、頼二三宝之威一、以身体欲レ得二安和一、是以僧正・僧都及衆僧応二誓願一。　（『日本書紀』[11]天武朱鳥元年六月）

伊勢王や官人等の一人が、飛鳥寺の僧たちの前で詔勅を読み上げたものであろうが、もし日本語で読み上げたとすれば、「近者《このころ》、朕《わ》が身《おほみみ》、和《やす》まら不《ず》、願はくは三宝の威《ちから》に頼《よ》りて、身体、得《え》安和《やす》まらむと欲《おも》ふ。是《ここ》を以ちて、僧正、僧都、及衆《またもろもろ》の僧、誓《ちか》ひ願ふべし」などと読まれたであろう。

次の詔勅は皇太子の病気の回復を願うもので、先の天武紀の詔を応用発展させたような文章となっている。

> 勅、皇太子寝病、経レ日不レ愈。自レ非二三宝威力一、何能解二脱患苦一。因レ茲、敬造二観世音菩薩像一百七十七軀幷経一百七十七巻一、礼仏転経、一日行道。縁二此功徳一、欲レ得二平復一。　（『続日本紀』[12]神亀五年八月）

菩薩像を作らせるところは「法隆寺金堂薬師仏光背銘」の内容を思わせるが、仏教用語と思われる熟語が多く、あるいは文書を配布することによって知らしめたものかも知れない。口読するなら、当時はすでに宣命という方法があった。同じように病気回復を願う詞章に、次のような宣命の例がある。

我王朕子天皇乃詔豆羅久朕御身労坐故暇間得而御病欲治

（我王朕子天皇の詔ひつらく朕《わ》が御身労らし坐《いま》すが故に暇間《いとま》得て御病治めむ）

（『続日本紀』第三詔）

この「朕御身」以下は、元明天皇が、その子の文武天皇の譲位のことばを引用したものである。

加以元来風病尓苦都々身体不安。復年毛弥高成尓弖餘命不幾。今所念久此位波避天暫間毛御体欲養止奈毛所念須。

（加以《しかのみにあらず》、元来《もとより》風の病に苦しびつつ身体《おほみみ》安くあらず。復《また》、年も弥《いや》高く成りにて餘《のこり》の命幾《いくばく》もあらず。今念ほさく、此の位は避《さ》りて暫《しまらく》の間も御体《おほみみ》養はむとなも念ほす）

（『続日本紀』第五九詔）

同じく病気養生という譲位の理由を述べたもので、直接、病気回復を誓願するものではない。しかし、奈良時代のものではあるが、こうした和文が存在し、しかも推古朝に、内容につながりのある先の銘文が成立していたとなると、天武紀の勅（みことのり）、伊勢王と官人等を飛鳥寺に遣して衆僧（もろもろのほふし）に述べさせたその文章は、まったくの音読ではなく、漢語をまじえながらも和文として読み上げられたのではなかろうか。

そうしたところから類推するに、先の銘文の用明天皇のことば、「我が大御病、太《た》平《ひら》けく坐《いま》さまく欲りするが故に、寺を造り薬師を像作《かたど》り、仕へ奉らむ」はまぎれもない「大命」つまり天皇の命令であり、この形で、つまり和化漢文で記されたとすると、詔勅よりもむしろ宣命と言うべきものである。それを核にして銘文は、和文で推古天皇と聖徳太子の意思を書き記しているのであるが、これは、宣命に類似するものとして、日本語で読み上げることを目的としたか、少なくとも日本語で口読されることを予想したものと思われる。さらに、七世紀の木簡資料によって、当時の文字にかかわる言語生活の様相を考えたい。

二、七世紀の木簡資料

「法隆寺釈迦三尊像台座墨書銘」と呼ぶのもものものしく、むしろ「推古朝記帳木材」とでも呼んだ方がいい資料であるが、法隆寺金堂の釈迦三尊像の台座の補足材から次の墨書銘が発見されている。以下、舘野和己氏の論考(13)から引用した。

①辛巳年八月九月作□□□□
②福費二段
③留保分七段
　書屋一段
　尻官三段　御支□三段
④辛

右の「辛巳年」は推古二十九年（六二一）と考えられている。「福費」は拙著(14)にそのまま引用したことがあるが、今考えるに、これは「椋費」ではなかろうか。舘野氏も、一度は「椋」を考えながら、結果として「福」が妥当とされたもので、疑問は残る。ただ、「椋」とすると、これを「倉」を示す古い用字と見ることができ、「書屋」と同様に建物を示すものとして考えやすい。ちなみに、伊場木簡に、「委尓部足結屋一」「委尓部長椋二」など、「屋」や「椋」（倉）の所有者名をいくつも列記し、数をそえた帳簿と見られているものがある。(15)「里」を「五十戸」と表記しているので、おそらく七世紀のものであろう。

先の墨書銘では、「二段」「七段」などと数字の下に付いている「段」は、舘野氏[16]の書かれているように、布の単位の「端」、そして「留保分」の内訳が「書屋一段」「尻官三段」「御支□三段」で、この書付けは布の出納を表すものである。拙著[17]では、「御支□」を「川支《つき》島」（築島）かとも考えたが、明確ではない。土木建設などの工事に関する支払いを記入したものかとも考えたが、あるいはもっと日常的な経費や手当てなどに関するメモかも知れない。

国語史において注目されるのは、推古朝において、すでに物の出納を記帳するような文書業務が行われていた事実である。そうした、文字生活を背景に、右のようなメモがなされたものであることは、当然、推測されることで、とすると、藤原時代には木簡資料によってその実行が知られている諸種の文書業務、たとえば物品や人物の移動にかかわる付札（つけふだ）や文書（もんじょ）の筆録が、先駆的に推古朝においてすでに行われていたであろうということである。この墨書銘は、何らかの建材となった木材に書かれたものではあるが、内容から木簡に類するものと見なすのがふさわしいであろう。

なお、現時点では、年紀の記された木簡として最も古いのは、藤原宮跡から出土した次の斉明七年（六六一）のものである。〈この論考以降にもっと古い資料が出土している。後の章に述べる。〉

・百代主芠　百代□

・辛酉年三月十日□

右は『藤原宮』[18]によったが、あるいは年紀の記された方が木簡の表側かも知れない。典薬寮関係の木簡の一つとされている[19]。

以下、七世紀の木簡資料について述べたいが、最近に報告されたものが多いとはいえ、すでに拙著[20]においても述べているので、必要なことがらのみを書くにとどめる。

飛鳥京から荷札木簡に、「布奈《ふな》」「田比《たひ》」「佐祁《さけ》」「□〔支カ〕多比」など、万葉仮名で物品名の書かれたものが出ている。

奈良時代には「鮒、鯛、鮭、腊」などと訓字を使うようになり、藤原時代でも「鮭」などは訓字が使われている。物品名に万葉仮名表記が多いということは、物品名以外のことばにもその傾向があったのではないかと推測される。つとに「須弥酒」（『飛鳥京跡二』）[21]の例が紹介されていたが、単語の万葉仮名表記が多ければ、当然、文章表記などにも音訓交用体の形をとりやすいという可能性がある。

飛鳥池遺跡からは宣命体表記をまじえた木簡が出ている。

世牟止言而□

□本止飛鳥寺

（『飛鳥・藤原宮発掘調査出土木簡概報』一三）

木簡の一つの面に「せむと言ひて」「本と飛鳥寺」と読まれる文章断片が書かれているわけだが、「世牟」は訓字表記すれば「将為」であろうか。これを万葉仮名で記し、二行目の助詞「止」は小書きしていて、きわめて和風傾向の強いものとなっている。飛鳥池遺跡からは別に、天武朝ころの和歌断片も出ていて、それが借音仮名と借訓仮名を交じえた万葉仮名で書かれていた[22]。徳島県観音寺遺跡出土の難波津の歌の断片も同様であったが、和歌のこうした万葉仮名表記の起源は、時代をさらにさかのぼるものと考えねばなるまい。

森ノ内遺跡（滋賀県）からは、「自舟人率而可行也」（自ら舟人を率《ゐ》て行くべし）云々と目的語を述語の前に和文の語順のまま記した木簡が出土していて、稲岡耕二氏[23]によって「素朴な和文体書簡である」と指摘されている。この天武朝ころの遺跡からは、山尾幸久氏[24]によって宣命大書体表記と指摘されている文書木簡が別に出ていて、こちらは七世紀末のものかと言われている。「□匹尓□□□寵命坐□（而）」（□匹に□□□寵命《おほみこと》に坐し而《て》）の「尓」が万葉仮名かと考えられるのである。先の飛鳥池遺跡出土の宣命体表記木簡もそうであるが、一応は七世紀末ころのものと考えられるものの、さらに時代がさかのぼる可能性もある。

かつて、拙稿で奈良時代の木簡と比べ、藤原宮木簡に和風傾向が強いことを述べた[25]ことがあるが、こうした天武・持統朝ころの木簡の出現によって、藤原時代よりさらにさかのぼる時代に、さらに和風傾向の強いことが示されたわけで、今までの表記史に関する通説を再考しなければならない事態となった。

三、孝徳紀・天武紀の詔書

『日本書紀』の孝徳天皇の条ではしばしば詔書が記載されている。そして、その中には次のように『続日本紀』宣命の慣用句が見られるものがある。

> 又詔二於百済使一曰、明神御宇日本天皇詔旨、始我遠皇祖之世、以二百済国一為二内官家一、譬如二三絞之綱一。（下略）
> （大化元年七月）

この「明神御宇日本天皇詔旨」は、公式令に規定する詔書の書き出しである。金子武雄氏により、こうした冒頭の辞句に和文の痕跡が見られる詔勅は、もとは他の部分、あるいは全体も和文であったと推定された。

> 日本書紀の編纂者は、恐らく和文であった詔勅を故意に翻訳したものであらう。さうして右に示したやうな和文的な部分は漢文に翻訳することが出来なかったために、その儘残して置いたものであらうと思はれる。
> （『続日本紀宣命講』[26]）

ところが、日本古典文学大系の『日本書紀』[27]下の補注において、これらは当時の書き方ではなく、公式令の知識によって書かれた公算が強いと論じられている。また、稲岡耕二氏[28]はそれを引いて、それらの詔はもともと漢文であったので、それを書紀編纂者が冒頭部分を和文的に改めたものとされ、これが通説となっている。

ところで、孝徳紀や天武紀の詔書の中には、冒頭部以外にも『続日本紀』宣命との類似部分が見られるものがある。

たとえば、右の詔書の直前に記された高麗の使いに出された詔では、「明神御宇日本天皇詔旨」のほかに、「是故、可下以二温和之心一、相継往来上而已。」がある。「以二温和之心一」は宣命第二詔の「以二明浄心一而」など慣用される表現に近い。「相継往」は同じ詔の「次々被レ賜将レ往」に似ており、類似の表現は他にも見られる。先の百済の使いに出した詔書の「始我遠皇祖」は、宣命第一詔の「遠天皇祖御世中今至尓麻弖」などの類例がある。

外国からの使いに出した宣命としては、後のものになるが、宝亀八年四月の第五七詔がある。渤海国の使いの奏上した「渤海国王、始レ自二遠世一供奉不レ絶。」云々とある、たぶん中国語で読み上げられたであろう漢文の文章に答えたもので、読み下しを試みると、「現つ神と大八洲国知らす天皇《すめら》が大命らまと詔《の》りたまふ大命を、聞き食《たま》へと宣りたまふ。遠天皇の御世御世、年の緒落ちず、間《あひだ》む事無く、仕へ奉り来る業となも念ほしめす」云々とある。漢文に対して、和文で答えているわけで、その表現がまた、先の高麗や百済に出した詔書に似通っているのである。

詔二東国々司等一曰、集侍群卿大夫及臣・連・国造・伴造幷諸百姓等、咸可レ聴之。夫君二於天地之間一而宰二万民一者、不レ可二独制一。要須二臣翼一。由レ是代々之我皇祖等、共二卿祖考一倶治。朕復思下欲蒙二神護力一、共二卿等一治上。（下略）　（大化二年三月）

ここにはさらに多くの類似部分があり、「於」「之」「而」「者」など助辞の使用もめだつ。『続日本紀』宣命では、次のような類似部分があげられる。

集《うごな》はり侍る皇子等、王たち、百の官の人等、天の下の公民、諸《もろもろ》聞き食へと詔りたまふ。　（第一詔）

故、是を以て親王たちを始めて、王たち、臣たち、百官の人等の浄き心を以て、弥《いや》務めに弥結りにあななひ奉り、輔佐《たす》け奉らむ事に依りてし、此の食す国、天の下の政事《まつりごと》は、平らけく長く在らむとなも念ほし坐す。　（第三詔）

然るに皇と坐して天の下治め賜ふ君は、賢き人の能き臣を得てし、天の下をば平らけく安らけく治むる物に在

るらしとなも聞こし行《ま》す。（第二四詔）

此の物は天に坐す神、地《くに》に坐す祇《かみ》の相うづなひ奉り福《さき》はへ奉る事に依りて、顕《うつ》しく出でたる宝に在るらしとなも神随《かむながら》念ほし行《ま》す。（第四詔）

ほかの類例は省略する。あるいは、宣命にならって、『日本書紀』編集者の誰かが先の詔書を作文したと見る考えもあるかも知れないが、それにしては大部であるし、また、そうした作文をなす理由もなさそうである。

同じ大化二年三月の条には、皇太子（中大兄皇子）が天皇に奏上した詞章に、「是故慶之尊之、頂戴伏奏。現為明神御八嶋国天皇」という部分がある。和風傾向が強いが、こうした部分にも、宣命に多数の類句がある。たとえば、次のように。

「比の尊くうれしき事を」（第四一詔）、「うれしよろこぼしとなも見る」（第四六詔）、「頂き恐み供へ奉りつつ」（第七詔）、「天の下、共に頂き受け賜はり歓《よろこ》ぶるし、理《ことわり》なるべし」（第一三詔）、「頂に受け賜はり恐み、受け賜はり懼ぢ、進むも知らに退くも知らに恐み坐さくと」（第四八詔）、「明つ御神と大八嶋国知らす天皇」（第一詔）

朕惟虚薄。何以享レ斯。蓋此専由下扶翼公卿・臣・連・伴造・国造等、各尽二丹誠一、奏中遵制度上之所レ致也。是故始二於公卿一及二百官等一、以二清白意一、敬奉二神祇一、（白雉元年二月）

中大兄皇子が天皇に奉上した賀詞に、宣命に類似した部分の多いことはかつて述べた[29]ことがある。それに答えた孝徳天皇の詔書のこの部分も、宣命の類似部分から成っている。「朕惟虚薄」「以二清白意一」など、宣命や詔勅に慣用されるものである。古代朝鮮の金石文や中国の詔書にも「朕惟虚薄」の類似表現が見られることはかつて述べた[30]ところで、もとは漢文から出たものであり、和文はそれを翻訳、翻案したものである。とは言え、こうした詔書が祝いの席で、中国語で読み上げられたとは考えがたい。古代の日本語で、さかのぼれば古代の朝鮮語で詔書が翻訳されて唱え上げられた時期があったのではなかろうか。古代中国においても、王朝が替わったり、別の国であったりすれば、別のことばで詔書が読まれたであろうが、違うことばと言っても、多くの場合は中国語系のことばであったであろうから、朝鮮、日本におけるのとはやや事情が異なる。

詔曰、明神御大八洲倭根子天皇勅命者、諸国司・国造・郡司及百姓等、諸可レ聴矣。朕初登二鴻祚一以来、天瑞非二一二一多至。伝聞、其天瑞者、行レ政之理、協二于天道一、則応之。是今当二于朕世一、毎年重至。一則以懼、一則以嘉。是以親王・諸王及群卿・百寮幷天下黎民、共相歓也。（下略）　（天武十二年正月）

こうした祥瑞に関する詔書も、『続日本紀』の宣命や詔勅にいくつかの例があり、ほぼ宣命の語句を集めて当てはめて行けば、右の詔書は読み上げ得るものである。詔書の類と宣命の類似性はすでに孝徳紀において知られたので、ここでは省略して別の機会に細かく分析することにしたい。

これらは、いわば宣命を漢訳したようなものである。が、宣命の成立を考えれば、順序は逆である。中国の詔書類が朝鮮を経て日本に影響を及ぼして成ったのが日本の詔書であり、むしろそれを和訳して日本の宣命が成立したのである。

粂川定一氏は次のように指摘された(31)。

漢文の詔書が支那の詔書の影響を受けてゐることは、言ふまでもないが、宣命も亦その影響を多分に受けて、全文の構成の上にも著しく現はれてゐれば、又用語や思想の上にも殆ど毎詔に亘つて現はれてゐると云つてもよい位である。

これは、宣命と中国の詔書や日本の詔勅をつき合わせて調べれば当然の結論として知られ、拙稿(32)でもこの説を補強したことがある。

思ふに宣命の草案者の座右には、古今東西に於ける種々の詔勅類が整然と分類されてゐて、事あれば則ち、之を粉本として、大体の構成を考へ、之に特異の事実を織成して息吹を新にしたものではなからうかと考へる(33)。

ワープロの手紙作成用のソフトではないが、多かれ少なかれ、公用文の作成は、これに似た方法でなされるのであり、天皇文書たる宣命だけでなく、律令体制下の諸機関で出される文書類についても、規模は小さいながら同様の業務がなされたであろう。

しかし、下臣たちを集めた前で朗朗と読み上げたであろう、ある種の詔書について言えば、漢文のままでは、すでに都合の悪い時代に入っていたのではなかろうか。

少なくとも天武朝のころには、木簡などから考え、和風傾向の強い文章表記もなされるようになっていた。天武朝の詔書のあるものに、漢文ながら、和風傾向の見られる部分を有するものがある。とすると、原文は、「原宣命」とも言うべき表記法で書かれていたのを、漢文に訳したため、現存の形になったのではないか。孝徳朝の木簡というほどの資料はまだ出土していないので、この時代の木簡の表記法は不明であるが、すでに和風傾向の見られる文章が書かれていた可能性はある。

詔書であっても、もっぱら説明と叙述を目的とするような内容のものはともかく、即位の詔のように、群臣を集めて儀式を行い、その中で唱え上げられた文章、和文としての文飾を求められる文章は、漢文からはなれて和文としての文章が、はやくに求められたことと思われる。

『日本書紀』の詔書の冒頭部分にある「明神御宇日本天皇詔旨」を後の書き換えであるとする稲岡耕二氏等の見解は、おそらく正しい。だが、そう書き換える前の文章が、すべて漢文表記だったかと言うと、それは疑問である。大宝令の知識をもって書き換える前は、さらに和風傾向の強い文章がそこにあったかも知れない。

対外的な文章を求めての、漢文表記使用が『日本書紀』の編集方針であったであろうから、漢文で表記されている原文に、わざわざ和風傾向を持ち込むようなことは考えにくく、逆は考えやすい。

孝徳紀、天武紀などにおける詔書類のなかには、後の宣命に類似部分が多く得られる例がいくつか見られる。冒頭部分など、大宝令の知識によって書き改められたものもあるであろうが、書き改める前の原文が漢文だったとは限らず、もっと和風傾向の強い表記であったかも知れない。たとえ漢文だったとしても、群臣の前で、宣命式に、和文として読み上げられたものもあるであろう。

おわりに

孝徳紀の大化元年は西暦の六四五年である。「法隆寺金堂薬師仏光背銘」の成立したと考えられるのは推古十五年（六〇七）である。推古二十九年（六二一）には、当時、すでに布の出納が記帳されていたと考えられる墨書資料が出ている。天武元年は西暦の六七二年であるが、この天武朝から七世紀末にかけては、通説に逆らう和風傾向の強い木簡資料が出ている。万葉仮名表記の和歌木簡の断片も、宣命体表記の文書木簡の断片もある。

文章史におけるこうした流れをみれば、先の「法隆寺金堂薬師仏光背銘」の和化漢文が日本語によって口読され得たものであり、何らかの場においてこれが口読された、あるいは口読されるべく書かれたものであろうことは十分に考えられよう。

上代の識字層の文字能力については、木簡資料によって、おおよその所が知られる。たとえば藤原宮木簡により、当時の文書（もんじょ）類が、漢文からの翻訳、翻案によっているにもかかわらず、後の時代の文書類より和風傾向の強い例も見られるのは、訓読などの能力が一般的には進んでいなかったためかとも考えられる。さらにさかのぼる時代の、詔書類を作成するような階層の者においてはどうか、その考察のための重要なてがかりとして、ここに述べた「法隆寺金堂薬師仏光背銘」があった。これは、造寺、造仏に関する記録、説明ではあるが、天皇の「大《おほ》命《みこと》」を文章化した部分を含み、全体的にも大命の傾向を持つ。なお、七世紀前半のさらに多くの文字資料の出現を待って論じるべきところもあるが、最近の木簡等の出土状況から考え、その日も遠くないであろう。

注

（1）拙稿「稲荷山古墳鉄剣銘の文章」（『木簡と宣命の国語学的研究』一九八六年一一月。本著作集第一巻『木簡と宣命の国語学的研究』として再録。以下同じ）

（2）佐伯有清「古代氏族の系譜」（『歴史公論』一九七九年五月）
なお、神野志隆光氏は、『古事記』の系譜について、口承の系譜体をひきうけながら、中国史書の形式に倣ったものと指摘されていた（「『古事記』の神話叙説―神名列挙の方法―」『日本文学』一九七八年四月）。

（3）小松英雄『日本語書記史原論』一九九八年六月

（4）拙稿「上代の表記法と古事記」（『上代文学と木簡の研究』一九九九年一月。本著作集第二巻『上代文学と木簡の研究』として再録。以下同じ）

（5）姜斗興『吏読と万葉仮名の研究』一九八二年一〇月

（6）金思燁『古代朝鮮語と日本語』一九七四年一〇月

（7）井上秀雄「朝鮮での文字の展開」（『新版　古代の日本』第一〇巻　一九九三年七月）

（8）河野六郎「古事記に於ける漢字使用」（『古事記大成』言語文字篇　一九五七年一二月）

（9）注（1）に同じ。

（10）注（3）に同じ。

（11）以下、『日本書紀』は日本古典文学全集（小学館）による。

（12）以下、『続日本紀』は新日本古典文学大系（岩波書店）による。
ただし、宣命については、北川和秀編『続日本紀宣命　校本・総索引』を参照し、訓み下しは私案による。

（13）舘野和己「釈迦三尊像台座から新発見の墨書銘」（『伊珂留我』⑮一九九四年四月）

なお、鶴見泰寿氏が、これを「記録簡的な墨書」とされ、「七世記前半には既に記録簡が普及していたことを推測させる」と書かれた（「七世紀の宮都木簡」『木簡研究』第二〇号　一九九八年一一月）。
(14) 拙稿「飛鳥藤原時代木簡の表記法をめぐって」（『上代文学と木簡の研究』一九九九年一月）
(15) 横田拓実・鬼頭清明『古代史演習　木簡』一九七九年八月による。
(16) 注（13）に同じ。
(17) 注（14）に同じ。
(18) 奈良県教育委員会『藤原宮』一九六九年三月
(19) 狩野久「木簡概説」（『日本古代の国家と都城』一九九〇年九月）参照。
(20) 注（14）に同じ。
(21) 奈良県立橿原考古学研究所『飛鳥京跡二』一九八〇年五月
(22) 注（14）に同じ。
(23) 稲岡耕二「木簡と表記史」（『松村明教授古稀記念国語研究論集』一九八六年一〇月）
(24) 山尾幸久「森ノ内遺跡出土の木簡をめぐって」（『木簡研究』第一二号　一九九〇年一一月）
(25) 拙稿「藤原宮木簡の用字および表記について」（『木簡と宣命の国語学的研究』一九八六年一一月）
(26) 金子武雄『続日本紀宣命講』一九四一年一一月
(27) 日本古典文学大系『日本書紀』下　一九六五年七月
(28) 稲岡耕二「続日本紀における宣命」（新日本古典文学大系『続日本紀』二　一九九〇年九月）
(29) 拙稿「宣命の起源と詔勅」（『木簡と宣命の国語学的研究』一九八六年一一月）
(30) 拙稿「宣命と上代における漢籍の訓読」（同）
(31) 粂川定一「続日本紀宣命」（『上代日本文学講座』第四巻　一九三三年一〇月）
(32) 注（1）、注（29）、注（30）参照。
(33) 注（31）に同じ。

2　法隆寺幡銘と斉明紀挽歌

一

すでに十数年の以前になるが、法隆寺で飛鳥時代の紀年銘の書かれた幡が発見された。(1) 戊子年、つまり持統二年（六八八）のものである。

これをきっかけに、狩野久氏が法隆寺などの幡の年代について再考され、すでに報告されていた銘文のうち、従来は養老年間のものとされていた三点を六十年さかのぼらせ、その年紀を斉明五年（六五九）、斉明七年（六六一）、天智二年（六六三）に比定することが可能とされた。(2) 氏はこの判定にあたって、なお慎重であったようであるが、近年に報告された木簡などにより、その見解は妥当であったと考えられるのである。

先に、同時代の紀年銘の書かれた木簡をあげる。

1.（表）三　壬子年□
（裏）子卯丑□向　（兵庫県芦屋市三条九ノ坪遺跡(3)）

2.（表）辛酉年三月十日□
（裏）百代主菱　百代□〔作カ〕　（藤原宮(4)）

3.（表）乙丑年十二月十日酒人
（裏）『他田舎人』古麻呂
（長野県屋代遺跡群）[5]

1は白雉三年（六五二）、2は斉明七年（六六一）、3は天智四年（六六五）に年紀が相当する。なお、『他田舎人』は別筆かと推定されているもので、平川南氏は、これが自署である可能性を論じている。[6] 従来は、2の藤原宮出土のもの一点のみが突出して古い時代のものであったが、1および3の資料が発見されたことにより、七世紀中頃にすでに活発な文章行為がなされていたことが知られたわけである。

要するに、七世紀中頃、つまり孝徳、斉明、天智の三代における墨書資料として、現時点では、年紀の明らかなものでは木簡三点、幡銘三点が得られていることになる。

ところで、これは当時の文章行為（ないし文書活動）の活発さを示すだけでなく、精神活動、社会活動など、文化的な方面においても意味するものは大きい。特に幡銘は、臨終に際して行う命過幡燈法による供養幡（命過幡）に書かれたものである。[7] 故人の「形見」として供養されたことを記しており、同様に人の死に際して作られ歌われ、あるいは記録された挽歌との関連が注目される。

二

『日本書紀』では、孝徳朝の大化五年（六四九）に、造媛《みやつこひめ》の死に際し皇太子の中大兄（のちの天智）に献呈された二首が記載され、斉明朝の四年（六五八）に「年八歳」で死んだと記される皇孫建王《たけるのみこ》をいたんで作った御製六首が収められている。さかのぼれば武烈紀の影媛の送葬歌は、死者を送る生者の側から歌ったものであった。ところがこの斉明天皇の挽歌、特に建王の死の五カ月後に作られたとされる三首は、死者の側からの歌、秋間俊夫氏により[8]「死者みずから歌う」歌と解されている。時代の進展によるこうした精神生活上の、あるいは宗教的な深まりと、命過幡の献納とは、同じ文化的状況の経過の上にあるともとらえることができよう。

　また、この挽歌六首に関し、「秦大蔵造万里に詔して曰はく、『斯の歌を伝へて、世に忘らしむること勿《なか》れ』とのたまふ[9]」とある詔は、この歌の文字による記録を教唆[10]していると解釈すべきものであろう。先の孝徳朝の二首も同じく記録されたものであったであろう。

　なお、七世紀はじめ、推古十五年（六〇七）の「法隆寺金堂薬師仏光背銘」は、きわめて和風傾向の強い和化漢文（変体漢文）で書かれている。「我大御病太平欲坐故将造寺薬師像作仕奉」（我が大御病、太平《たひら》けく坐《いま》さまく欲りするが故に、寺を造り薬師を像《かたど》作り仕へ奉らむ）など、和文的表記と漢文的表記がまざったような表記になっている。これについては言われて来たことも多く、最近では小松英雄氏の精緻な研究[11]があり、ここで論じることはひかえる。

　また、こうした和化漢文に相当する表記法がすでに古代朝鮮にあったことも言われて来たことで、最近では藤井茂利氏[12]が論じておられるように、渡来人たちがその朝鮮式表記法を日本へ持ちきたったものであろう。朝鮮での一種の変体漢文（もしかすると音訓交用文や借音仮名文も）に慣れたものが、日本へ渡って日本語を習得すれば、文法的に似るこのことばの表記に、自分たちのことばの表記法を使用しようと思いつくのは必然のなりゆきである。

　なお、木簡資料に準じるものとして、法隆寺釈迦三尊像台座から次の墨書銘[13]が発見されている。

①辛巳年八月九月作□□□□

②椋費二段

③留保分七段

　書屋一段

尻官三段　□支□三段

④辛

紀年は推古二十九年（六二一）である。

これは布の出納を建材にメモしたものと見られているが、これも推古朝における文字使用の普及を示すものと言えよう。

三

さて、狩野久氏の論考[14]をもとに、木内武男氏[15]、浅井和春氏[16]の論考を参照しつつ、幡の銘文を紹介する。字体の一部は現行のものに変え、干支年号の古いものからあげる。

1. 己未年十一月廿日　過去尼道果
   是以児止与古誓願作幡奉

「己未年（斉明五年）十一月廿日、過ぎ去《に》し尼道果」「是を以ちて児止与古《とよこ》誓ひ願ひ幡を作りて奉《まつ》る」であろうか。

木内氏は末尾を「誓願して幡を作り奉る」と読む。

2. 辛酉年三月朔六日山部殿奴在形見為願幡
   進三宝内

「辛酉年（斉明七年）朔六日、山部殿、奴と在りし形見と為《し》て願へる幡」「三宝の内に進《たてまつ》る」であろうか。『続日本紀』第一〇詔（天平勝宝元年四月一日）に、「三宝の奴と仕へ奉る天皇《すめ》らが命」とあり、天皇みずから三宝（仏）の奴として仕え奉ると申し上げている。時代は異なるが、銘文は故人が仏を崇拝していたことを示すものであろうか。「形見」は和語として訓まれたであろうし、表記も変体漢文と見るべきか。

なお、木内武男氏は「奴」字を「如」として、「山部殿の在《いま》すが如く形見として願の幡を為《つく》り、三宝内に進む」と読む。浅井和春氏は「山部殿奴が在りし形見として願い三宝内に進上した幡の意か」とする。

3．癸亥年山部五十戸婦為命過願造幡巳

「癸亥年（天智二年）山部の五十戸《さと》の婦、命《いのち》過ぎむと為《し》て願ひ幡を造りて巳《や》む」であろうか。「五十戸」は狩野久氏の書かれているように、天武末年頃はじまった「里」制に先行する表記で、サトと読まれる。これにより、全体としても訓読されたであろうと推測されるが、ただ「命過」は音読して、「命過と為《し》て」などと読まれた可能性もあるであろう。「為」字は宣命では、「是以改二神亀六年一為二天平元年一而」（『続日本紀』第六詔）など、「〜として」と読むべき例が多い。「巳」はヲハルとも読めるか。

以上が七世紀中頃の銘文の三例であるが、次の「丁丑」（天武六年）を木内氏は「丁巳」（養老元年）と読まれているとあり[17]、だとするとこれも六十年さかのぼった斉明三年（六五七）のものという可能性が出てくる。

4．丁丑年三月十□直針間古願幡

「針間」は地名「播磨」の古い表記であるが、「針間古」で「はりまコ」と訓字と音仮名を交用して人名を表記したものかも知れない。年紀を欠く銘文で、「山部名嶋弖古連公過命時幡」があり、この文章表現を狩野氏は七世紀に特徴的なものとするが、そこにも「嶋弖古連」の音訓交用表記があった。

ほかにも重要な銘文があるが、紙幅の都合で割愛する。

以上、「五十戸」「形見」「幡」などは訓読されたであろう。「命過」「誓願」などは音読された可能性もあるが、総合して考えれば、仏教用語をまじえながらも、訓読されるように作成されており、和化漢文と見られる表記法によっている。固有名詞の音訓交用表記などは、和語として読まなければ用をなさない。人名表記のための仮名については、狩野氏により「音仮名につかわれている漢字は八世紀のものとは異なり、七世紀の金石文につかわれているのと一致する」との指摘があった。おそらく人名表記のために、当時の日本語の音節数を満たすだけの数量の音仮名が用意されていたことであろう。

また、木内氏がいくつかの用例を示されているように[18]（ただし氏は年紀を養老年間に比定している）、銘文にある「過去《すぎ(い)ぬ》」「形見《かたみ》」などは『万葉集』の柿本人麻呂などの挽歌に特徴的に使われている用語でもある。「吾王《わごおほきみ》の形見か此《ここ》を」（巻二、一九六）、「時ならず過去《すぎに》し子らが」（巻二・二一七）など作品例にこと欠かない。

時代的に考え、部分的にしろ幡の銘文が挽歌の語彙や表現を養い、あるいは両者間に影響関係のあったことが推測される。また、幡銘の筆録という文章行為が、挽歌筆録のいわば呼び水、あるいはきっかけとなったことも考えられる。もっとも、文章行為としては、先の「法隆寺金堂薬師仏光背銘」などの造仏銘の作成とも一連のものとして考えるべきか。

四

斉明天皇の挽歌は次のとおりである。

1．今城なる小丘《をむれ》が上に雲だにも著《しる》くし立たば何か歎かむ
2．射ゆ鹿猪《しし》を認《つな》ぐ川上《かはへ》の若草の若くありきと吾《あ》が思はなくに
3．飛鳥川漲《みなぎ》らひつつ行く水の間も無くも思ほゆるかも
4．山越えて海渡るともおもしろき今城《いまき》の内は忘らゆましじ
5．水門《みなと》の潮《うしほ》のくだり海《うな》くだり後《うしろ》も暗《くれ》に置きてか行かむ

6．愛《うつく》しき吾《あ》が若き子を置きてか行かむ

前半三首が建王の死んだ五月のもの、後半三首は行幸先で十月に口ずさんだとされるもので、原文は借音仮名で表記されている。この作品群に関する諸先学のあまたある論考について検証する余裕はないが、分からないのは2と6の作品である。2は従来より難解とされてきた。6も、歌の「私」が死者、つまり幼い建王とすると理解できない。「愛しき吾が若き子＝建王」となるはずのものだからである。この死者は、八歳の建王とするよりも、むしろ老いた斉明天皇で、彼女が建王を残して逝ったものというなら分かる。しかし、『日本書紀』による限り、そうはならない。

秋間俊夫氏[19]は、死者をあの世に無事に送るために歌舞の祭礼を行った「遊部」とよばれる集団を歌い手として想定している。だとすると、一般的に死者を送る場で歌われていた作品を、歌詞にたまたま「若き子」とあるため、建王に当てはめて葬送の場で使ったものであろうか。そうだとすれば、六首とも、元来の作品上の「私」は死者であり、それは一般的には老人だったとして統一できる。

あるいは、斉明天皇が、これらの伝承歌を知って愛唱し、おのずから作品に手を加えもして、御製と考えられたのかも知れない。あるいは、斉明朝のころ、こうした作品が葬儀の歌として記録されたため、建王の物語りに取り合わされて、『日本書紀』に書き入れられたのかも知れない。

作品については、さらに検討しなければなるまいが、ともあれ、『日本書紀』のこの作品群に関する記事は、斉明朝のころにはすでに渡来人たちによって、挽歌の筆録がなされていたとの記録なり伝承なりのあったことを推定させるものである。たとえ伝承だけであったとしても、そう伝承されるだけの時代背景があったであろう。

法隆寺幡銘や木簡から考え、当時の識字層には歌の筆録を行うだけの能力を持った者が、すでに少なくなかったと考えられる。幡の銘文に見られる訓字表記や借音仮名は、和文を和文として表記するだけの能力があったことを示す。万葉仮名表記なら、固有名詞の表記のために用意してあるものを三十一字分、挽歌の表記に転用すれば足りる。

飛鳥池遺跡から出土した天武朝の木簡に、万葉仮名で表記されたものがある。[20]

（表）止求止佐田目手□（和カ）□

（裏）□久於母閉皮

「とくと定めてわ」「く思へば」と読め、「とく」には「速く、解く、遂ぐ、磨ぐ」などの可能性が、「わ」はもし推読が正しいとすれば一人称代名詞の「我」の可能性があり、「く思へば」の「く」は、いわゆるク語尾で、当時の和歌にはしばしば現れる。[21]この天武朝をわずかにさかのぼった斉明朝に、すでに似た表記法で挽歌が表記されていた可能性は高いと言える。

五

なお、墨書銘の記された「幡」について述べると、これは古くから葬儀をはじめとする儀礼にかかわりが深かったと思われる。

『日本書紀』では、幡の伝来について、欽明十三年（五五二）に百済から、推古三十一年（六二三）に新羅から、仏像や経論などとともに請来されたとある。[22]

しかし、神代紀ではあるが、ずっとさかのぼれば次のような記事もある。

土俗《くにひと》、此の神の魂《みたま》を祭るには、花の時には亦花を以ちて祭る。又鼓《つづみ》・吹《ふえ》・幡旗《はた》を用ちて、歌舞ひて祭る。

（神代上、第五段、一書第五）

仏教の伝来とともに伝えられた幡と、在来の儀礼で使われた幡、仏教が伝えた死生観と、在来の死生観、おそらくそれらの接点から、あるいは融合の場から、日本の葬歌、ひいては挽歌が生まれたのであろう。

青旗の木旗の上をかよふとは目には視《み》れども直《ただ》にあはぬかも　（巻二・一四八）

この『万葉集』の挽歌の「木旗」は地名だということが通説となっている。そうだとしても、「青旗」の枕詞から、ハタが、葬儀に使われる幡が連想されよう。旗のあたりを過ぎてゆく死者（『万葉集』）と、死者があの世へ過ぎゆくに際しての思いを述べる挽歌（「斉明紀」）と、寺に納められた命過幡の銘文と、何やら関連があるようである。しかし残念ながら、私の研究の守備範囲をとっくに越えてしまった。

注

（1）切畑健・沢田むつ代「飛鳥時代の褥《じょく》・戊子《ぼし》年銘幡《ねんめいばん》」（『伊珂留我』②　一九八四年六月）

（2）狩野久「法隆寺幡の年代について」（『伊珂留我』③　一九八四年一〇月）

（3）釈文は一九九八年一一月一二日の「朝日新聞」（阪神間で配達されたもの）朝刊による。同紙には原秀三郎氏の「文書による行政支配が六四五年の『大化の改新』から間もない時に国中央で進んでいた証拠と思う」との談話が載っている。これは、兵庫県教育委員会埋蔵文化財事務所の調査で分かったものとある。

なお、犬飼隆「観音寺遺跡出土和歌木簡の史的位置」（『国語と国文学』一九九九年五月）参照。

（4）奈良県教育委員会『藤原宮』一九六九年三月による。ただし他の木簡例を参考に、年紀のある方を表と見て表裏を訂正した。

なお、鬼頭清明氏は、「主芰」は薬草で、「百代」は土地の面積として説明されている（「記紀の世界と八世紀の学問」『国文学』一九八四年九月）。

（5）長野県埋蔵文化財センター『長野県屋代遺跡群出土木簡』一九九八年三月による。

（6）平川南「古代における人名の表記―最新の木簡から発して―」（『国史学』第一六一号　一九九八年一二月）

（7）注（2）参照。
（8）秋間俊夫「死者の歌―斉明天皇の歌謡と遊部―」（『文学』一九七二年三月）、「斉明天皇の御製（Ⅱ）」（『初期万葉』一九七九年五月）
（9）以下、『日本書紀』からの引用は、訓み下しを含め小学館の新編日本古典文学全集によった。ただしルビなどを一部省略。
（10）内田賢徳「初期万葉論」（『セミナー万葉の歌人と作品』第一巻　一九九九年五月）一三ページに、「指示が満たされるためには、（中略）伝誦ということが組織的になされるような状況が想定されるが、その場合でも記録される可能性を考える必要があろう。但し、誰にでも同じように読めるように記録することはまだできない時期であろうから、記録は不規則的であって、それを〈五七五七七〉に再現するにはやはり口頭的な伝えが必要であっただろう」と書かれている。
（11）小松英雄『日本語書記史原論』一九九八年六月
なお、福山敏男「法隆寺の金石文に関する二三の問題」（『夢殿』第一三冊　一九三五年六月）はこの銘文を天武朝以降のものとする。たとえば、銘文にまず、「小治田大宮治天下天皇」とあるのを見て、これは小治田天皇以後の時代に書かれたものとする。しかし、「稲荷山古墳鉄剣銘」に「今に至りてワカタキル大王、シキの宮に寺在《いま》す時、吾、天の下治むることを左《たす》く」（訓みは拙著『木簡と宣命の国語学的研究』一九八六年一一月による）とあり、ある大王の治世下で、そう記すことも可能であろう。また、天武朝以降に、銘文の「大王天皇」のような表記が行われたとしたら、きわめて不自然である。

町田甲一『法隆寺』（増訂新版　一九八七年一一月）では、中国の竜門石窟に、多数ある諸仏のなかで、薬師仏の古いのは北魏に属する一例のみで、統計学的に推古朝に薬師信仰が日本に入ってくる可能性はきわめて小さいものとする。

しかし、薬師信仰は中国では日本ほど盛んにはならず、かえって新羅などで活発であった（佐伯快勝「おやくしさま―薬師如来のこころとすがた―」『西国薬師巡礼』一九九八年一一月参照）。薬師信仰の乏しかった地域の例を持って来ても妥当ではない。

いずれにしろ、この光背が再建されたものとするなら、銘文は、いわば写本に当たるものである。小松英雄氏の論じられたように、部分的な改変は可能性としては考えられるが、原文は推古朝成立と考えるべきものである。

(12) 藤井茂利「日本漢文と朝鮮漢文―上代の表記法の関係を中心にして―」(『湘南文学』第二〇号　一九八六年三月)

(13) 舘野和己「釈迦三尊像台座から新発見の墨書銘」(『伊珂留我』一九九四年四月)を参考に、二カ所、私意により変更した(拙稿「七世紀における日本語の文章表記」『国語と国文学』一九九九年五月〈前章〉参照)。

(14) 注(2)の論考による。

(15) 木内武男「法隆寺献納宝物新出の紀年銘仏幡について」(『日本歴史』一九七八年九月)

(16) 浅井和春「東京国立博物館保管上代裂の銘文について」(『MUSEUM』第三九〇号　一九八三年)

(17) 注(2)参照。

(18) 注(15)の論考による。

〈東野治之「『萬葉集』と木簡」(『萬葉』一九九六年七月)にも「観心寺旧蔵光背銘」に「過往」「命過」、法隆寺幡墨書銘に「過去」「命過」があり、この「命過」が万葉歌にみえることは、「やはり仏典からの直接、間接の影響と考えてよいであろう」と述べていた〉

(19) 注(8)の論考による。

(20) 奈良国立文化財研究所『飛鳥・藤原宮発掘調査出土木簡概報』一三、一九九八年九月による。

(21) 拙著『上代文学と木簡の研究』(一九九九年一月　和泉書院)を参照。

(22) 沢田むつ代『日本の美術』第二六三号「染織」一九八八年四月参照。

3　文章史から見た法隆寺幡銘と薬師像光背銘

はじめに

あるということの証明は、一点でもそのものがあれば成りたつ。しかし、ないということの証明は難しい。たとえば、ある金石文に、用字Xや用語Yが使われているとする。すると、このXやYは『日本書紀』にはじめて出現するものであるから、その金石文は『日本書紀』成立以降に作られたものとする論法がある。しかし、『日本書紀』成立以前に、このXやYが使われていなかったという証明は何も無い。

XやYは特別のものである。このような特別のものは、『日本書紀』以前に使われるはずがない。この「はずがない」によって「ない」が証明されたかのように断定する論法を見かけるのである。

仮説の提示は大胆であってよい。もっと、仮説というものの価値を認めるべきであろう。しかし、それは、証明されない段階では、あくまでも可能性の範囲にとどまっている。それをもって、断定する、あるいは断定にすりかえるような論法は、論理の基本を無視したものと言わねばなるまい。

日本の推古朝から天智朝にかけての金石文については、このXやYが当時にあったという証拠がないということをもって、それをなかったという証拠にし、従ってそれらの金石文は後世に作成されたものであるとする論が少なくない。

ここでは、そうした金石文の中でも最も疑義説、否定説の強い法隆寺薬師像光背銘について検討することを重要な目的とするが、これは残存する資料の中では、和文成立の最初期のものであり、従って傍証とすべき資料を欠くため、明確にこうだと断定することは難しい。その検討を行う前に、近年、その作成年代が、養老年間とするか、斉明・天智朝とするかで意見の分かれている法隆寺幡の墨書銘について論じておきたい。これを明確にすることによって、推古朝の法隆寺薬師像光背銘についての検討も、より確実性の高いものとすることができるであろう。

一、法隆寺幡銘と紀年

ここで問題となるのは、幡銘約二十点のうちの紀年の記された八点であり、そのうち、その紀年の判定について、意見の分かれる四点である。うち、次の②③④を狩野久氏[1]は②六五九年、③六六一年、④六六三年とするが、東野治之氏[2]は②七一九年、③七二一年、④七二三年とする。後者の見解は、狩野氏以前に言われていたところでもある。これに、さらに①を六五七年、または七一七年のものとして、検討に加えたい。

①丁巳年三月十□〔又ハ直カ〕宜針間古願幡[3]

これは現在、実物は確認されていないようだが、元禄・享保のころに著された『法隆寺良訓補忘集』に記載されていたものである。浅井和春氏[4]、木内武男氏[5]は年紀を「丁巳《テイシ》年」とするが、狩野久氏[6]は『続々群書類従』第十一によって「丁丑《テイチユウ》年」（天武六年、六七七）とする。一応、先の両氏の読みに従って、「丁巳年」（斉明三年、または養老元年）としておく。「針間古」は人名で[7]、音訓交用表記である。記載は年月日から始まり、「針間《はりま》古《こ》願幡」で終わった形になっている。

②己未年十一月廿日　過去尼道果[8]
是以児止与古誓願作幡奉
（己未年十一月廿日　過ぎ去し尼《に》道果）（是を以ちて児止与古《とよこ》誓ひ願ひ幡を作りて奉《まつ》る）

「己未年《テイビ》」は斉明五年、または養老三年である。「誓願」は次の節で述べる法隆寺金堂薬師像光背銘などにも見られ、音読した可能性もある。己未年の十一月廿日に尼の道果が死去したので、子どもの止与古が誓願して幡を作り奉納するという意であろう。

③辛酉年三月朔六日山部殿奴在形見為願幡
進三宝内
（辛酉朔六日、山部殿、奴と在りし形見と為《し》て願へる幡）（三宝の内に進《たてまつ》る）

右のように読むと、山部殿が三宝（仏）の奴として仕えていた形見として願った幡をこの三宝の内に奉納するという意に取れる。「形見為」は和語の順に記した和化漢文となる。ただし、木内武男氏[9]は奴の字を「如」として、「山部殿の在《いま》すが如く形見として願の幡を為り、三宝内に進む」と読むなど、諸説がある。

なお、地名としての「山部五十戸《さと》」が④にあるほか、紀年を欠く幡銘の例に、「山部名嶋弖古連公過命時幡」「山部連公奴加致児恵仙命過往□」があり、狩野久氏は「この小幡施入者が、飽波や山辺など法隆寺近辺の人たちであることも興味深い[10]」と書く。

④癸亥年山部五十戸婦為命過願造幡已
（癸亥年山部の五十戸《さと》の婦、命過ぎむと為て願ひ、幡を造りて已《や》む）

あるいは、「…命過の為《ため》に幡を造らむことを願ひて、已《をは》りぬ」などと読まれたものであろうか。ただし東野治之氏[11]は「已」を「字形からみて「之」と判断すべきであろう」とされる。だとすれば、「願ひて造れる幡之」で「之」

は不読か（「命過」に関して後述する）。

③の「辛酉年《シンユウ》」は斉明七年、または養老五年、④の「癸亥年《キガイ》」は天智二年、または養老七年である。以上が、作成年代に問題のある四点であるが、天武・持統朝のものとして、さらに三点が現存する。

⑤壬午年二月飽波書刀自入奉者田也

（壬午年二月、飽波《あくなみ》の書刀自《ふみとじ》の入れ奉《まつ》る者田《はた》也）

「入奉」と補助動詞「奉」が記入され、借訓字で「者田《はた》」が記されるなど、明らかに和文として訓読されたものである。『法隆寺献納宝物銘文集成』では、「当時、幡が和語で「はた」と呼ばれたことを示して興味深い」と書く。壬午年は天武十一年（六八二）であるが、このように借訓字をまじえた、『古事記』や『万葉集』に見られるような和文表記がなされていた事実はさらに興味深いことである。「也」は「ソ」または不読であろうか。

⑥戊子年七月十五日記丁亥□□□名過作幡也

法隆寺において近年に発見された[12]もので、「戊子年《ボシ》」は持統二年（六八八）である。「名過」は「命過」の音読を示した可能性もあるが、もしくは「名」が他の語の構成部分かも知れない。同時に、紀年などは欠くが、「智泉法師命過」と記された幡も見つかっている。

⑦八尺

壬辰年二月廿日満得尼為誓願作奉幡

「八尺」は異筆である。「壬辰年《ジンシン》」は持統六年（六九二）で、「満得尼」の下は「誓《こ》ひ願はむと為《し》て作りて奉る幡」あるいは「誓願の為《ため》に作り奉る幡」であろうか（再検討して後述する）。

なお、『法隆寺良訓補忘集』には、次の和銅七年（七一四）の一点が記載されていた。

⑧大窪史阿古為親父誓願幡和銅七年十二月

別に、「於冨久菩乃《おほくぼの》□」云々と書く幡銘があり、『法隆寺献納宝物銘文集成』[13]では⑧の「大窪」と、その「於冨久菩」を同一と見る。ということは、⑧の幡銘が確実に存在したことを示す（現存の残欠に「和銅七年」とある）。年号表記とそれが文末に記されていることが注目される。「大窪史阿古《あこ》、親父の為に誓願する幡、和銅七年十二月」であろうか。

さて、岸俊男氏[14]に、大宝以前と以後で、干支を使って年紀を表すか、元号を使って表すか、また文頭に記されるか文末に記されるかという違いが見られるとの研究があった。狩野久氏は、これを重要な論拠として、文頭に干支の書かれる②③④の三点を斉明・天智朝としたのである。

これに対して東野治之氏[15]は、神亀五年（七二八）の山代真作墓誌などに「和銅から神亀年間に相当する時期の干支紀年がみえている」などの事実から、七二〇年前後までは、干支紀年も併用されたとする。

ところで、幡銘の①〜⑦の年紀は、干支で記されるだけでなく、それが冒頭に書かれているという特徴を併せて持っている。そして、岸俊男氏の示された、奈良時代までのすべての金石文の年月日記載についての表において、年紀が干支で書かれ、かつそれが冒頭に記されている例は、大宝二年（七〇二）までの十八点のみで、その後はこの二つの特徴を併せ持つ例をまったく見ない。なるほど、文中、または文の末尾に干支紀年の記されている例なら、大宝二年以前にも、また、わずかながらそれ以後にも見られる。山代真作墓誌はその一例であって、幡銘の冒頭干支とは異なるわけで、この墓誌をもって大宝二年以降に冒頭干支の併用された可能性は言えない。

また東野治之氏[16]は、「幡の様式から年代が推定できれば問題はないが、この点について明確な論定を下すことは現状では困難とされる」としながら、②③④の幡について、「これらだけが干支一巡遡る可能性は様式上少ない。即ちこれらの幡の年代を遡らせるならば」、⑤⑦の幡についても、年代を引き上げざるをえず、そうすると、推古・舒明などの年代に施入品が存在することになって考えにくいというのであるが、②③④を六十年さかのぼらせるなら、⑤⑦も六十年さかのぼらせねばならないという理由があるとは思えない。

次に、分かりやすくするため、②③④の年紀を斉明・天智朝とした場合をA、養老年間とした場合をBとして、その年紀を示す。この検討において、特に⑧は重要なので、〈　〉に入れて示しておく。

A②　六五九　己未年
A③　六六一　辛酉年
A④　六六三　癸亥年
⑤　六八二　壬午年
⑦　六九二　壬辰年
〈⑧　七一四　和銅七年〉
B②　七一九　己未年
B③　七二一　辛酉年
B④　七二三　癸亥年

右によって分かるように、Aとした場合、④と⑤の差は十九年、Bとした場合⑦と②の差は二十三年（⑧との差は十八年）である。Aと考えたにしろ、Bと考えたにしろ、年紀はほぼ継続的につながり、幡の様式がいかにあっても、継続的に作成されたものとして成り立つであろう。

しかし、⑤⑦を六十年さかのぼらせると、⑤は六二二年、⑦は六三二年で、⑦とAの②の差は二十七年となり、幡の様式が変化する可能性は最大となりかねない。それに、⑧とA④との差の五十一年間がまったくの空白となってしまい、はなはだ不自然である。

東野氏は、また、『法隆寺資財帳』に現れる施入品は、ほとんどが天武・持統朝以降のものであることを、②③

④が養老年間であることの根拠にあげるが、ここで問題とする幡は「資財」に数えるようなものではなく、後に施入品として運び込まれ資財帳に記載されるものとは、次元の違うものであったのではなかろうか。

なお、東野氏の論考では、資料⑧にあまり触れていないのが特に気になる。後世の書に採録されたものとは言え、これを考察に加えるなら、②③④は⑧より以前のものであったとせねばなるまい。つまり、狩野氏の論理の展開が、より妥当なものであったと考えざるを得ないのである。

人名の「針間古」「止与古」などの、音訓交用表記や借音表記、いわゆる人名接尾語の「こ（子）」の使用も、七世紀的な傾向のものと言えよう。和銅七年をもって紀年銘の例が終わるのも、たとえば喪礼の変化があったためかも知れない。ただし、この作成年代の判定は、さらに将来、科学的な検査法がより進んだ段階で再確認するべきものとしたい。

二、幡銘と造像銘の用語と構文

次に金石文の文章と比較して幡銘の文章について考えてみたい。七世紀の金石文については、成立年代に関する疑義が少なくないが、そうした疑義説の論法には疑問がある。たとえば、『日本書紀』と比較して、その金石文の文中の文字や語句について、それが『日本書紀』にあればあるで、それは『日本書紀』成立の時期にこれから倣ったためとし、『日本書紀』になければないで、それは『日本書紀』以降に書かれたためとする。では、『日本書紀』はどうかというと、大化改新をはじめ、後の創作ないし偽作の多い、不確かなものとする。では、なぜそのような不確かな資料にあるとかないとかをもって、金石文の作成年代を判定したのであろう。ある語句や文字が、その書かれたはずの年代には無かったということを論証するのはたいへん困難な作業で、よほど確かな資料が、それも数多く集まらないとできないことである。それに、書かれた文章というものは、もともとは、それほど厳密正確に事実そのままを表しているとは限らない。現在のような情報技術の発達した時代にあっても、創作や想像や間違いがまじる。警察庁発表資料にあってさえそうである。まして七世紀の時代に、事実とたがわぬ科学的に正確な客観性の確かな文章を必ず書いていたとは考えられない。文章と事実の間にずれがあって当然で、それをもって、それが後世に書かれた証拠とすることはできまい。書かれているから事実、書かれているのは事実、というとらえ方は、かえって非学問的である。人は事実と違ったことも書く、というより、事実そのままを書くというのは、むしろ非常に困難なことなのである。

さて、幡銘に近い文章としては、すでに東野氏も触れているが、まず同様に、近親者の供養のためにつくられたことを記す造像銘があげられる。歴史学用語「造像銘」にならえば、幡銘は「作幡銘」というべきもので、ともに死者の供養のために仏像や幡を造（作）ったことに関し、記述したものであるから、おのずから内容にも似通うところがある。

　　壬辰年五月出雲国若倭部臣徳太理為父母作奉菩薩[17]

壬辰年は持統六年（六九二）で、「鰐淵寺金銅観音菩薩台座造像銘」である。前述した幡銘⑦と同年のもので、どちらにも「為」「作奉」が使われ、構文も似ている。「為父母」は天平勝宝五年（七五三）の薬師寺仏足石歌碑に「知々波々賀多米《ちちははがため》」とあった。また、「山名村碑文」（六八一）にも「長利僧母 為《ははがために》記文也」があった。⑦の幡銘の「為」字は、あるいは和化漢文式に和文の語順に従って記したもので、「満得尼の為に誓願して作り奉る幡」と読むべきものかも知れない。⑧に「…為㆓親父㆒誓願幡」と「為」字が造像銘に同じく漢文式倒置表記がなされているが、文脈から考えると、⑦も漢文式に書けば「為㆓満得尼㆒」となった可能性が高い。④の「為」字も同様である可能性がある。つまり「…山部の五十戸《さと》の婦の為《ため》に命過に願ひて造れる幡（已）」のように、おおむね書かれた字順のままに訓読するような文であったかも知れないが、だとすると幡銘はおおむね、和風傾向の強い表記でなされていたと考えねばならない。なお、法隆寺献納御物金銅釈迦仏光背銘の文中にも、「弟子王延孫奉為現在父母敬造金銅釈迦像一軀」云々とあるが、あるいはこれも、同様の構文と見るべきか。これは甲寅年、つまり白雉五年（六五四）の年紀のものであった。

また、次の丙寅年《ヘイイン》（天智五年、六六六）の法隆寺献納御物金銅半跏思惟像台座銘にも、「為」「願」「作」など幡銘に慣用される用字用語があり、構文も似ている。

歳次丙寅年正月生十八日記高屋〈台座正面〉

大夫為分韓婦人名阿麻古願南无頂礼作奏也〈台座側面〉

「十八日記」の後は「高屋大夫、分韓婦人、名は阿麻古《あまこ》の為に願ひて南无頂礼し作り奏《まを》す（也）」であろうか。「誰」が「誰」の為に誓願して「何」を作る（作って奉じる）というのが一つの書式となっていて、それを基本にバリエーションをつけている感がある。幡銘は漢文のそれを和文化したものと言える。

同年の「河内野中寺弥勒菩薩像台座銘」は、次節に述べる「法隆寺金堂薬師如来像光背銘」に倣ったかと思われる和化漢文で記された部分「中宮天皇大御身労坐之時／誓願之奉弥勒御像也」がある。中宮天皇は斉明天皇であるが、「中宮天皇、大御《おほみ》身《み》労《つか》らしし時に、誓願して奉る弥勒の御像《みかたち》（也）」とでも読むべきものであろう。なお、文末の「也」字などは、後にはナリと読まれるものであるが、時代を考えると、あるいは不読にしたか、もしくはソ（ゾ）などと読まれた可能性がある。

次の戊午年《ボゴ》（斉明四年、六五八）の「旧河内観心寺阿弥陀如来像光背銘」にも、幡銘の用語「命過」「願」「造」「過往」が見られる。

戊午年十二月為命過名

伊之沙古而其妻名汙麻
尾古敬造弥陀仏像以
此功徳願過往其夫
及以七世父母生々世々恒生
浄土乃至法界衆生
悉同此願耳

「戊午年十二月、命過ぎし名、伊之沙古の為に而《し》て其の妻、名、汙麻尾古、弥陀仏の像を敬ひ造り、此の功徳を以ちて願はくは過ぎ往《に》し其の夫、及《また》以七世の父母、生々《みよ》世々《みよ》、恒《つね》に浄土に生まれむ。乃至、法界の衆生、悉《ふつく》に此の願ひを同じくせむ耳」とでも読まれようか。妻が夫の供養のために仏像を造って納めたものであろうが、夫や親たちが浄土に生まれることを願うところ、思想史的にも興味深いものであろう。

「過往」は幡銘②の「過去」と同訓であろう。幡銘の「過去」について、『万葉集』の挽歌の「過ぎ去《ぬ》」「過ぎて去《い》ぬ」に通じるものとの指摘が木内武男氏にあった[18]が、ただし氏は幡銘の年紀を養老年間のものとして万葉集→幡銘と考えていたようであるが、この斉明四年の金石文によっても幡銘→万葉集という方向で影響関係を考えねばなるまい。用語「命過」については、東野治之氏[19]に北魏の五三二年の弥勒造像記、北斉の五五四年の盧舎那仏造像記などの例から、六朝造像記の影響を受けたものとの指摘があった。また、幡銘④の「命過」を東野氏[20]は「命過ぎなむ」と読むが、これを「漢語の翻読に由来する語であろう」とするのは、妥当な見解と言える。

なお、大宝二年（七〇二）の壬寅《ジンイン》年の制作とされる大分県長谷寺の観音菩薩立像台座銘にも「命過」「為」「誓願」「作奉（または作奏）」があり、構文も同様に造像銘、作幡銘の典型的なものであった。他にも類例はあるが省略する。

以上のように、幡銘は造像銘の文章に類似し、あるいはそれと一連のものと考えることもできるものである。さらには、推古四年（五九六）の元興寺塔露盤銘などの造塔銘や、その他の金石文にも文章史的にはつながるものと言えるであろう。

三、法隆寺薬師像光背銘と「天皇」

「天寿国繡《てんじゅこくしゅう》帳銘《ちょうめい》」などのいわゆる推古朝遺文については、強力な偽書説の類がある。そこに最も強調されるのは、推古朝には「天皇」号、用語としての「天皇」がなかった。いや、それがあったという証拠がないということである。しかし、あったという証拠がないということが、なかったという証拠にはならないことは、なかったはずの証拠が次々と発掘されている近年における考古学分野の研究の進展に示されているとおりである。

この「天皇」問題については、大橋一章氏の書かれている[21]ところが最も妥当であろう。氏は諸説を検討した上で、「天寿国繡帳銘」の「天皇」により、推古朝にこの「天皇」が成立していたと論じる。つまり、たとえば天智五年の河内野中寺の造像銘に「天皇」の語があるからと言って、それ以前の時代に「天皇」がなかったという証拠にはならない。「天皇」は天智五年の資料に存在するから、それ以前の時代には存在しなかった、といった論法によって推古朝の「天皇」が否定されることはないというわけで、当然の見解であろう。また、大橋氏は、『枕中書』にある「天皇」に注目した津田左右吉説[22]を紹介して、「天皇」も法隆寺薬師像光背銘の「東宮」もともに『枕中書』などから採用された可能性が強いとする。

考えてみれば、天皇を示す古くからの漢語に「天子」がある。『隋書』倭国伝に、小野妹子の携えて行った国書の文言として、「日出処天子、致二書日没処天子一」云々とあったのもその一例である。しかし、「天子」では漢語としてはともかく和語で読んだ場合、アマツミコとなって重みを欠くし、ミコでは親王や巫女ともまぎらわしい。天子と書いてオホキミとも読みにくい。ヒミコの時代ならアマツミコでもよかったかも知れないが、時代が進むとこれではもの足りない。それでは他に適当な漢語がないかと考えると、道教などの用語「天皇」があった。……そんな単純な展開ではなかろうけれど、ともあれ、中間的なもの、過渡的な形のものは不安定で、進化の途中ですぐに消えてしまい、その展開の跡はたどりにくい。

もちろん、「天皇」なる表記を選んだのは、もっと根深い、政治的、思想的な理由によるところが大きいであろう。沈才彬氏[23]も津田左右吉の説を引いて、「「天皇」号の採用は対内的にも対外的にも、推古朝における天皇の立場なり地位なりを象徴するものと言ってよい」と書く。ただし、思想史に関する方面では論者も多く、ここで述べる余裕はない。

しかし、最近に飛鳥池遺跡から、天武六年（六七七）の干支の書かれた木簡とともに、「天皇」の書かれた木簡例が出土している。このことの示す所は重要で、この木簡がどうした種類の文書であれ、「天皇」は確率から言って、それまでに相当に書記されて来たものであることを示しているのである[24]。

さて、推古朝遺文の中でも、成立時代について最も疑問視されている「法隆寺金堂薬師如来像光背銘」について次に述べたい。とはいえ、すでに「天皇」号に関し、大橋一章氏によって論破されている諸論文を逐一再検討するのも生産的なこととも思えないので、多数の疑義説のかなめにあるものとして、福山敏男氏の論考[25]を選んで、さらに詳しく再検討することとする。

先にまず、銘文と私案による読み[26]を記す。

池辺大宮治天下天皇大御身労賜時歳

次丙午年召於大王天皇与太子而誓願賜我大

御病太平欲坐故将造寺薬師像作仕奉詔然当時崩賜造不堪者小治田大宮治天下大王天皇及東宮聖王大命受賜而歳次丁卯年仕奉

（池辺の大宮に天の下治めたまひし天皇《すめらみこと》、大御身労《つか》らし賜ひし時、歳丙午に次《やど》る年に、大王天皇と太子を召して誓《うけ》ひ願ひ賜ひしく、「我が大御病、太平《たひら》けく坐《いま》さまく欲りするが故に、寺を造り薬師を像《かたど》作り、仕へ奉らむ」と詔りたまひき。然るに当時《そのとき》、崩《かく》れ賜ひ造り堪《あ》へねば、小治田《をはりた》の大宮に天の下治めたまふ大王天皇と東宮聖王《ひがしのみやのひじりのみこ》、大命を受け賜はりて、歳丁卯に次る年に仕へ奉りき。）

福山敏男氏はまず次の指摘を行う。

（前略）「小治田大宮治天皇」の如き特に鄭重な呼称は、現在の天皇を申し奉るとするよりは、寧ろ小治田天皇以後の時代に於いて書かれたとするに応はしい響をもつてゐると考ふべきではあるまいか。

「響をもつてゐる」と言われても、主観の領域に属することがらなので、判断しようがない。「大宮」が「宮」と書かれておれば現在の天皇にふさわしいことになるのであろうか。しかし、現在の天皇であっても天皇の宮なら「大」を付けざるを得まい。漢文ならそうした敬語接頭語は書かれないであろうけれども、これは口頭で読まれるべく書かれた[27]と考えられる和化漢文なのである。

氏は、次に「天皇」なる用語について論じ、文中の「大王天皇」について次のように書く。

従つてまた、「大王天皇」の語が如何に不自然であるかも直ちに知られやう《ママ》。「大王」と「天皇」とは全くの同義語であるからである。恐らくこの文の書かれた頃には、か丶る文体の場合は専ら「天皇」の語のみが用ひられて「大王」の語が普通には用ひられなかつたらしく、従つて推古天皇のことを「大王」と記した古い記文などによつて、漫然と「大王天皇」なる語を構成したものであろう。

「恐らく…らしく…であろう」とあいまいな表現をしながら、結果としては断定しているのである。しかし、すでに「天皇」のみが用いられている時代に、天皇のことを漫然と「大王天皇」などと表記したりするようなことがあろうか。「大王」と記した古い書によるなら「大王」と書くであろうし、それが具合悪いとなれば「天皇」と書くであろう。このような表記は、「大王」から「天皇」へ移行する過渡の時代にあってこそ許されたものではなかろうか。「大王《おほきみ》」ではもの足りなくなった時代に、漢語「天皇」で意味を補足して「大王天皇」四字で、まずはオホキミと読ませたのであろう。なお、大橋一章氏[28]は、「さて、「大王天皇」なる称号はきわめて特殊な用例だが、私はこれこそ推古朝の特殊事情のもとに「天皇」号が出現した経緯を示すものであると考えている」と書いている。

福山氏は次に、境野黄洋の著書『聖徳太子伝』（大正六年）から、「それからまた単に聖王などと書いた書もあるが、恐らく是等は皆太子薨去後世人が呼んだ尊称に過ぎないので、即ち聖王或は聖徳皇、或は聖徳法王、聖徳太子いづれも同じことなのである。」とある一文を引用して次のように書く。

極めて穏健な解釈と見るべきであらう。即ち境野博士はこの言葉によつて、「聖王」の語の見ゆる薬師像光背銘文が推古天皇十五年当時のものではなく、太子薨去以後のものであることを指定された結果になる筈である。恐らく境野博士の示される如き見解は許され得べきであらう。

ここでも「恐らく…に過ぎない」程度の主観的な論をたてに、「なる筈である」「恐らく」「許され得べきであらう」と論調をずらしながら、あやふやな論拠をまことらしく強調して行き、ついに確定したと錯覚を起こさせるような論法を取っている。

ちなみに、『続日本紀』宣命中の「聖《ひじり》」の語を調べると、第六詔「聖君」（一般的に言ってはいるが、つまりは聖武天皇を指す）、第九詔「聖天皇命」（同）、第四二詔「聖皇」（一般的に徳のある天皇の意であるが、具体的にはすなわち称徳天皇であることを表している）などはその時代、つまり「現在の天皇」をも示している。「聖徳」太子ならあるいは太子死後に付けられた呼称かも知れないが、「聖」王なら、聖武の「聖君」と同様に生前の表現だったかも知れない。少なくとも、それを否定するだけの客観的な材料はない。

次に氏は、この銘文の文体が天智五年の野中寺弥勒像の銘文に酷似していることから、「法隆寺の薬師像の銘文がそれに近い時代に書かれたとしても、文体から見て差支へはない筈である。」とする。文体や語句に似たところのあるものは同じ時代のものだとするなら、藤原時代の宣命も、奈良時代や平安時代の宣命も、同じ時代のものとなってしまう。

更に、「薬師像」の語の見えるのが不審だとする。この銘文を除くと、天武六年に薬師仏と推定される仏像がはじめて現れる。中国においても、日本の天智・天武のころに相当する時代の銘文に、ようやく「薬師像」などの語を見るにすぎない。「かくの如き状勢のもとにあつて、日本で、推古朝のころ薬師像が作られたとは考へ難いやうである。」と書く。しかし元来、中国では日本におけるようには、薬師信仰が盛んにならなかったことは、知られているところである。

ちなみに、町田甲一氏[29]は、中国で造像記を一番多く残している龍門石窟の南北朝時代の像例のうち、最も多いのが阿弥陀像二二二例、次いで観音像が一九七例などとあるのに対し、薬師像はわずかに十五例、そのうち紀年銘のあるのは三例で、そのうち北魏に属するもの一例を除く他の二例は唐の時代のものという。そこから、統計学的に、中国から薬師信仰が推古朝に日本に入っていた可能性はきわめて小さいとする。しかし、この統計では、薬師寺などに見られる、奈良時代の盛んな薬師信仰のありさまはどう説明するのであろう。唐代の二例をもって奈良時代の盛行を言うなら、それ以前の時代には、北魏の一例に対応するだけの、つまり奈良時代の二分の一の盛行があったと言わねばならない。いずれにしろ、薬師信仰の乏しかった地域の例を持って来て、日本の薬師信仰を云々することはできない。

ともあれ福山氏の、あやふやな根拠をまことらしく並べたてることによって、あらかじめ設定され、ないしは予見された結論へと強引に持ち込もうとするかのような論理の展開には、当惑を覚えざるを得ない。

四、文章史における薬師像光背銘

次に、この銘文を国語学的な側面から検討し、文章史において分析してみたい。

さて、この銘文を国語資料として見るとき、きわめて和風傾向の強い和化漢文として書かれながら、どうも文脈の整っていない部分があり、表記も漢文的な部分と和文的な部分とがまだらにまじっていて、はなはだ読み取りにくい個所がある。

たとえば、「天皇、大御身労らし賜ひし時に」とあって、次にどうしたのかと思うと、主語の「天皇」を棚に上げて、「歳次丙午年」と紀年が記される。

ちなみに、天智五年の「河内野中寺弥勒菩薩像台座銘」では、紀年は冒頭に記したあと、「中宮天皇、大御身労らし坐しし時に、誓願し奉る」とあって読みやすい。薬師像光背銘で年紀の「歳次丙午年」を冒頭に置かなかったのは、そうすると、この年に池辺の大宮で天下を治めたと誤って読まれる恐れがあったからであろうか。

なお小松英雄氏(30)は、光背銘の第一行について、この順序で、しかも他の行よりひとまわり大きい文字で記すことにより、造寺造像を志した人物の名とその動機を印象づけようとしたものとする。

また、「誓願し賜ふ」の後もうまく続かない。先の天智五年の銘文に「誓願し奉る弥勒の御像也」とあるのから考えると、「誓願し賜ひて薬師像を作り仕へ奉る」とでもあるべきところであるが、大王天皇（推古天皇）と太子（聖徳太子）に対する故用明天皇の詔「大御病ひ太平けく坐さまく欲りするが故に（中略）と詔りたまふ」が挿入される。この中略部分には「将造寺薬師像作仕奉」が入るのであるが、これは「将造寺」が漢文表記、「薬師像作仕奉」が和化漢文表記で、「将」字が「造」を受けるのか、「仕奉」から転倒して「将」へと戻るのか迷う。表記に合わせるなら、「寺を造らむ。薬師像を作り仕へ奉れ」と文が二つに分かれてしまう。主語を天皇（用明天皇）として統一すれば、「寺を造り、薬師像を作り仕へ奉らむ」とでも読めるが、漢文式転倒表記の中に和文式の語順で表記された文を内包するような、奇妙な表記と見なければならない。

「誓願賜」の結びが「詔」となっているのも整わない感じで、たとえば「誓願し賜ひて詔はく…と詔ふ」とありたいところで、後の宣命ならそう書かれるであろう。

また、「造り堪へねば」とあるから、詔は用明天皇の「造らむ」とする意志を述べたものだったかと思うと、終りに「大命を受け賜はりて…仕へ奉りき」とあって、大命の内容が二人に対する「仕へ奉れ」という命令だったことにもなる。もっとも、天皇の詔（大命）は、用明天皇の、寺と薬師像を作ろうという意志を表明したものであったが、二人はそれを用明の遺志として受けついだということなのであろう。日本語の会話文では、こうしたあいまいな表現はあり得ることだが、文章で表す場合には、たとえ偽作としても、もっと表記の整った、文脈の明確なものになるのではなかろうか。

ここには、漢文（中国語文）ではなく、和化漢文（日本語文）の文章を創始しようとした時代に独特の、試行錯誤のなごりが感じられる。ここに見られるのは、このような説明をなすには、いまだにしっかりと表現できるだけの口頭語の発達のない段階で、あえてそれを表現しようとするための、ゆれのようなものではなかろうか(31)。

最近、難波宮跡から七世紀半ばの次の木簡が出土している(32)。

・謹啓
・□〔初カ〕然而

当時に、すでに書簡式に「謹啓」で始まる文書が書かれていたことがこれで知られる。同じ場所から次の木簡も出土した（ただし、いつの時代のものか解説を欠く）。

・奴我罷間盗以此往在
　□言在也自午年□□〔国カ〕
・於是本奴主有□□□
　□〔知カ〕ア君之狂此事□□言□

一行目の「往」字は「住」とも読まれるようである。東野治之氏[33]の述べているように、一種の上申文書であり、「往在」「言在」のような和文的な表記がある。後の上申文書と同様、和語をもって口頭で読まれるべく書かれたものであろう。

「…奴、我《わ》が罷《まか》れる間に盗めり。此を以ちて往き在《た》る…□と言ひ在《た》り（也）。午の年自《よ》り、国…於是《ここに》、本の奴の主有《な》る…知部の君之《の》狂《たぶ》れ、此の事□を口に言ひ□」とでも読めようか。奴が、木簡の筆者の居ない間に盗みを働き、そのことで知部君なるものと争っているのであろうか。木簡に上申文書を記すような階層の者に、すでにこうした複雑な内容の文章を書くだけの高度な表現力があったのである。もし法隆寺薬師像光背銘が七世紀の後半に書かれていたとすれば、もっと整ったものとして出来ていたのではなかろうか。文章力には個人差があるから、同じ時代にあっても上手下手があるであろうが、薬師像光背銘の筆録者として選ばれ、天皇の大命の入った文章を書くほどのものなら、一般的な木簡筆者よりも文章力がすぐれていて当然で、また木簡に書く文章よりは達意の文章を書くべく努力するであろう。偽作ならなおさらのことである。近年出土の天武朝ころの木簡の文章と比べても、薬師像光背銘の文章は整っていないように見られるが、この未熟さは、筆録者個人の能力の問題ではなく、時代が早くて、まだ七世紀後半の段階までは進んでいなかったためであろう。文章史の流れから考えても、この銘文が推古十五年に直ちに書かれたわけでなくても、推古朝頃のものであった可能性は高いと言えるのである。

おわりに

以上に述べたことから、法隆寺幡銘のうち、少なくとも紀年の書かれたうちの三ないし四点は斉明・天智朝のものであることが明確である。また、法隆寺薬師像光背銘が推古朝のものである可能性も高い。これらの文章表記の和風傾向は、六世紀の朝鮮半島における文章表記の流れを受けついだものかと思われるが、今後におけるその時代の資料の発掘が待たれるところである。

注

（1）狩野久「法隆寺幡の年代について」（『伊珂留我』③　一九八四年一〇月）

（2）東野治之「法隆寺伝来の幡墨書銘―追善行事との関連にふれて―」（『日本古代の葬制と社会関係の基礎的研究』〈科学研究費報告書〉一九九五年三月所収）、同「法隆寺献納宝物の銘文」（『法隆寺献納宝物銘文集成』一九九九年二月　吉川弘文館所収）

（3）浅井和春「東京国立博物館保管・上代裂の銘文について」（『ＭＵＳＥＵＭ』第三九〇号　一九八三年）による。

（4）注（3）に同じ。

（5）木内武男「法隆寺献納宝物新出の紀年銘仏幡について」（『日本歴史』一九七八年九月）

（6）注（1）に同じ。

（7）拙稿「法隆寺幡銘と斉明紀挽歌」（『国文学』一九九九年九月）〈第一部2〉

（8）銘文は注（1）による。ただし、漢字の字体は一部変更した。以下、同様である。

(9)　注（5）に同じ。
(10)　注（1）に同じ。
(11)　注（2）の科学研究費報告書所収の論考。
(12)　切畑健・沢田むつ代「飛鳥時代の褥《じょく》・戊子《ぼし》年銘幡《ねんめいばん》」（『伊珂留我』②　一九八四年六月）
(13)　東京国立博物館『法隆寺献納宝物銘文集成』一九九九年二月　吉川弘文館、および注（11）。
(14)　岸俊男「木簡と大宝令」（『木簡研究』第二号　一九八〇年一一月）
(15)　注（2）の「法隆寺献納宝物の銘文」
(16)　注（15）に同じ。
(17)　岡崎敬「日本の古代金石文」（『古代の日本』9　一九七一年一〇月　角川書店）および奈良国立文化財研究所飛鳥資料館『飛鳥・白鳳の在銘金銅仏』一九七九年八月　同朋社による。以下同じ。
(18)　注（5）に同じ。
(19)　東野治之「銘文について」（注（17）の『飛鳥・白鳳の在銘金銅仏』所収）
(20)　注（11）に同じ。
(21)　大橋一章『天寿国繡帳の研究』一九九五年二月　吉川弘文館
(22)　「天皇」号について、道教や占星術などとの思想的な関連がつとに津田左右吉によって論じられている。氏は、「「天皇」の御称号が我が国に採用せられたのは、それに宗教的意義が含まれているからであって、其の直接の由来が道教にあるということは、上述の考察によって疑が無かろう」と書いている（津田左右吉「天皇考」『東洋学報』一九二〇年、ただし右の引用は、「選集道教と日本」第一巻『道教の伝播と古代国歌』一九九六年一二月　雄山閣出版による）。
(23)　沈才彬「東アジアのなかの日本歴史」13（『天皇と中国皇帝』一九九〇年四月　六興出版　七〇ページ）
(24)　この木簡例によって、「天皇」号の成立を天武十年以降とする渡辺茂氏の論（「「尊」と「命」と「王」―「天皇」号の始用期と関連づけて」『日本文化史研究』一九六九年四月など）および、この論による諸氏の説は否定されるであろう。

(25) 福山敏男「法隆寺の金石文に関する二三の問題—金堂薬師像・釈迦像・同寺小釈迦像の光背銘—」(『夢殿』第一三冊　一九三五年六月)、傍点は原文による。

(26) 拙著『上代文学と木簡の研究』(一九九九年一月　和泉書院)を参照。

(27) 拙稿「七世紀における日本語の文章表記」(『国語と国文学』一九九九年五月)〈第一部1〉

(28) 注(21)の一八四ページ

(29) 町田甲一『増訂新版　法隆寺』一九八七年一一月　時事通信社

(30) 小松英雄「日本語書記史からみた法隆寺金堂薬師仏光背銘」(『日本語書記史原論』一九九八年六月　笠間書院)。なお氏は、この光背の再建による部分的な改変が、可能性としては考えられるにしろ、銘文はほぼ原文に近いものと見ている。

(31) 注(30)の論考において、小松英雄氏は「この銘文は、日本語話者が日本語に基づいて考えた内容を中国語古典文の構文規則を利用して綴ったものである」と指摘する(二一六ページ)。

(32) 東野治之「出土資料からみた漢文の受容—漢文学展開の背景」(『国文学』一九九九年九月)および、佐藤隆「大阪・難波宮跡」(『木簡研究』第二一号〈一九九八年出土の木簡〉一九九九年一一月)による。

(33) 注(32)の東野治之氏の論考。

4　万葉集の「柿本人麻呂歌集」と初期木簡

はじめに

和歌の文字による表記は、柿本人麻呂の手によって始められたとするのが、近年における有力な見解であった(1)。柿本人麻呂歌集のいわゆる略体表記を和歌の表記のはじめとするのである。

これに対して、工藤力男氏(2)は略体表記以前に、歌の万葉仮名表記があり得たとした。また拙稿(3)でも「人麻呂歌集の筆録された以前の時代に、一種の音訓交用表記が始まっていた」可能性のあることを述べたことがある。また、すでに三十年ほどの昔になるが、歌においては散文とは異なり表音の確かさが重視されるため、宣命大書体よりも借音仮名による表記の方が先行したかも知れぬことを述べたこと(4)もある。木村康平氏(5)も『古事記』の歌謡の一音一字式表記を「訓字主体表記では表しにくい多様な口誦形式をもつ歌謡の表記として用いられたものかも知れない」と書く。

さて、こうした状況にあって、平成十年に報告された飛鳥池遺跡、および観音寺遺跡より出土した和歌木簡断片により、天武朝にはすでに和歌の借音仮名・借訓仮名の混用による表記があったことが知られることとなったのである。さらには、七世紀第3四半世紀ごろの山田寺出土瓦に難波津の歌の冒頭部を借音仮名で書いたものと推定される例をもとに、東野治之氏(6)の「この時期にすでに和歌を仮名書きにすることがあった」とする指摘もあった。

さらに平成十一年十一月(7)に、難波宮遺跡から戊申年（六四八）の紀年が記された木簡の報告があり、これとともに「支多比《きたひ》」「伊加比《いかひ》」の借音表記、「委尓マ栗《わに》」の音訓交用表記、「秦人凡国評」の訓字表記など、多様な表記法で書かれた木簡の知られるところとなった。先の和歌木簡断片などとあわせて考えると、七世紀中ごろにはすでに、借音仮名表記、ないしは借音仮名主体表記によって歌の文字表記が始まっていたかと考えられる事態となってきたのである。

ここにおいて、なかば通念となっていた認識がくずれてしまったわけであるから、これにともない、いくつもの重大な課題が生じるであろうと予想されるのであるが、ここではまず、さしあたって考えられる問題点の提示を試みたい。

一、初期木簡について

日本で木簡が書かれはじめたのはいつであろうか。

金属に書かれたものなら、辛亥年（四七一）の稲荷山古墳鉄剣銘が代表的である。平川南氏(8)はこの鉄剣銘や江田船山古墳大刀の銘文について、「自らの事績を顕彰する意味で書き上げた銘文」と書くが、銘文の内容から考え納得できる見解である。

ところで、鉄剣銘の文章は、いきなり鉄剣上に作成されたものではあるまい。まず、紙あるいは布、皮、板などの別の資材の上に書いて、それを写したものであろう。さらにその下書きもあったであろう。また、銘文の作成者と、鉄剣にそれをきざんだ工人とは別の人物であった可能性も高いであろう。文章作成の技術と金属にそれをきざむ技術とは異質のもので、一人の人物が両方にすぐれるのは難しい。鉄剣銘の筆跡から考え、その工人も文字能力があった。つまり文字の習書などの経験もあったであろう。

この両者の周辺には、識字層とまでは言えなくとも、技能者集団と言える程度の識字者集団があったであろう。文章作成のための、あるいは文字学習のための見本としての書類もあり、習書や下書きのためにはすでに紙や木簡も使用された可能性が考えられる。

ただし、現在のところ、五世紀はおろか、六世紀の木簡もまだ日本では出土していない。ここでは一応、初期木簡とは七世紀の木簡を言うものとしておくが、発掘が進めば、時代はさらにさかのぼるかも知れない。大宝律令以後と以前では用字などの違いがめだつが、いわゆる飛鳥時代に続く藤原時代の木簡は、初期木簡に準じるものと考えられるであろう。

坂田寺跡木簡

管見では、最も古い木簡資料と推定されるのは坂田寺跡から出土したもので、鬼頭清明氏[9]によると「七世紀初めに遡及するかと思われる」とある。「十斤」と記したものがあり、明らかに物品の数量を示したもので、付札か伝票や記帳の類の木簡であろう。

別に法隆寺釈迦三尊像台座[10]から「辛巳年八月九月作□」「留保分七段」など、布の出納を建材にメモしたものが見つかっており、この辛巳年は推古二十九年（六二一）である。こうした例から、推古朝のころには、すでに記録や荷札に木簡が使用されていたことが推定されるのである。

難波宮跡木簡

難波宮跡から「戊申年」の書かれた木簡の出土したことに関しては、新聞各紙に詳しく報じられたが、ここでは現時点で最も確実なものとして、木簡学会で報告された資料[11]にもとづいて述べたい。意味不明のもの何点かを除くと、次のような例がある。

借音仮名表記のもの

支多比

伊加比

音訓交用表記のもの

委尓マ栗□□

嶋意弥荷□□八□

訓字表記のもの

秦人凡国評

王母前　□□□□

『□稲稲』戊申年□□□□□□□□□（裏面省略）

宍

□不得（裏面省略）

「委《わ》尓《に》マ」「嶋意《おみ》弥」と固有名詞が音訓交用表記されるのは、かつて狩野久氏が白雉二年（六五一）の法隆寺献納御物観世音菩薩立像の銘文に「名大古臣」とある例をあげて、「七世紀代に特徴的なものである[12]」とされたのと一致し、『古事記』の神名表記などにも見られる[13]表記法である。この神名の表記法については、借音仮名表記、音訓交用表記、訓字表記などの混ざる『古事記』の表記と、訓字表記に統一されている『日本書紀』のどちらが元来の表記法を採るものなのかという問題をめぐって、かつて論争があった[14]が、ここに『古事記』の表記法がより古いことがさらに明確に言えるようになったのである。

「支多比《きたひ》」は飛鳥京跡出土の木簡にも例があった[15]が、藤原宮木簡など後のものでは「腊」と書く。「伊加比《いかひ》」は、藤原宮木簡では「伊《い》貝」、平城宮木簡では「胎貝」と書かれ、借音仮名表記→音訓交用表記→訓字表記と、時代が進むにつれ仮名から訓字へと表記の訓字化の進んだ格好の例となった[16]。

「王母前」は藤原宮の文書木簡の「……の前に申す」型の書式を思わせる。「不得」は『古事記』や『万葉集』にも見られる不可能表現を表す部分で、これも文書木簡の断片であろうと考えられる。

「戊申年」は大化四年（六四八）で、『　』は別筆であることを示す。裏に「佐□□十六□」などと数字が書かれているから、付札か記録簡である可能性が考えられよう。

木簡では奈良時代より藤原時代の方に和風傾向の強いもののあることを述べたことがあった[17]が、この難波宮木簡は飛鳥京木簡とともに、さらにさかのぼる飛鳥時代に、藤原時代よりもなお和風傾向の強い例のあることを示している。「稲」などの訓字が使われる一方では、まだ和語と漢字（訓字）の結びつきが固定されなかったなどの原因によって、音仮名を使って表記される語も少なくなかったであろう。

なお難波宮跡からは、すでに次の木簡三点も報告されていた。

(1)・奴我罷間盗以此□〔国ヵ〕在
　　□言在也自午年□□
　・於是本奴主有□□□
　　□〔知ヵ〕ア君之狂此事□□言□

(2)・謹啓
・□〔初カ〕然而

(3)　山ア王

(1)については東野治之氏が(18)「一種の上申文とみられる」と書かれている。自分が不在の時に何かを盗まれたことで、「□ア君」を告発したものであろうか。「狂事」は『続日本紀』の宣命第一六詔と第一九詔において、孝謙天皇が謀反を起こした奈良麻呂らを批難して「狂迷遍流《たぶれまとへる》頑奈留《かたくなる》奴」「悪逆在奴久奈多夫礼麻度比《くなたぶれまとひ》奈良麻呂古麻呂等」とののしっている例を思い起こさせる。

「奴我」「間」「以此」「於是」あるいは次の「謹啓」「然而」など、書簡慣用語、あるいは文書用語とでも言うべきもので、宣命などもふくめた日本の文書類が中国（および朝鮮）の文書類を手本としていることを、あらためて示す資料とも言えるであろう。

飛鳥池遺跡木簡

飛鳥池遺跡からは「とくと定めて吾」「く思へば」と読める(19)次の和歌木簡断片が出土している。

・止求止佐田目手□〔和カ〕□
・□久於母閉皮

借音文字「求」や借訓仮名「目」「手」から、相聞歌の部分であろうと述べたことがあった。「とく」は『万葉集』では「紐《ひも》を解《と》く」と、「紐」とセットで慣用される例が多いが、はたしていかがであろう。

世牟止言而□
□本止飛鳥寺

二行目は宣命小書体であるが、一行目は一種の音訓交用体である。上から、つまり自立語部分から借音仮名が続くので、訓字と区別する必要のない一行目の「止」は大きく、訓字ではないことを示す必要のある二行目の「止」は小さく書かれているので、一行目の表記は厳密には宣命体（宣命大書体）とは区別するべきものである。読み上げる際の便宜を考えて右のような表記を採ったものであろう。これについてもすでに述べたことがある。[20]

宣命大書体資料としては、改めて次のものを示しておきたい。[21]

・官大夫前白　田々連奴加　加須波□〔々カ〕鳥麻呂
　　　　　　　久田□　　　小山乃□乃

・□波田乃麻呂　安目　汙乃古
　野西乃首麻呂　大人　□□ツ麻□□□□黒□

これは「炭層下整地土」から出たもので、「天武朝ないしそれより遡る可能性もある」とされる。[22]人名に、借音仮名「奴《ぬ》、加《か》、久《く》、須《す》、波《は》、乃《の》、汙《う》、古《こ》、麻《ま》、呂《ろ》」など、借訓仮名「田《た》」、訓字「連、鳥、小、山、首、黒」などがあり、仮名と訓字を交用した表記となっている。いわば音訓交用体と言えるが、偶然かどうか、「小山乃」「野西乃」は宣命大書体と見なし得る形となっている（ただし、「野西」については、これが仮名である可能性もないではない）。「汙」や「田」は七世紀木簡に特徴的な用字である。

全体に、『万葉集』の音仮名主体表記を見るような表記法が取られており、これが天武朝ないしそれ以前のものとすると、すでに和歌の表記においても、このような形の表記がなされていた可能性も考えられるのである。

以上、天武朝あるいはそれ以前の、歌の表記を考えるのに参考となる資料のうち、いくつかの例をあげた。ほかにも観音寺遺跡の難波津の歌の断片[23]など重要な資料もあるが、すでに詳しく論じられているので、紙幅の都合もあって省略する。

二、歌の筆録と略体表記

東野治之氏[24]は、七世紀から八世紀初めの日本語表記の基層にあったのは和風漢文で、それを基軸に宣命体や仮名文が補完する形で併存していたと指摘されている。この「七世紀」が出土木簡の増加にともない、ここ二、三年でかつて東野氏の論じられた時点よりさらにさかのぼり、七世紀中ごろに達したことになる。今後、さらにさかのぼる可能性もある。あるいは七世紀を越えて、さらには六世紀の古代朝鮮金石文につながる可能性もあるであろう。

つまり、柿本人麻呂の時代、天武・持統朝にはすでに、略体表記や非略体表記にあたる表記も、借音仮名表記も、さらにはそれらの中間的な表記や複合した表記も行われていたことが推測され、略体表記、非略体表記をとりたてて人麻呂の創始した表記法とは言えない。歌の表記にそれらの表記を適用したのも柿本人麻呂がはじめてではあるまい。

『日本書紀』では大化五年（六四九）に中大兄に献呈された挽歌二首が記され、斉明四年（六五八）にも挽歌六首が記載されている。これはこのころすでに、渡来人たちによる挽歌の筆録がなされたことを示すものであろう[25]。それらの表記が一音一字式の借音表記であったか、訓字表記であったかは明確ではないが、難波宮木簡や飛鳥池木簡を参考にすれば、借音仮名を主体とした表記であった可能性は高いであろう。

このことは、額田王[26]など柿本人麻呂以前の歌人も、すでに万葉仮名などを使って自作の筆録を行った可能性のあることを示す。ここからさらに文学史上の大きな課題が導き出されることと思われるが、それはともかくとして、柿本人麻呂歌集に問題を戻したい。

略体表記について、つきつめて考えるなら、いったい誰がいつ、この表記を行ったのかという疑問がまずある。

「柿本人麻呂歌集」であるから作者は柿本人麻呂、筆録者も柿本人麻呂で、彼が書いたまま『万葉集』に収められたと簡単には言えない。人名などすぐにでも取り換えのきくものである。歌の転写など文献学者や国語学者でもなければ、あるいは写経生なら別だが、著作権のない時代には多くは書きたいように書き写し得たであろう。

もちろん、柿本人麻呂歌集が万葉仮名ではじめに筆録されたとは、論証の積み重ねがない限り言えない。木簡の万葉仮名表記は奈良時代の和歌木簡にもあり、その時代にも非略体表記があった。天武朝にもすでに非略体表記やあるいは略体表記に似た表記法が存在したかも知れない。当時、あるいはさらにさかのぼる時代の人名表記から、その可能性はあったと言えることは前述した。

『万葉集』で、比較的に作者の筆録したところに忠実に書き残されていると見られるのは、大伴家持の歌日記とも言われている巻十七から巻二十までの四巻である。なかでも巻十九の家持の作品は、おおむねは訓字を主体とした音訓交用体ないし宣命大書体である。それに対し、坂上郎女、久米広縄などの作品は、家持の返信もあわせ万葉仮名表記でなされており、これはもとの書簡の表記法を写したものであろうと考えられる(27)。

こうした筆録のありようと大きく異なるのが巻四である。

大伴家持に贈られた娘子たちの歌が、次のように訓字主体表記の非略体歌として書かれている(28)。

夜干玉之《ぬばたまの》其夜拾《そのよの》月夜《つきよ》至二于今日一《けふまでに》吾者《あれは》不レ忘《わすれず》無レ間苦《まなくし》思念者《おもへば》　（巻四・七〇二　河内百枝娘子）

吾背子乎《わがせこを》相見之《あひみし》某日《そのひ》至二于今日一《けふまでに》吾衣 手者《わがころもでは》乾時毛奈志《ふるときもなし》　（巻四・七〇三　巫部麻蘇娘子）

訓字主体で漢文式倒置表記の少なくないのが巻四の家持およびその周辺の作者の作品の表記である。非略体ないし宣命大書体とは異なるが、和化漢文体の『古事記』ならさらに倒置表記の傾向は強く、たとえば「相二見吾背子一」などと書かれるであろう。

ところで、和文を漢文に翻訳しようとするとき、最も困難を覚えるのは文法の違いよりも、語彙体系のずれであろう。語彙体系の多くの部分において漢語の方が語彙が多い、つまり語彙体系の目が細かい。谷崎潤一郎が『文章読本』に書いているように、一つの和語に対応する漢字がいくつもある場合が多い。ある和語を漢字で表記しようとすると、その和語の意味を漢字にあててさらに詳しく分析し、微細に分解しなければならなくなる。

尾崎知光氏(29)によって、『古事記』の字母が少なく、その大部分は「極めて日常的な平易なものである」、そして「一字につき、一、二訓のものが大部分であり、数訓にわたる繁多なものはなからうと思う」と指摘されているが、和語の語彙体系にあわせて和文を表記すればおのずからそのようになるであろう。

飛鳥池遺跡から次のような漢詩ふうの木簡が出土している。

・白馬鳴向山　欲其上草食
・女人向男咲　相遊其下也

瀬間正之氏(30)はこれについて、漢文的思惟によって制作されたものではなく、訓読的文体で成っていたものを漢詩風に書いたため、「欲其上草食」のような訓読文の語序に従って漢字を配列した「漢文の語序と異なる表記となった」と推測している。「男」「女人」は仏典を背景に想像させるとの鋭い指摘もある。語序もさることながら、用語用字がおおまかで単純なものであるところが漢詩らしくなく、日常的な平易なものを使っていて、和語の語彙体系にもとづいたものと考えられ、私には漢詩というよりむしろ変体漢文詩という印象を受けた。

和歌にしろ説話にしろ、和文を書くなら漢文に用いられる漢字のような、漢語の語彙体系にあわせた複雑な用字（用語）の使い分けは不要であるし、また不可能でもある。和文の漢文化は、語彙体系のずれから生じる限界が大きいであろう。このことが、もはや中国語文としては読めない日本語文としての変体漢文（和化漢文）を生みだす重要な原因の一つとなったと考えられる。もっとも、漢字を自国の言語の体系にあわせて使用することは、古代朝鮮を手本としたものであろうから、以上のことは古代朝鮮における文章表記について言わねばならないものかも知れない。

ところで、『万葉集』の巻四の前述の例は、和歌の表記をしいて漢文に近づけた表記法で行おうとしているかのようである。巻十七以降の巻にあっては、訓字主体表記を原則とする巻十九をふくめ、相聞往来の歌が万葉仮名主体表記でなされているところから考え、巻四における、たとえば坂上郎女の作品のうちのいくつかは、もとは仮名表記でなされていたかとも疑われるところである。特に家持の周辺にあった娘子たちの、家持に贈った恋歌などは当然ながら家持の手を経なければ『万葉集』に収められることはなかった。つまり、彼が筆写したものをもとに収めたであろう。そして前述の二首が別人の作品であるにもかかわらず、「至于今日」の表記が一致するところなど、明らかに家持、または巻四編集者の手が加わったものと考えられよう。この両娘子の作品は、巻十七以降の坂上郎女や平群女郎などの相聞往来の歌と同様に、元来は万葉仮名表記、ないしは万葉仮名主体の表記であった可能性は高い。

借音仮名表記の歌が非略体表記に書き換えられた例としては、すぐに次の作品が思いうかぶであろう。

故、後亦、不レ堪二恋慕一而、追往時、歌曰、
岐美賀由岐気那賀久那理奴夜麻多豆能牟加閉袁由加牟麻都爾波麻多士
(『古事記』允恭天皇)

古事記曰、軽太子奸二軽太子女一、故其太子流二於伊豫湯一也。此時衣通王不レ堪二恋慕一而追往時、歌曰
君之行気長久成奴山多豆乃迎乎将レ往待尓者不レ待
(『万葉集』巻二・九〇)

『万葉集』では詞書きの「不堪」以下を『古事記』からそのまま書き写しているにもかかわらず、歌は表記を変えているのである。

このように万葉仮名(借音仮名)表記の和歌が、訓字(真名)主体表記の非略体歌に書き変えられた例のある一方で、『歌経標式』[31]のいくつかの作品のように、『万葉集』の非略体歌が、万葉仮名表記で書かれている例もある。

久堅乃天帰月乎網尓刺我大王者盖尓為有　（『万葉集』巻三・二四〇）

比佐可他能阿麻由倶都紀呼阿美尓佐旨和我於保岐美婆岐努何佐尓是利　（『歌経標式』）

和歌の表記の変更がこのように自由になされるものとすると、柿本人麻呂歌集のもとの表記がいかにあったかということの推定はますます困難である。

人麻呂歌集の略体歌に付された「一云」「或本歌云」で始まる注記別伝歌が非略体表記でなされている。

礒上生小松名惜人不㆑知恋渡鴨

或本歌曰　巌上尓立小松名惜人尓者不㆑云恋渡鴨　（巻十二・二八六一）

巻十一の二三六九、二四八〇、二四九六、巻十二の二八六〇、二八六一、二八六三など他にもこうした例は見られる。渡瀬昌忠氏[32]は「或本」について、「その歌の別伝が万葉集の本文資料以外の書物に存する場合に、その小異歌を付載する際の常套手段である」とされる。つまり、『万葉集』以前に、それらの作品については、すでに二種の伝本があったとも言えるであろう。

巻十一の二五三九番歌と巻十四の三四七〇番歌、巻四の五〇三番歌と巻十四の三四八一番歌のように重出歌あるいは類歌が、一方は非略体歌、一方は万葉仮名表記歌の例もある。

相見者千歳八去流否乎鴨我哉然念待㆑公難尓　（巻十一・二五三九）

安比見弖波千等世夜伊奴流伊奈乎加毛安礼也思加毛布伎美末知我弖尓 柿本朝臣人麻呂歌集出也　（巻十四・三四七〇）

次の二首はどちらも人麻呂歌集の作品であろうが、一方は略体表記、一方は非略体表記である。

眉根削鼻鳴紐解待哉何時見念吾　（巻十一・二四〇八）

眉根掻鼻火紐解待八方何時毛将㆑見跡恋来吾乎

右上見㆓柿本人麻呂之歌中㆒（下略）　（巻十一・二八〇八）

これらの例には、それぞれが別に書きとめられ、『万葉集』中の前後の作品と表記法をあわせたため、同一の作品であっても相互の表記法が異なる結果となったのもあろう。とすれば、かならずしも転写により表記を変えたものとは言えないが、その作品をどんな表記法で書くかは、筆録の際の事状によるところが大きく、必ずしも作品の内容が要求するものではなかったと言えよう。

おわりに

初期木簡の出現により、柿本人麻呂歌集の略体表記、非略体表記に関する論考は見直しが必要となった。このことは近年にも言われはじめてはいたが、飛鳥池遺跡木簡、難波宮跡木簡という具体的な資料の出現により、いっそう明確になったわけである。

ここでは考察の手掛りとなりそうな二、三の事例を提示してみたが、課題に届くにはささやかすぎる材料と言えるかも知れない。『万葉集』のことであるから、今後に厚い層の研究者によって精力的な研究がなされ、急速な進展があるのであろうと期待される。

なお、略体表記が行われた理由として、いくつか仮説を考えてみたが、いずれも実証しがたいものであった。そのなかで我ながら魅力的に思えたのは、略体表記は渡来人のための、古代朝鮮半島の言語への中途半端な翻訳の試みではないかという案である。

先の二五三九番歌（作者未詳）から万葉仮名を除いて略体表記とし、三四七〇番歌（人麻呂歌集）をカタカナで書くと次のようになる。

相見者千歳去我哉然念待公難

アヒミテハチトセヤイヌルイナヲカモアレヤシカモフキミマチガテニ

左の書き方だと、このことばが分からなければ、まったくの意味不明だが、右の書き方だと、漢字の意味が分かれば、つまりそれぞれの国のことばで漢字が読めれば、少なくとも単語の意味が分かる。日本語の語順に似た朝鮮語の語順で漢字を並べる新羅の「壬申誓記石」式の表記法を読み慣れた朝鮮からの渡来人なら、ある程度は自分のことばで読み下ろすこともできたであろう。非略体歌だと、付属語部分の万葉仮名がじゃまになって、かえって読めなくなってしまうのである。

ただし、この案だと、略体表記にも「鴨《かも》」のような借訓表記がわずかながらまじることが説明できない。「哉」などとあったのを、後に「鴨」に書き換えたと仮定でもしないかぎり、この案も成立しないが、一つの思いつきとして、あえて付記しておく。もし、略体歌から仮名を除いたものを略体歌の前身として想定するなら、朝鮮からの渡来人一世がそれを母語で読めば、それは和歌の朝鮮語訳となったであろう。

注

（1）稲岡耕二『万葉表記論』をはじめとする諸氏の多数の論考がある。ちなみに岩下武彦氏は「表記論は何をひらき、いま何を問われるか」（『国文学』一九九六年五月）の中で、稲岡氏の指摘するところを、「表記上より古態を留めている人麻呂歌集古体歌が、最初に記定された歌であり、初期万葉の歌の記定は人麻呂以後に降るものであろうという」とまとめている。
なお、略体歌が元来の表記であるか、それとも奈良時代の書き換えであるかという問題をはじめとする、江戸時代からの諸論の展開については、遠山一郎「人麻呂はどこまで解明されたか」（『国文学』一九九六年五月）に詳しい。最近の木簡資料を利用した研究では、西條勉「天武朝の人麻呂歌集歌―略体／非略体の概念を超えて―」（『文学』一九九九年一〇月）が重要である。

（2）工藤力男「人麻呂の表記の陽と陰」（『万葉集研究』一九九四年六月）
（3）拙稿「万葉集と文字」（古代文学講座8『万葉集』一九九六年四月。ただし、原稿の提出はその三、四年以前であった）（『上代文学と木簡の研究』一九九九年一月所収）
（4）拙稿「宣命体の成立過程について」（『国語と国文学』一九七一年一月。『木簡と宣命の国語学的研究』一九八六年一一月所収）
（5）木村康平「歌の伝承・記録」（古代文学講座8『万葉集』九七ページ）
（6）東野治之「出土資料からみた漢文の受容――漢文学展開の背景」（『国文学』一九九九年九月　五七ページ）
（7）一九九九年一一月二三日朝刊各紙
（8）平川南「日本最古の文字」（『古事記の現在』一九九九年一〇月　一六ページ）
（9）鬼頭清明「記紀と木簡」（『国文学』一九八七年二月）
（10）舘野和己「釈迦三尊像台座から新発見の墨書銘」（『伊珂留我』一九九四年四月）、拙稿「七世紀における日本語の文章表記」（『国語と国文学』一九九九年五月）〈第一部1〉
（11）江浦洋「難波宮跡北西部出土の木簡」（木簡学会　一九九九年一二月四日）
（12）狩野久「法隆寺幡の年代について」（『伊珂留我』一九八四年一〇月）
（13）拙著『上代文学と木簡の研究』一九九九年一月参照。
（14）平田俊春「帝紀の原形と記紀」（『国語と国文学』一九六六年四月）など。
（15）拙稿「国語史から見た古事記の成立」（『古事記研究大系』1　一九九七年三月）（『上代文学と木簡の研究』所収）
（16）拙稿「古事記の天孫降臨説話と日本書紀」（『甲南大学紀要（文学編）』二〇〇〇年三月）〈第二部3〉
（17）拙稿「藤原宮木簡の用字および表記について」（『訓点語と訓点資料』一九八三年九月）（『木簡と宣命の国語学的研究』所収）
（18）東野治之　注（6）の論考六〇ページ
（19）拙稿「飛鳥藤原時代木簡の表記法をめぐって」（『上代文学と木簡の研究』所収）

(20) 注（19）に同じ。
(21) 注（16）参照。
(22) 『木簡研究』第二一号（木簡学会）一九九九年一一月による。
(23) 犬飼隆「観音寺遺跡出土和歌木簡の史的位置」（『国語と国文学』一九九九年五月）
(24) 東野治之『長屋王家木簡の研究』（一九九六年一一月）
(25) 拙稿「法隆寺幡銘と斉明紀挽歌」（『国文学』一九九九年九月）〈第一部2〉
(26) 渡瀬昌忠「人麻呂歌集略体歌と額田王歌原形の助辞表記」（『上代文学』一九九〇年一一月）も額田王による歌の文字化（ただし略体表記）を推測。
(27) 拙稿「巻十九における大伴家持の表記法」（『上代文学と木簡の研究』所収）
(28) 鶴久・森山隆『万葉集』一九七二年四月をもとに、一部字体などを変える。以下同じ。
(29) 尾崎知光「古事記の表記と安万侶の撰録」（『古事記年報』一九七七年一月）
(30) 瀬間正之「漢字が書かれたことば—訓読的思惟をめぐって—」（『国語と国文学』一九九九年五月）
(31) 沖森卓也、佐藤信、平沢竜介、矢嶋泉『歌経標式　注釈と研究』一九九三年五月参照。
(32) 渡瀬昌忠「柿本人麻呂歌集」（万葉集講座5『作家と作品Ⅰ』一九七三年二月　二七四ページ）

追記　この原稿は二〇〇〇年一月の締切り日までに提出したものであるが、その後、西條勉氏の「文字出土資料とことば——奈尓波ツ尓作久矢己乃波奈」（『国文学』二〇〇〇年八月）が出ており、「歌の文字化が、略体歌のような訓字表記からはじまったという意見は取り下げられるであろう」と書かれている。もっとも、初期木簡等の出土点数はそれほど多くはないので、さらなる発掘を待ちたいところである。
〈この後も犬飼隆「律令官人が歌を書く」（『書くことの文学』二〇〇一年六月）などの歌の文字化に関連する論考が出ている〉

5　播磨国風土記の筆録

はじめに

『播磨国風土記』の筆録、あるいは用字、表記、文体などに関して、次のような研究がなされている。

小島憲之氏(1)は、「――之時」「乃」「即」「仍」「所以……者、……故……」「爾時」などの用法から、この風土記と『古事記』の類似性を指摘している。ただし、「この風土記の「爾」が、古事記のそれに「直接」よつたとは断定できないふしがある」として、両書の直接的な関係については、判断を保留している。また、「この風土記は潤色度が比較的少なく、和文的な面が多い」とも指摘した。

八木毅氏(2)は、この風土記の記述を平板叙述とし、様式について、本書としての一貫した様式が存するとして、「これは執筆に先だつて国司が郡司に示したものだと考へられるが、執筆述作後、各郡から提出せられた原稿の体裁を、国庁の史生の手によつて更に多少の凹凸修正が行はれた可能性もあらう」とする。また、「非貴族的な、平板な文体」で、この文体を各郡各里の文章を通じての共通の性格とする。「用字用語も典拠を求めたり文飾を施したりはしないで、全く自由に表記してゐる」「表現密度が低いために、文章の長さが短くてはどうにもならない」とある。また、筆録者に関し、「多分彼らは有力な土着氏族出の郡司として、律令体制下の国郡組織の中で、この国の風土記述作に従つたことであつただらう」「彼らの文学的教養も、貴族とは異なつて、もつと実務的なものであつたと考へられる」と述べている。

白藤禮幸氏[3]は、地名起源説話の記述の文型が郡によって差のあることから、「郡毎に（更に細かく神前郡のように里毎に）記録した人がそれぞれ別であったことを示していると考えられるのではないであろうか」とする。

小野田光雄氏[4]は、「当国風土記は誠によく均斉のとれた、統一された記載体裁を採用している事が知られる」「此の風土記は恐らくは統一ある方針のもとに進行し、最後に同一人の手によって整理編纂されたものであろう」とし、その上で、仔細に検討すれば「三つの群が、群として撰述の作業に関与する段階が有った」とする。三つの群とは、「A　賀古、印南、美嚢、（明石）」「B　餝磨、神前、託賀、賀毛」「C　揖保、讃容、宍禾」の三群で、ただし揖保郡は、理論的にはC群に属すると考えられる条件があるが、体裁、内容ともにB群の傾向を強く示しているとしている。

沖森卓也氏[5]は、「於」字の数の多さから、「本風土記では、動詞の下に記される助詞ニの表記にきわめて配慮していることが裏付けられる」と指摘する。また、「給・賜」字の用法や、万葉仮名字母の選択などから、小島憲之氏の説を補強して、「口承的和文的な文体を基調とするが故に両者に共通点がみられるというよりも、『古事記』の表記法を参考にしたと考えてよいように思われる」と述べている。

瀬間正之氏[6]は、諸説を考えあわせた上で、「漢字で文章を書くという方針でありながら、漢文の枠に拘泥せず、むしろ国語的なものを志向しているかのようである」とまとめる。

以上、なるべく短く記すために、諸論考のごく一部分のみを引用するという方法を取ったが、こうした方法では、それぞれの論じるところを十分に表し得ていないであろう。詳しくは、それぞれの論考に直接よっていただきたい。

以上から、単純化すると、次のようなことが言えるであろう。

一、表記に和風傾向が強く、かつ平板な表現を取っていて、漢籍などによって潤色しようといった傾向が少ない。
二、全体に一貫した文体でありながら、叙述の文型などにより、郡ごとに筆録者が異なっていたことが推測される。
三、『古事記』の表記法や文体に類似しており、それとの関係が注目される。

この風土記は、全体的に見れば、表記法などに強い統一性が見られ、一人の筆録者の筆録によって書かれたように印象されるにもかかわらず、詳細に見ると、文型や、文の構成部分として慣用される「号、称、日、云、名」などの用字に多様性のあることに気づく。

この多様性から、複数の筆録者が推定される一方では、もし、言われるように、郡ごとに筆録者が異なっておれば、かくも一貫した表記法がなされているのが不思議である。逆に、もしモデルとなる文書例を示すことなどで、統一した文章表記をはかろうとした結果だとすれば、にもかかわらず、書式の骨格部分とも言える個所の慣用文字が、統一されていないところが不自然である。

もし、この文章表記が『古事記』を参考にしたものだとすれば、郡ごとの筆録者も『古事記』を学んでいて、皆が同様の表記法を身につけていたのであろうか。そうでなければ『古事記』に学んだ最終筆録者、ないし編集者が、よほど強力に表記の整理統一を行ったと考えざるを得ないが、にもかかわらず、用字などにおいて、不統一の見られるのは矛盾している。次に文章の実際を検証しながら考察してみたい。

一、表記法の一貫性

この風土記における表記法の一貫性は、次のようなところにうかがわれる。「於」字の数の多さは、すでに沖森

[7]氏の指摘があったが、単に数が多いと言うより、所を示す名詞に原則的にといっていいほどこれが付されている。場所を示す格助詞ニがこれによって常に表記されるわけである。

天皇知レ在二於此小嶋一〈賀古郡〉

大三間津日子命於二此処一造二屋形一而坐時〈餝磨郡〉

大鹿出二己舌一遇二於矢田村一〈宍禾郡〉

なかには、次のように、場所を示す格助詞ニ以外の場合にも「於」字があてられている例もある。

帯中日子命乎坐二於神一而〈印南郡〉

（帯中日子命ヲ神に坐せて）「乎《を》」は万葉仮名

此女端正秀二於当時一〈餝磨郡〉

（此の女の端正《きらきら》しきこと、当時《とき》に秀《すぐ》れたりき）

三人相憂申二於朝庭一〈揖保郡〉

（三人相憂《あひうれ》へて朝庭《みかど》に申しき）

高嶋高勝二於当処嶋等一〈揖保郡〉

（高嶋、高さ、当処《ところ》の嶋等《しまじま》に勝れたり）

乞二宿処於葦原志挙乎命曰一〈揖保郡〉

（宿処《やどり》を葦原志挙乎命に乞ひて曰はく）

此子称二於父心一〈讃容郡〉

（此の子、父の心に称《うづな》ひき）

訴二於大神一〈賀毛郡〉

（大神に訴へければ）

『出雲国風土記』では、次のように「於」字を欠く。

源出二灰火山一入二斐伊河上一〈仁多郡〉

（源は灰火山より出て、斐伊の河の上に入る）

沖森氏の調べでは、「於」字による「～に……する」の二の表記は、『播磨国風土記』一七〇例に対し、『出雲国風土記』二例である。前者にこの表現の多いのに対し、後者に少ないようではあるが、おそらく『出雲国風土記』では、場所を示すニは、表記されないのが原則だったと言えるのではなかろうか。

ところで『出雲国風土記』では、敬語補助動詞の「たまふ」「ます」にあてて、「給」「賜」「坐」が多く表記されており、八木氏、沖森氏等の論考でも触れられているところである。

磐坂日子命国巡行坐時至二坐此処一而詔〈秋鹿郡〉

（磐坂日子命、国巡り行《い》でまし時、此処に至りまして詔りたまひしく）

ただ、「詔」字には「たまふ」の表記を欠くが、これは続紀宣命にもあるところで、あるいはそれと同様に「のたまふ」と読むべきものではなかろうか。右の例だと、「のりたまひしく」ではなく、「のたまひしく」となる。

ところが、先の「於」字の場合とは逆に、『播磨国風土記』では、敬語動詞ならともかく、敬語補助動詞としての「たまふ」「ます」は原則的に表記されなかったようである。

昔大汝命造レ碓稲春之処者〈賀毛郡〉

（昔、大汝命、碓《うす》を造りて稲春きし処は）

天皇勅追二聚於此村一悉皆斬死〈賀毛郡〉

（天皇、勅《みことのり》して、此の村に追ひ聚《あつ》めて、悉皆に斬り死《ころ》したまひき）

古典文学大系（岩波書店）『風土記』では、右のように敬語補助動詞が送られたり送られなかったりであるが、天皇の行為についても、「坐」「給」が補助動詞の場合には表記されていないところから考えると、あるいは、もっとこれが補って読まれた可能性もある。

「於」字表記においては、『播磨国風土記』により和風傾向が強かったのに対し、「坐」字「給」字などの敬語補助動詞の表記においては、『出雲国風土記』により和風傾向が強かった、つまり和文がたんねんに表記されていると言える。

こうしたことからも、『播磨国風土記』においても、他の風土記と同様、表記が統一されていて一貫性があることが知られるのである。

ちなみに、『古事記』でも、表記の一般的な部分では、次のように敬語補助動詞の表記を欠く場合が多い。

又天皇、坐二長谷之百枝槻下一、為二豊楽一之時〈雄略天皇〉

（又天皇、長谷の百枝槻の下に坐しまして、豊楽《とよのあかり》為たまひし時）

於レ是二柱王子等、各相二譲天下一〈清寧天皇〉

（是に二柱の王子等、各天の下を相譲りたまひき）

こうした点からも、『播磨国風土記』の表記法の『古事記』に類似していることが言えよう。

二、用字の多様性

白藤禮幸氏[8]は、『播磨国風土記』の地名の記述の文型について、次のような傾向が認められると指摘する。つまり、里名に限って言えば、餝磨郡では「右称～者……」「右号～者……」のいずれかで統一されている。揖保郡では「所以号（名・称）～者……」「右所以称（名・号）」の型が中心である。賀古郡は「……故曰～」という形ばかり、印南郡も「所以号～者……故曰～」の形のみである。こうしたことから、郡によって記録した人はそれぞれ別々であったであろうとする。

餝磨郡における地名起源伝説の構文を調べてみると、はじめから順に次のようである。

所三以号二餝磨一者……故号二餝磨郡一
右称二漢部一者……故号二漢部一
右称二菅生一者……故号二菅生一
右号二麻跡一者……故号二目割一
右称二英賀一者……故国二神名一以為二里名一
右号二伊和部一者……故号二伊和部一
所三以号二手苅丘一者……故号二手苅一……故云二手苅村一

白藤氏は、「里名に限って見れば」と限定して調べているため、必ずしも右の調べとは結果が一致しないが、里名以外の地名もふくめれば、文型も一つに限定されているわけではない。あるいは、里名を表す場合の文型と、その他の場合と、細かく区別されているのかも知れない。

用字、用語についていえば、「号」「称」「云」と不統一、ないしは多様で、「麻跡《まさき》と号《なづ》くるは」と始めておきながら、「故《かれ》、目割《まさき》と号く」と、後ではわざわざ、たぶん意図的に用字を変えて表記している例もある。里名とそれ以外の地名では文型を変え、意訳すれば「～と呼ぶ（言う）」にあたる語を、「号」「称」「云」などと違えて表記しているのは、意識的な判断があってのことではなかろうか。

地名にわざわざ二通りの用字を使っている例はほかにも見られる。『万葉集』などの同語異表記を思わせるものである。

菅生《すがふ》――宗我富〈揖保郡〉、握《つか》村――都可村〈揖保郡〉、伊加麻川――烏賊間川〈宍禾郡〉、雲箇――宇留加〈宍禾郡〉

これらは、地名起源伝説の話のすじによって、その地名を音と訓などの二種類に表記する必要が生じたためでもあろうが、筆録者が用字や表記に細やかな注意をはらっていたことを示しているものとも見られよう。

文章に手を加えて整えようとする場合、一つにまとめようとする方向と、逆に多様に書いて変化をつけようとする方向とがある。『播磨国風土記』の最終筆録者は、表記法については統一の方向を求めたが、用字についてはある程度の多様さを容認する方向で清書したのであろう。むろん、この筆者の文章に対する姿勢がこうした文体に関わっているであろう。筆録者が用字などの多様さを容認するタイプだったから、原資料の用字が影響を残したことも考えられる。

試みに、小野田光雄氏（9）の論考によるA、B、Cの三群に分けて、構文の骨組みにかかわる「故号」などの用字を見てみたい。基本的には「所㆔以号㆓餝磨㆒者……故号㆓餝磨郡㆒」とあったように、「所以号（地名）者（説明）故号（地名）」の構文であるが、「所以」が「右」となったり、それも略されたり、「故号」が「即」となったり、「為名（名と為《す》）」と書かれたり、いくとおりかのバリエーションがある。

A群

〈賀古郡〉故名曰、故号、所以号、故云、故曰、故号、故号、故号、故号、故曰、故曰、故号、故曰、故曰、故曰、故曰

〈印南郡〉所以号、故名曰、故曰、名曰、故曰、名曰、故曰、名号曰、所以号、所以号、故曰、名曰、故曰、故曰、所以号、故曰、故曰、名曰、故曰

〈**美嚢郡**〉所以号、故号、故号、即号、号、所以号、故云、因為名、因為名

B群

〈**餝磨郡**〉所以号、故号、称、故号、称、故号、号、故号、称、故号、称、故、号、所以号、故号、故云、即号、即号、即号、仍号、仍号、即号、即号、即号、所以号曰、曰、称、故号、所以称、故号、称、故号、故因為名、所以云、故号、故以称、故号、故号、故号、所以号、故号、称、故号、所以号、故号、所以称、故号、称、故号、所以称、故号、号、故号、故曰、所以称、即号、所以号、故号、所以号、即号、即号、即号、即号、故号、故号、号、故号、所以称、故号、称、故、称、故号、称、故号、今改号、故号、所以称、故号、故、所以称、即号、即号

〈**神前郡**〉所以号、因為名、故曰、所以号、故号、故号、故曰、所以号、由此号、改為、所以号、故曰、為名、故曰、故号、所以云、故曰、所以云、故曰、云、故号、所以号、故曰、所以云、故名、所以云、故曰、云、故白、故云、云、故曰、故曰、故曰、云、故曰、

〈**託賀郡**〉所以名、故曰、為名、所以号、故曰、所以号、為名、云、故曰、云、故曰、云、故曰、所以号、故曰、云、故曰、云、故号、故曰、故曰、故号、因為名、故曰、故曰、故曰、故因為名

〈**賀毛郡**〉所以号、故曰、所以号、号、号、号、号、号、所以号、故曰、故曰、故号、所以云、故曰、所以号、故曰、号、故曰、号、故曰、号、故曰、所以、故号、号、号、仍為名、号、号、号、為名、号、故曰、号、故号、所以号、故号、号、故曰、故云、号、故号、号、故号、号、故号

C群

〈**揖保郡**〉故名、所以号、故号、改名為、故号、故曰、故号、故名、故名、故名、故号、故号、所以号、故曰、改号、故号、所以号、故因為名、故号、故号、故号、故曰、故曰、所以号、改号、所以称、故称、故名、故号、

所以名、即号、因為名、故号曰、故号、故号、故号、所以名、故号、改為、故号、故号、所以名、故曰、所以名、即、所以名、故曰、所以名、故曰、此名、故曰、故曰、故号、即名、即曰、所以称、為名、所以称、故号、故号、所以称、故名曰、号、所以称、故号、故号、所以称、故号、所以称、故曰、所以号、故曰、所以号、故因為名、所以号、故因為名、故因為名、故因為名、故号、所以名、仍名、故云、故号、故云、故云、故云、故云、所以号、故号、故以為名、所以曰、即号、所以称、故曰、所以称、故因為名、所以号、故号、故号、故因為名、故号、故名、改名為、故曰、所以号、故号

〈讃容郡〉所以云、故号、号、故曰、云、故曰、故曰、故曰、故曰、故曰、号曰、故曰、故曰、号為、故号、所以名、故号、故曰、即号、即号、故曰、故曰

〈宍禾郡〉所以名、故号、号、所以名、故曰、故曰、故曰、故曰、故曰、故曰、云、故曰、故曰、即号、所以名、故曰、故曰、所以名、故曰、故曰、故曰、故曰、故日、故日、号、所以然、故曰、改名為、為名、為名、故曰、故曰、故曰、故曰、所以号、故曰、称、称、称、故曰、又云

たとえば、「云」とあっても、単に発話を意味するものなどははぶいたが、手作業によるため、誤脱のあることを恐れる。

A群の賀古郡、印南郡、B群の託賀郡、C群の讃容郡、宍禾郡などに「曰」字が多いこと、「称」字は餝磨郡、揖保郡に目立つこと「号」字が餝磨郡、賀毛郡に多いことなどがざっと見て取れるところである。

右記のように部分を抜き書きしてしまうと分からないが、「右」字が餝磨郡や賀毛郡に多い。

　鹿咋山右所㆔以号㆓鹿咋者……

　品遅部村右号㆑然者……

これは賀毛郡の例であり、餝磨郡等の例は引用を省略する。ちなみに、漢字索引(10)をもとに数えると、「右」字は、

餝磨郡17、揖保郡7、神前郡3、託賀郡3、賀毛郡15であった。B群、およびB群の傾向が強いとされる揖保郡に限られているのが注目される。

なお、「所以号」「云」などとはじめに断らないで、地名のあとすぐ説明に入る例もある。

家内谷即是香山之谷形如二垣廻一故号二家内谷一〈揖保郡〉

御立阜品太天皇登二於此阜一覧レ国故曰二御立岡一〈揖保郡〉

単純化した書き方であり、省略文型のように見えるが、あるいはこの方が原型であったかも知れない。

郡によって右のように文型や用字に違う傾向のあるのは、元になった文章（あるいは原資料）からの影響があったためと考えるのが、最も考えやすいところである。

ときには、話の出だしと結びとで用字が異なっている例がある。

益気里土中上所二以号レ宅者大帯日子命造二御宅於此村一故曰二宅村一〈印南郡〉

（益気《やけ》の里土は中の上なり。宅《やけ》と号《なづ》くる所以《ゆゑ》は、大帯日子命、御宅を此の村に造りたまひき、故、宅の村と曰《い》ふ。）

餝磨郡の場合は、「右号二伊和部一者……故号二伊和部一」と号で統一されているか、または「右称二加野一者……故号二加野一」と、「称……号」の組み合わせである。

鴨波里土中々昔大部造等始祖古理売耕二此之野一多レ種レ粟。故曰二粟々里一〈賀古郡〉

（鴨波《あはは》の里土は中の中なり。昔、大部造等が始祖、古理売、此の野を耕して、多《さは》に粟《あは》を種《ま》きき。故、粟々《あはは》の里と曰《い》ふ

このように、地名をあげていきなり説明に入り、「故《かれ》〜といふ」と結ぶのがはじめの原稿で、後で整える段階で「〜といふ所以《ゆゑ》は」を別人が補入したため、用字に違いが生じたのであろうか。ただし、必ずしも無作為な混同とは言えない。

用字違えは、右の事例の中にも、「益気《みやけ》——宅」「鴨波《あはは》——粟々」の例があった。「新良訓《しらくに》——新羅訓」〈餝磨郡〉

の例もあり、無作為のように見えて、鋭い文字感覚がうかがわれるのである。

三、宣命体表記に関して

常陸、出雲、播磨の三風土記には、宣命体（宣命大書体）表記部分をふくんでいる。三風土記の中では最も少ないが、『播磨国風土記』には次の二カ所が知られている。

御佩刀之八咫剣之上結尓八咫勾玉下結尓麻布都鏡繋〈賀古郡〉

（御佩刀《みはかし》の八咫《やた》の剣の上結ニ八咫の勾玉、下結ニ麻布都《まふつ》の鏡を繋けて）

帯中日子命乎坐於神而〈印南郡〉

（帯中日子命ヲ神に坐《ま》せて）

この前者は、『古事記』天の石屋の条の次のような詞章を思い出させる。

於㆓上枝㆒、取㆓著八尺勾璁之五百津之御須麻流之玉㆒、於㆓中枝㆒取㆓繋八尺鏡㆒（訓㆓八尺㆒云㆓八阿多㆒。）

（上枝に八尺《あた》の勾璁の五百津の御須麻流《すまる》の玉を取り著け、中枝に八尺の鏡を取り繋け）

おそらく、風土記の例も、こうした祭儀の詞章から取ったもので、祝詞・寿詞の類が原資料にあったものか。『古事記』との類似性がここにも見られるわけである。助詞ニ、ヲの万葉仮名表記が注目される。『常陸国風土記』にもニ、ヲの万葉仮名表記があり、この風土記の宣命大書体表記については、沖森氏(11)は、「『古事記』や『万葉集』の表記体とは一線を画していて、文字通り続紀「宣命」にその源流があると認められるのである」と述べている。

『古事記』では、わずかの宣命大書体部分が見られはするが、助詞の万葉仮名表記は、ト、トコソなどに限られている。

『続日本紀』宣命第一詔は、文武元年のものである。もし、『古事記』がその序文から考えられるように、元明朝に成立したなら、天石屋の条など和風傾向の強い(12)個所では、三風土記に見られるように、宣命の文章表記などの影響のもとに、必然的に「二」「ヲ」などの万葉仮名表記もまじえられたのではなかろうか。この一面から言うならば、西條勉氏(13)の説くように、文章表記から考えて、『古事記』がおおむね天武朝に書かれた可能性は高いものではなかろうか。

ちなみに、『出雲国風土記』には、次のような例も見られる。

尓時御祖命御子乗レ船而率二巡八十嶋一宇良加志給鞆猶不レ止レ哭之大神夢願給告二御子之哭由一夢尓願坐〈仁多郡〉

（その時、御祖の命、御子を船に乗せて、八十嶋を率て巡りてウラガシ給へども、猶哭《な》き止みまさざりき。大神、夢に願《ね》ぎ給ひしく、「御子の哭く由を告《の》らせ」と夢に願ぎませば）

沖森氏(14)は、この「鞆《とも》」の例について、「『万葉集』非略体表記のようなものとの影響関係が想定されるのである」と述べている。

おわりに

『播磨国風土記』は、表記法においては統一が取れたものでありながら、用字などにおいては統一されていない。作成の初期段階に複数の筆録者があって、その用字に違いがあり、その影響が残ったものであろうが、一方で、最終編集者の側で、ある程度の多様さ、雑多さを容認する傾向があったためでもあろう。

文章のほとんどが、類似の文書型式を取る地名起源伝説であり、漢籍などによって潤色することなく、原資料の記述をなるべく生かせる方向で全体を書き記そうとすれば、用語用字などをあまり統一しすぎると、結果としてはますます平板単調な印象を与えるものとなってしまったであろう。最終筆録者（あるいは編集者）の文字感覚が、初期段階に作成された資料の用字などの多様さをある程度残す方向へと働いたものと考えられる。

この風土記の文章表記が、『古事記』を参考にしているとする意見[15]については、当時における『古事記』の普及度や、享受のされ方にも関わってくることで、興味が持たれる。しかし、ここではまだ、直接の影響関係を判断するまでには至らなかった。後日の課題としたい。

ただ、『古事記』の成立が、もし通説のように元明朝だとすると、風土記に見られるような形で、宣命大書体などの表記法が『古事記』にもっと多様に取り入れられていたであろうことが考えられる。そうはなっていないところから、近年にいわれている、『古事記』本文がすでに天武朝におおむね成立していたとする見解[16]が、可能性の高いものと考えられてくるのである。

注

（1）小島憲之『上代日本文学と中国文学』上　一九六五年
（2）八木毅「古風土記における文体について」（『古風土記・上代説話の研究』一九八八年）
（3）白藤禮幸「風土記の用字について（覚え書）」（『島田勇雄先生古稀記念　ことばの論文集』一九八一年）
（4）小野田光雄「播磨国風土記の成立について」（『古事記・釈日本記・風土記ノ文献学的研究』一九九六年）
（5）沖森卓也「風土記の文体について」（『小林芳規博士退官記念　国語学論集』一九九二年）
（6）瀬間正之「風土記の文章表現」（『風土記を学ぶ人のために』二〇〇一年）

(7)　注(5)に同じ。
(8)　注(3)に同じ。
(9)　注(4)に同じ。
(10)　植垣節也『風土記の研究並びに漢字索引』一九七二年
(11)　注(5)に同じ。
(12)　拙稿「古事記・日本書紀の表記と成立過程―国生み、天の石屋、八俣の大蛇―」(『上代語と表記』二〇〇〇年)〈第二部4〉
(13)　西條勉『古事記の文字法』一九九八年
(14)　注(5)に同じ。
(15)　注(5)に同じ。
(16)　注(13)に同じ。

資料　『播磨国風土記』『出雲国風土記』『古事記』は、日本古典文学大系本による。ただし、字体、句読点、ふり仮名など、部分的に修正している。なお、北川和秀「上代の文字表記関係研究文献」(文献目録一覧)(『書くことの文学』二〇〇一年)を参照した。

6　上代木簡の文体史

はじめに

上代文章史において文体という語は、かつては純漢文体、和化漢文体、宣命体などの「文体」を意味することが一般的であった。だが、これでは、たとえば現代語の研究分野での「文体」とは異なり、文体の意味するところが限定される。

そこで、従来より、私はこれを純漢文体表記、和化漢文体表記、宣命体表記として、「表記」面をとらえて言いあらわしてきた。この拙稿において、「文体」としてとらえようとするところは、「表記」よりももっと大きな領域である。

上代の木簡の「文体」の歴史について、たとえば次のようなことがらがすでに言われ、あるいはすぐに考えつくであろう。

書式に関することがらとしては、七世紀の木簡は冒頭に年紀が記されていたが、八世紀には年月日が文末に記されるようになったことが、つとに岸俊男氏によって指摘されている。冒頭に干支によって表されていたのが、文末に年号を付けて表されるようになった。これは近年出土の大宝元年前後の、藤原宮中務省関連の木簡によってもあらためて確認されるところである。

また、七世紀の貢進物付札の書式は、藤原宮の段階では「年月日＋地名＋人名＋品目＋量目」が基本的なものという。(1)八世紀の贄関係木簡の記載形式などに渡って、歴史学方面で詳しく分析されてもいる。こうした付札木簡の表記についても、たとえば鬼頭清明氏(2)は藤原宮出土木簡では贄をすべて「大贄」と表記しているのに対し、平城宮出土木簡では「大贄」は少数で、大多数は「御贄」と表記していることを指摘された。飛鳥京出土木簡の分析から、鶴見泰寿氏(3)は七世紀の付札木簡の地名の基本的な表記が「五十戸」→「評―五十戸」→「国―評―里」と変遷したのであろうことを指摘している。

魚介類などの物品名の表記について拙稿(4)で、飛鳥→藤原→奈良へと時代が移るに従い、音仮名（万葉仮名）→音訓交用→訓字へと表記が変わって行く傾向の見られることを述べた。宣命体表記の例では、藤原宮出土木簡では宣命大書体表記が多数で、小書体表記が少数であること、奈良時代のものでは、『万葉集』『風土記』など文芸的要素のあるものを除き、日常的な文書では宣命小書体が一般的で、それも小字一行で書かれ、小字双行書きの典型的な例はまだ見られないことも述べた。

書式と表記と用字などの変遷は、お互いに関係しあいながら進んだものであろう。上申文書の記載形式について、藤原宮木簡ではもっぱら「(宛先)の前に申す」という書き方であったが、奈良時代にはこの形式のものもわずかに残っているものの、公式令の解式に示された「某司解申其事。其事云々。謹解」の形式で書かれるようになったことがつとに指摘されている。(5)鐘江宏之氏(6)は、七世紀における上申や下達のための文書木簡が一行書きであったのが、大宝令制の導入後に変化して行く。つまり、「文書の情報の中に、差し出し、宛所、「符」「移」「解」の文言、日付、署名といった要素が取り入れられ、これらの情報を木簡面上にどのように配置するのかを工夫するようになる。（中略）書き出し部分は一行だが、情報の詳細な部分は二行にして人名を列記したり、末尾の日付や署名はさらに細かい文字で書き記すというように、木簡の面をどのように使って情報を書き込んでいくかを考え、面上の表記を構成している」「七世紀段階の木簡の一行書きは、冒頭から一行で書いていき、木簡面下部が空白になってもかわまず空けている。（中略）伝えたい情報を記す上で、漢字を並べて文章にしたものを、一直線上にめりはりなく並べていくという方式である。面が余れば余白、足りなければ最後のところだけ二行にしてしまう。これに対して、符式導入後は、双行、小字、左寄せ、右寄せなど、配置を考え、情報のブロックごとに文章を切って、面の中に割り付けていく方式である」と、地方遺跡の木簡をめぐって論じている。

鶴見泰寿氏は、(7)「公式令の符・解・移などの公文書の様式は、授受を行う官司間の関係を文書の様式にあらわしたものであり、省・職・寮・司などのような官司間の上下・平行関係が明確に規定されて初めて意味を持つ」とし、浄御原令制下の官制では、官司は、基本的には横並びであり、そうした未発達な官僚機構においては、公式令のような文書様式の規定は存在しえなかったと推測している。

平城宮木簡では、「符」「移」「解」「啓」「牒」など、文書様式を表す文字が記されている。

「□扱沙進送」（兵庫県市辺遺跡）は奈良時代前半の溝から出土したものであるが、「返抄」を「扱沙」と記している。(8)こうした書き間違いは、これを音読していたからこそ生じたもので、訓読していたならこのようには間違えなかったのではなかろうか。先の「解」「啓」「牒」なども音読した可能性があるであろう。もし、上下関係が明確な宛先に送る場合なら、その文章様式の違いも明確にすることが求められるであろうから、等しく「まうす」と訓読するだけでは不都合だったであろう。

総体的な印象として、七世紀木簡では和風傾向の強かった文字表記が、奈良時代には漢文的傾向が強くなる。ただし、正倉院文書などの公的文書（国家機関における文書）と比べ、長屋王家木簡など私的文書（家政機関における文書）では和風傾向が見られるが、同じ和風傾向といっても、七世紀木簡とは違いもあるようである。

ここでは、こうした表記、用字、表現などにわたる広い事象を総合して文体と呼ぶのであるが、ここにおいて文体の「和風傾向」につき、木簡例に即し、具体的に見て行きたい。

漢文では表しにくい和文的要素としては、いわゆる辞の類、和文でいうとつまり付属語の助詞、助動詞があり、これに準じるものとして補助用言、形式名詞の類をも含めて考える。つまり、テニヲハやベシ、ム、ズ、タリ、ケリ、ナリなどの書き表しかたのいかんである。敬語接頭語のミ、オホや敬語補助動詞のマス、タマフなどの表記、無表記もこれにかかわって考えるべきであろう。目的語を和文そのままの語順・字順で述語動詞より前に表記するか、漢文式に後置させて述語動詞を先に表記するかといった、いわゆる転倒表記の問題もある。用字においては、和文式に文字の意味するところが大まかな、平易な訓字を使うか、漢文式に意味するところが細かく厳密な、難しい訓字を使うか、文字に頼った漢文流の文飾を志向しているか、和文に忠実に表記しようとしているか、といったことがらについても分析しようとするものである。

一、初期木簡

時代順に木簡例をあげながら述べて行きたい。ただし、今では少なくないとも言える数の木簡が出土しており、すべてに当たって述べることは、にわかにはできない。文書木簡などについて、代表的と思われる例のうちのいくつかを任意にとりあげて行くこととする。

a　法隆寺釈迦三尊像台座墨書銘

すでに拙著(9)で触れたことがあるが、木材に墨書されたものとして、確かなものではこれが残存する最古のものである。

○辛巳年八月九月作□□□□
○福費二段
○留保分七段
　書屋一段
　尻官三段　御支□三段
○辛

舘野和己氏の論考[10]から引用した。「段」は氏の指摘にあるように、布の単位「端」を意味している。メモのように書かれたためか、字形の明確ではないものがある。もし、「福費」を「椋《くら》(倉)費」、「尻官」を「尻《しりへ》(後)宮」、「御支□」を「川支(築)島」と読めば、建物や庭園など造築物に関する内容となるところであるが、「官」は「宮」とは読みがたい。「呂」字が木簡などでは吕のように見える例もあるが、はたしていかがであろう。造築に関係するものだとしたら、八月九月は、八月から九月にかけて、つまり二カ月にわたって何かを作ったという内容にもなるのだが、今は不明としておく。

辛巳年は推古二十九年(六二一)である。後のものではないかとする意見もあったようで[11]、そうだとすると西暦六八一年のものとなるが、通説どおり私も六二一年だと考える。

この資料によって、すでに推古朝には出納帳のようなものが記録されていたであろうことが推測されよう。ここから、付札が当時に使われていた可能性があろうこと[12]も推定されている。さらに言えば、物品の支給や請求、人の呼び出しなどの連絡に関する日常的な文書の類もすでに書かれていたであろうことも推測される[13]。朝鮮半島における六世紀木簡の存在[14]からも、その可能性は高いと言えるであろう。

いわゆる推古遺文なども、その原文は充分にこの時代に作成され得たことも、これは示唆するものである。

b　徳島県観音寺遺跡出土習書木簡

七世紀第2四半期のものとして、『論語』の文言を記した例がある。

　子曰　学而習時不孤□乎□自朋遠方来亦時楽乎人□〔知カ〕亦不慍

『論語』学而篇一の「子曰学而時習之。不亦説乎。有朋遠方来。不亦楽乎。人不知而不慍」によっていて、「阿波国造の居館で、『論語』の教授・学習が行われていたとの推測も可能である」とされる[15]。木簡の文言と現在の『論語』の文言とでは、文章に違いがあるが、瀬間正之氏[16]によって、この漢文の訓読を暗誦していて書いたため、この間違いが生じたものとの指摘があった。つまり、すでに七世紀前半において、『論語』の訓読がなされていたということになる。

c　難波宮出土木簡

戊申年（西暦六四八年）の紀年銘の書かれた木簡が出土しており、孝徳・斉明朝のころに、すでに付札木簡や文書木簡がさかんに使われていたであろうことを示すものである。

○秦人凡国評
○支多比
○委尓ア栗□□
○嶋意弥荷□〔立カ〕八□
○王母前□□□□

○『稲稲』　戊申年□□□
○伊加比
○□不得

部分を省略しながら『木簡研究』などから引用した。付札木簡と見られるものには借音仮名が多い。「支多比《きたひ》」「伊《い》加比《かひ》」などは後には訓字表記されることが多い。(17)

次の木簡例も、「前期難波宮の中枢付近から」(18)出土したとされるから、七世紀中頃から難波宮焼失の西暦六八六年までのものと考えられようか。

○・×奴我罷間盗以此□〔国カ〕在
　×□言在也自午年　□□
　・×於是本奴主有□□□
　×□〔知カ〕ア君之狂此事□□言□
○・謹啓
　・□〔初カ〕　然而
○山ア王

最初の文面は、「奴、我の罷れる間に盗む。此《これ》を以て□在」「□言ひ在也《たり》。午年自《より》□□」「於是《ここに》、本の奴の主有《なる》□□□」「□（知）部君之《が》狂《たぶれ》、此《こ》の事□□に言ひ□」などと読めようか。憶測すれば、「奴《やつこ》が自分の留守中に物を盗み、それについて奴のもとの主《あるじ》である知部君を責めると、彼がおかしなことを言いたてている」といった文面とも取れるが、なにぶん残されているのは一部分のみであるから、文意を確かには読みとれない。訴状の類であろうか。すでに拙稿で述べた(19)が、当時にこのような複雑な内容のことがらが、和化漢文によって表記し得ていたことが注目される。

要するに、七世紀第3四半紀には、音仮名を使っての物品名の表記や、和化漢文を使っての和文の表記が広く使われていて、それによる付札木簡や文書木簡の作成が一般化していたであろうことが推定される。このことは、法隆寺に残された幡の墨書銘などからも考えられたことであった(20)。

d　長野県屋代遺跡群出土木簡

乙丑年（六六五）、戊戌年（六九八）の年紀を有する木簡が出土している。天智四年と文武二年である。

・乙丑年十二月十日酒人
・『他田舎人』古麻呂

・戊戌年八月廿日　酒人ア□荒馬□〔廿〕東酒人ア□□□〔大万廿〕東

酒人ア
・宍ア□□□□　□□ア□人ア□□□〔万呂〕宍人ア万呂

はじめの乙丑年の木簡では、別筆である『他田舎人』が、姓を自署したものである可能性が言われている(21)。戊戌年の木簡は、酒人部□荒馬らへ稲を支給したこと、または彼らから収納したことを記したもので、伊場遺跡出土の木簡と、記載様式の類似していることが指摘されていて、こうした書式の広まりが推測されている。七世紀後半には、地方においても文書行政が行きわたっていたことを示すものと言えよう。

e　飛鳥京木簡

七世紀第4四半期の、天武・持続朝頃の資料で、丁丑年（六七七）、癸巳年（六九三）の年紀が記された木簡がある。(22)天武六年と持統七年である。次のように、鮒《ふな》、腊《きたひ》、鯛《たひ》、鮭《さけ》などの物品名が音仮名を主とした万葉仮名で記されていることが注目される。(23)

・无耶志国仲評中里布奈《ふな》大贄一斗五升
・確日評□大□〔丁カ〕少丁
・鹿　□〔支カ〕多比《きたひ》
三形評　三形五十戸生マ乎知 調田比《たひ》煮一斗五升
・五十戸
・知　佐祁《さけ》
一斗五升

この木簡群には、駿河国、武蔵国、上野国、若狭国などの評（郡）や五十戸（里）の名を記すものがあり、つまり、それらの地方で記されて送られてきたものということになろうか。記されているように、調や贄などの荷札であり、「鹿（支）多比」は鹿肉の干物を意味する。

f　滋賀県森ノ内遺跡出土木簡

すでに拙著(24)で述べたが、稲岡耕二氏(25)が和文体書簡とされたように、和風傾向の強い和化漢文体表記で書かれている。

・椋□〔直カ〕伝之我□〔持カ〕往稲者馬不得故我者反来之故是汝卜部
・自舟人率而可行也　其稲在処者衣知評平留五十戸旦波博士家

（椋《くら》（直）伝へらく〔之〕、我が（持ち）往く稲者《は》、馬得不《ぬ》が故に、我者《は》、反り来ぬ〔之〕。故《か》れ是《ここ》に、汝《いまし》卜部《うらべ》、
（自《みづか》ら人を率《ゐ》而《て》、行く可《べ》し〔也〕。其《そ》れ稲の在る処者《は》、衣知評《えちのこほり》、平留五十《へるのさと》、旦波博士《たにはのふびと》の家ぞ。）

山尾幸久氏の論考では、(26)この木簡は「六七六、七年から六八二、三年まで、天武朝中期のものであろう」とある。「椋直」は、倭漢直を構成する別氏（枝族）の一つとされるが、「直」字がいまだに明確に読まれていないのが気になる。稲の運搬に関係する内容であるから、「椋」を、倉を意味する古い用字と見て、倉の運営にかかわる役人からの伝達と考える余地が残っているように思われる。

・十一月廿二日自□〔京カ〕大夫□〔以カ〕〔謹カ〕前□白奴吾□□賜□〔題カ〕
・□匹尓□▭寵命坐□〔而カ〕今日□□□□□□□
（十一月廿二日自《みづか》ら（京《みやこ》の）大夫《まへつぎみ》の前《みまへ》に（以）（謹しみ）白《まを》さく、奴吾《やつこわれ》□□賜ふ（題））
（□匹尓《に》□□寵命《おほみこと》坐《いまして》（而）、今日□□）

これは「京」から訪れた官人に差し出した上申文書という。「匹尓」の「尓」をニと読むと宣命大書体表記であるが、接続語の「尓」である可能性もないわけではない。「寵命坐」は、『続日本紀』第三詔の「大命に坐《いま》せ大坐坐《おほましまし》而《て》」などの類例がある。

八世紀初頭前後のものと考えられている次の埼玉県小敷田遺跡出土の木簡も似通う表記法を取っている。

・▭直許在□□代等言而布四枚乞是寵命座而
・□乎善問賜欲白之
（▭直の許に在る□□代ト言ひ而《て》、布四枚乞《こ》ふ、是《これ》、寵命座而《おほみことにいまして》）
（□ヲ善く問ひ賜はまく欲りすと白す〔之〕）

『上代木簡資料集成』(27)では、「乎《を》」を万葉仮名表記の助詞とするが、だとしたら表の「等《と》」も同様のものと考えられ

よう。藤原時代の宣命大書体表記例の一つと数えることができよう。

g　静岡県伊場遺跡出土木簡

現時点では、宣命大書体表記の最も古いものと考えることができるもので、沖森卓也・佐藤信氏の解釈(28)をAとし、東野治之氏の解釈(29)をBとして両方を並べて紹介しておく。

A　乙酉二月□〔下カ〕□□〔父カ〕□□御□久何沽故□〔買カ〕□□
　□〔以カ〕御調矣本為而私マ政負故沽支□者
　□〔老カ〕天□□□□□不患上白

Aでは、乙酉年を天武十四年（六八五）とし、二行目は「御調を本として、私マ政負ふが故に沽りき……」、三行目は「老いて……患はず上ると白す」と読む。「支」が助動詞「き」の音仮名ならば、宣命大書体の古い例となる」とも書いている。

B　乙未二月□□□□〔下官白父カ〕丈マ御佐久何沽故買□□□
　□御調矣本為而私マ政負故沽支□者□□□
　□〔老カ〕□□□□□□□不悉上白

Bでは冒頭の干支を「乙未」と読み改め、持統九年（六九五）とする。文末の「不患」を「不悉」と読み改め、書簡における常套表現の一つで、「充分に意を尽くしていない」という意味とする。一行目の「下官」は自己の卑称、「父丈マ御佐久」は「父丈マ御《しら》さく」と読んでいる。だとすると「御佐久」も宣命大書体ないし音訓交用体の表記となる。

ちなみに、『日本古代木簡選(30)』では、「推測すれば、私部の政を負う人物が売買により御調を調達したことを報告した書状と考える」と見ている。

一行目はいずれにしろ、意味を取りがたいが、試みに「何」を「向」と見て、「乙未二月□□□父丈マ御佐《さもらひ》、久しく向かひしに沽《う》る故に買ふ□」と読んでおく。「佐」を補佐の意と考えたが、あるいは「久」字を別の字と考えるべきかも知れない。「沽《うる》」字には、長屋王家木簡にも次のような例があり(31)、これは「椋（倉）」の売り買いを述べたものであろうか。やはり「沽」「買」がセットになっている。

大命□符　田辺黒万□〔呂〕□〔飛カ〕　□□沽椋一間直計買田
□田司

（沽《う》れる椋《くら》一間直《あたひ?》を計り買ふ田）

伊場木簡の二行目はA説に、三行目はB説にほぼ従ってよさそうである。A説にあるように、「沽支」が宣命大書体である可能性は高いように思われる。年紀はB説の持統九年相当と見るのが妥当か。

h　飛鳥池遺跡出土木簡

天智朝から持統朝にかけての木簡が最も大量に出土している遺跡である。『木簡研究』第二一号の寺崎保広氏(32)の記事を参照しながら、その一部分を紹介する。年紀の記された例では、天智九年（六七〇）からのものがあり、新しい例では、地名表記から、大宝元年（七〇一）から霊亀三年（七一七）にかけてのものと考えられるものがある。天智朝から藤原時代にかけての資料となるが、出土遺構によって、木簡の作成年代に違いがあるので、古いものと推測されるものから順にのべたい。

①「庚午年」（六七〇）、「丙子」（六七六）、「丁丑年」（六七七）の年紀木簡が出土している遺構。一応、持統朝に最終的に埋められた遺構と考えられているが、サトの表記がいずれも「五十戸」となっていることから、木簡に関しては「天武朝におさまるかもしれない」とある。

・小升三升大□〔師カ〕借用又三升『□□□』
・（逆向き）又五月廿八日飢　六月七日飢者下俵二
　者賜大俵一道性　受者道性女人賜一俵
（小升に三升、大（師）借用す。又三升）
（又五月廿八日飢《う》うる／者に賜はりし大俵一道性／六月七日飢うる者に下されし俵二／受くる者は、道性、女人に賜はる一俵）

裏面は逆向きに書かれており、「文章の続き方は、下へではなく、左の行へと続く。空白の下も同様である」と説明されている。上半分を二行に書いてから、後に下半分の二行を追加したものであろうか。「飢者などに米を施行した際の記録木簡であろう。道性はその支給を担当した僧の名」とある。「「受者」はこの場合、「サズクルモノ」の意か」とあるが、道性が受けて、それを飢者に支給したのであろうから、「ウクルモノ」または「ウクルハ」と読むのが妥当であろう。表の「大（師）」と「道性」は関連するか。

丁丑年十二月次米三野国加尓評久々利五十戸人物ア古麻里
（丁丑年十二月次米三野国　加《か》尓《に》評《のこほり》、久《く》々《く》利《りの》五十《さ》戸《と》の人、物部古《こ》麻《ま》里《ろ》）

「次米」を米の貢進国、悠紀・主基の主基の米とするが、存疑としておきたい。

経借同日
（経を借る、同じき日）

日本語の語順どおりに、目的語を述語動詞により先に記したものであろう。

白馬鳴向山　欲其上草食
女人向男咲　相遊其下也

（白き馬、鳴きて山に向かひ、其の上《うへ》の草を食《は》まむと欲《ほ》りす。女人、男に向かひて咲《ゑ》み、其の下に相遊《あひ》ぶ〔也〕）

「草食」など、語順が和文ふうであるが、この資料については、すでに国文学、国語学方面で論じられている。(33)

　天皇聚〔露カ〕□弘寅□

「天皇需（儒《ふびと》）を聚《あつめひろ》弘む、寅□」と考えてみたことがあったが、「需」にあたる文字の右の部分が失われているので、不明とせざるを得ない。なお、「天皇」の初出として注目されており、前述の「丁丑年」の紀年木簡の出土した遺構のものであるため、天武六年頃のものとして扱われるが、「庚午年三」の年紀木簡も同じ遺構から出土しており、もしこれに注目するなら、天智九年頃のものとも言える。

②　「丁丑年」（六七七）の年紀のある木簡が出土している遺構。

・□〔智カ〕照師前謹白昔日所
・白法華経本借而□□〔賜カ〕

（〔智〕照師の前《みまへ》に謹しみて白《まを》す。昔日《むかし》、所
（白し、法華経本を借り而《て》□〔賜ふ〕）

「法華経本借」が和文の語順によって記されている部分である。

・止求止佐田目手□□〔和カ〕
・□久於母閉皮

この和歌木簡については、国語学方面ですでに述べられている。(34)「（ひも？）とくとさだめてわ（れは）」「（あへら？）くおもへば」といった和歌の断片が残ったものであろう。

③　「天武朝ないしそれより遡る可能性もある」とされる遺構。

・官大夫前白　田々連奴加　加須波□〔々カ〕鳥麻呂
　　　　　　　久田口　　　小山乃□乃

・□波田乃麻呂　安目　汗乃古
　野西乃首麻呂　大人　□□ッ麻□□□□黒□

木簡の下部が失われているため、そこに文章が書かれていた可能性もあるが、右記の部分では「官の大夫《まへつぎみ》の前《みまへ》に白す」のあと、人名が列挙されているだけで、何を「白」したのか不明である。あるいは、上申の内容は、口頭で告げられた可能性もあるであろう。「人名にこれまで見られない姓が多い」とある。借音仮名表記、音訓交用表記、訓字表記など、多様な表記法で人名表記がなされているのは、『古事記』の神名などの表記を連想させる。

④　年紀をもつ木簡は出ていないが、「粒評石見里」という表記から、天武朝末年以降、七世紀末の年代が考えられている遺構。

・恐々敬申　院堂童子大人身病得侍
・故万病膏神明膏右□一受給申 願恵 知事
（恐み恐み敬《うやま》ひ申す。院堂の童子大人の身、病《やまひえ》得侍《はべ》る）
（故《ゆゑ》に万病膏、神明膏、右□一、受け給はらむと申す。願恵。知事）

「願恵」は「院」の「知事」で、「知事」は寺院の庶務を担当する役職という。「寺内の薬品保管部局に薬を請求した木簡」とある。「「受」は「授」の省画であろう[35]」とするが、藤原宮木簡に「受被給薬」「二升受欲申[36]」などの例があり、「受」をウクと読んでもかまうまい。授受表現は、視点の置き方によって主体が容易に入れ替わり、それに応じて動詞も簡単に交替する。あえて「省画」を考えなくても解釈されるであろう。

　世牟止言而□
　□本止飛鳥寺

二行目の「止《と》」の小書きから、宣命小書体表記と認められる。拙稿[37]で、「宣命小書体の起源は今まで予想されていたよりはやく、藤原朝以前にさかのぼらなければなるまい」と書いた推測が当たったわけである。ただし、藤原時代においても、小書双行体表記例はなく、奈良時代においてさえ、その萌芽が見られる程度である。小字一行書の創始時期が従来に考えられていたより古いことは、これによって言えるが、はじめから大書体、小字一行書き、小字双行書きが併行してあったとする論拠にはならない（後述）。

・月卅日智調師入坐糸卅六斤半
・又十一月十二日糸十斤出受申□□
（月卅日、智調師入れ坐《ま》す糸卅六斤半）（みせ消ち）
（又十一月十二日糸十斤出だす。受け申す□□）

糸の出納を記録した木簡で、「知調」なる僧が『日本霊異記』に登場するが、「智調」はこれと同一人物であろうという。

⑤　大宝元年から霊亀三年にかけての遺構

・熊汗吾　羆彼下迊ナ布恋□尓蔦上横詠営詠
・蜚皮伊　尸之忤懼

万葉仮名によって字音を示したもので、この木簡については犬飼隆氏(38)に詳しい分析があり、右の「ナ」は「左」の略体、恋の右下の□には「累」が入り、「皮」はハの万葉仮名、「之」は「尸」の同音注といったことが知られる。

飛鳥池木簡の文書木簡を総体的に見ると、字順が和文の語順におおむね従っており、敬語補助動詞「給」「坐」「侍」などの表記もあり、そのまま口頭で読み下ろせば伝達されるであろう表記となっている。「謹白」「恐々」などの書簡用語も、訓読しやすいものと言え、口頭で読み上げるべく書かれたのであろう。

i　飛鳥京跡苑池遺構

「丙寅年」つまり天智五年（六六六）の紀年木簡の出たトレンチから、次の木簡も出土している。(39)

・大夫前恐万段頓首白　□真乎今日国
・下行故道間米无寵命坐整賜
（大夫《まへつぎみ》の前《みまへ》に恐《かしこ》み万段《よろづたび》頓首《ぬかづ》きて白す□真乎今日国に）
（下り行く故に道の間の米无《な》し、寵命《おほみこと》に坐《ま》せ整へ賜へ）

米を請求した上申文書であるが、すでに七世紀中ごろには、こうした日常的な公用文がさかんに書かれていたことを推測させるものである。

・薬師等薬酒食教豉酒
・　　□病齋下甚寒

病状と、医者の処方を書いたものらしく、あるいは薬酒の請求か欠勤届の類の一部分であろうか。「薬酒食教」（薬酒を食せと教）とこれも和文の語順で記されている。

二、藤原宮木簡

『藤原宮木簡二』(40)の解説によると、藤原宮の遺構には藤原宮造営開始以前に埋められたものがある。その遺構から出土した木簡の年紀には、壬午（天武十一年）、癸未（天武十二年）、甲申（天武十三年）が書かれていて、その頃から藤原宮遷都の持統八年（六九四）までのものと考えられる。あるいは、天武十四年（六八五）が下限である可能性もある。この遺構から出土した木簡例を先に見る。

・法恩師前　小僧吾白　啓者我尻坐□止□

・　僧□者　　五百□

（法恩師の前に小僧吾白《われまを》す。啓《まを》さく者《は》、我、尻《しりへ》に坐《いま》す□止□）

（僧□者《は》　五百□）

僧侶から僧侶へあてた文書とされる。「尻坐はしりをすえうずくまりすわる意」とあり、書簡用語を和訳したものであろう。「止《と》」は万葉仮名の可能性もあるが、これだけでは何とも言えない。和文で読み上げられるべく書かれた文書木簡である。宣命大書体の可能性もある。

・　□□〔枚カ〕屋石嶋泰稲羽

　　縣小広　和尔根羽

・八人此急召□而可入食□□〔物カ〕甚

　　□□首果安　多

表は人名が列挙されている。裏は、「八人此《これと》急く召す□而《て》入る可き食（物）□甚《はなはだ》多し。□□首果安」か。八人を召換したことの報告と、その食料の請求書か。「□□首果安」は木簡の持参者か食料の請求者であろう。文末の「甚多」は余白が少なかったため結果として横書きのようになったもの。

　旦波国竹野評鳥取里大贄布奈《ふな》

このように、物品名の借音仮名表記が目立つ。「尔《に》支《ぎ》米《め》」「商多《た》比《ひ》楚割」などの例を見ると、あるいは藤原宮木簡の物品名で音仮名で表記されているものの多くは、大宝律令より以前の時代のものかも知れない。つまり、紀年の記しかたが大宝元年をもって、その前と後で変わったように、傾向としては、音仮名表記から訓字表記へと変わって行った転換点が大宝元年であったと言えるかも知れない。あるいは文体についても同様であろう。

次に『藤原宮木簡一』(41)所収の木簡例を挙げることとする。

・卿等前恐々謹解□□〔寵カ〕□

・卿尓受給請欲止申

（卿等《まへつぎみら》に恐み恐み謹《つつ》しみ解《まを》す〔寵□〕《おほみこと》□）

（卿ニ受け給はらむと請《こ》はまく欲りすト申す。）

助詞のニとトが万葉仮名で記されており、宣命大書体表記である。

御門方大夫前白上毛野殿被賜

（御《み》門《かど》の方の大夫《まへつぎみ》の前に白す。上毛野殿、賜はらむ〔被〕）

・恐々受賜申大夫前筆

・暦作一日二赤万呂

（恐《かし》こみ恐み大夫の前に筆を受賜はらむと申す。）

（暦作一日二、赤万呂□）

赤万呂が筆を請求したもの。「暦の勘造、頒布に要する筆か」とある。「受賜申」が目的語「大夫前筆」の上に転倒表記されているかのようである。

・以上博士御前白　宮守官

・　但鮭者速欲等云□□

（但し鮭者《はと》速く欲るト云ふ□□）

（以上、博士の御前に白す。宮守官）

宮守官が博士に鮭を請求したもの。宮守官は大宝令以前の官名かという。「等」は借音仮名。

時尓和

宣命小書体表記例である。

次に、あらためて『藤原宮木簡二』(42)から引用する。

・御宮若子御前恐々謹□

・末□□〔呂豊カ〕□命坐而自知何故

（御宮《おほみや》の若子《わくご》の御前に恐み恐み謹しみ……）

（末（呂豊）□命《おほみこと》に坐《いま》し而《て》自ら知らすは何の故そ）

皇子が自ら命じたことばに対して、木簡の差出し人がその理由を問うたものであろうか。

・□大舎人寮召坂本旦臣梶取　□□

・針間国造毛人　大□勝兄万呂

□□无申□　□□

（□大舎人寮召さく坂本旦臣《あそみ》梶取をめす。）

（針間国造の毛人　大□勝兄万呂

□□无《な》しと申す□　□□）

仮りに読んでみたが、あるいは「召」は倒置表記かも知れない。「旦臣」は「朝臣」。

・若狭国小丹生郡手巻里人□□

・　「芝一斗　大根四把□」

「裏の記載内容は表の荷札とは関係がない」とある。若狭から来た荷札の裏面を利用してメモしたものか。右の三点の木簡の出たのと同じ溝から「丙申年」（持統十年、六九六）と「三年」（大宝三年）の二点の紀年木簡が出土している。

次に『藤原宮跡出土木簡概報(43)』（奈良県教育委員会）より木簡例を引用する。

・□〔丞カ〕大夫前白今日□

・□〔許カ〕可賜哉使□

（〔丞〕大夫《まへつぎみ》の前に白す今日□）

（〔許《もと》に〕賜はる可き哉《や》。使□）

「使」以下は、木簡の持参者である使人の名を記していたのであろう。

御前申薪二束受給

（御前に申さく、薪二束受け給はらむとまをす）

・恐々謹々頓□〔首〕

・受賜味□〔物〕

（恐み恐み謹しみ謹しみ頓〔首〕）

（受賜はらむ味〔物〕）

「味物」を請求した上申文書であろう。表は書簡用語をそのまま使っている。

次に『藤原宮(44)』（奈良県教育委員会）より、やはり木簡例をいくつか引用する。

・受被給薬車前子一升　西辛一両　久参四両　右二種

・多治麻内親王宮政人正八位下陽胡甥

「受被給薬」は「薬を受け給《たまはら》被む」とも読めるが、下に薬の名が記されているところからすると、「受け給《たまはら》被む薬」と読む方が自然か。

弾正台笠吉麻呂請根大夫前桃子一二升 奉直丁刀良
（弾正台笠吉麻呂、根大夫の前に請ふ。桃子一二升、奉《たてまつ》るは直丁刀良《とら》）

「請」の個所で倒置表記となっている。

・二升受欲申
・□人金　□〔寸カ〕

「二升受けむと欲りすと申す」であろうか。いずれも、物品請求の上申文書である。

・□御命受止食国之内憂白
・□止詔大□□乎諸聞食止詔
（□御命《おほみこと》受けよト食《を》す国之《の》内憂《うれ》ひ白す）
（□ト詔《のたま》ふ大□□ヲ諸聞き食《たま》へト詔ふ）

この木簡は文脈から考え、宣命の一部分を記したものである。これについては、三十数年前に拙稿[45]で論じた。

これに関し、東野治之氏[46]が次のように論じている。

なお国語学者の間では、宣命大書体が小書体より古く、七世紀末にはなお大書体であったとする説が有力であるが、すでに藤原宮木簡（七世紀末〜八世紀初頭）には、大書体のみならず小書体もあり、これはどれだけ厳密に表記するかという、表記者側の意識の差にすぎないと解せられる。

すでに藤原宮木簡に宣命小書体表記例もあることは拙著でも述べてきたところで、さらにそれ以前にもすでにこの表記法が存在したであろうとの推測もしていた。しかし、藤原宮の時代、あるいはそれ以前に宣命小書体が存在していたことと、宣命大書体が小書体より古いということの否定とは、必ずしも結びつかない。これを結びつけるには、大書体と小書体が同時に発生したことの論証が必要である。すでに藤原時代に小書体があったことと、大書体、小書体の発生の先後とは別の問題である。いきなり、同時期に両者が発生したと考えるより、従来より国語学で言われているように、まず大書体が発生し、ついでそこから小書体が発生したとする方が自然な道すじである。それに、木簡の雑多な文書類はともかく、宣命の表記が「表記者側の意識の差」によって大書体になったり小書体になったりするとも思えない。すでに小書体が採用されていたなら、当然宣命文は、原則として小書体で書かれたであろう。しかし、だからといって、「宣命大書体が小書体より古」いということの否定にはならないのである。

すでに古代朝鮮において、大書体も小書体も成立していて、それが直接に日本に伝えられたものとするなら、その発生の順序は朝鮮に場を移して論じられることになろうが、一応、日本においては、両者が同時に使用されはじめたとは言えよう。しかし、東野氏は次のようにも書いている。[47]

このような、固有の言語を表記するための工夫が、日本での独創にかかるものではなく、その発想はおそらく古代朝鮮から得たものであろうことは、容易に推測がつこう。しかしそれをもって、こうした表記法の起源を、直接朝鮮の特定の時代、特定の王朝などに結びつけるのは妥当ではないと考えられる。和風漢文や宣命体の発生をめぐって、高句麗・新羅の文章や、新羅の吏読との類似、影響関係が古くから取沙汰されているが、直接の影響を確かめられるほど、双方が類似しているとはいえそうにないからである。

引用が長文にわたり恐縮であるが、右の文章においては、少なくとも宣命大書体、小書体が直接に朝鮮から伝わったものとは考えていないかのようである。

また、右の東野氏の論考に対する断りはないが、最近、乾善彦氏[48]が宣命小字一行書きから双行書きが発生したとする従来の説に対し、正倉院文書の中の宣命文など、当時のままの資料は、たとえば小字一行書きであっても、それが正本でないゆえをもって、正本は小字双行書きであったと論じている。しかし、写しであれ下書きであれ、宣命文を記した資料が一行書きなら、正本も一行書きであった可能性が高いと見るのが自然で、そうでないとするなら、それをくつがえすだけの論拠が必要である。乾氏はその宣命文資料について、「これらは何らかの写本（もとの何かを写したもの）と考える方が自然のように見える」と書くが、これではレトリックを使って反対意見を作り上げたと見られかねまい。

なお、双行書きがはじめからあったという理由について、これが漢文の注記の双行書きをならったものだからとする。宣命小書体の双行書きは、なるほど漢文の注記の表記にならうところがあったであろう。しかし、小書体の一行書きについて言うなら、それだけではなく、木簡の表記面のせまさなどによって、ある個所からやむを得ず文字を小さくしたり、字を補う際に字と字の間の右側にやや小さい文字で記したりといった経験も影響した可能性がある。訓字と送り仮名との区別を文字の大小で表せば、読みやすくもなる。

乾氏が「比較的ぞんざいな写し方がされていると考えるべきである」とするのは、右の宣命文資料である。それに対し、重要な論拠として、一カ所のみの「指犯佐奴毛乃止」を記すのは、「治部省牒」に「宣命の文章を引用したとみられる」もので、しかも『南京遺文』の解説[49]によれば、この「治部省牒」自体が、写本と考えるべきものであり、論拠としては弱い。別にあげている「僧安寛請経文」の双行書きは、「為大御多末尓将誦」とあるものであるが、これは「為」字の訓を「大御《おほみ》多米尓《ために》」と下に記したものであろうことなどは、すでに三十数年前の拙稿[50]で述べたところである。「為将誦」の右にでも「大御多米尓」と注記していたものを、写す際に本文に繰り込んでしまった可能性もある。要するに双行書きの資料とするには、あやふやな傾向のあるものであるが、これをもって奈良時代における小字双行書きの例としたとしても、その前時代の藤原宮の時代の資料では、宣命大書体が多数、宣命小字一行書きが少数で、小字双行書きの例は一点も得られない。持統朝の紀年の明確なものでは大書体一点があるが、小書体の例は得られていない。もちろん、七世紀には木簡の出土点数が多くないので、これをもって双行書きがなかったと断言できないが、少なくともあったとは言えないのである。

前述したように、歴史学の研究成果(51)によって、同様の種類の文書が、藤原時代木簡ではおおむね一行で書かれていたのが、奈良時代では文字の全体的な割り付けにまで工夫をして、双行などの形を取ったりしているという事実が明らかになった。こうした表記の変化の流れを考えるなら、宣命体表記においても、やはり時代の進むに従って工夫がなされてきたことが推測される。現存の資料に基づく限り、従来の国語学で言われてきたことの可能性は否定できないのである。

あらたな資料の出現によって、これがくつがえされることがないとは断言できないが、それはその資料が出現してはじめて、従来の通説がくつがえされるのであって、確実な論拠のないうちに通説の否定を断言はできまい。

三、奈良時代木簡

奈良時代の木簡は数量も多く、急には論じられない。初期木簡と比べると、おびただしいと言っていいほどの点数である。しかし、すでに予定の紙数を越えており、ごく一部分のみ、かいつまんで述べることにしたい。

長屋王家木簡では、物品の請求や、人物の呼び出しなどの命令を記したものが多く、物品では特に米の支給に関するものがめだつ(52)。

・移　務所　立薦三枚　旦風悔過布施文 右二種今急進

・大炊司女一人依斉会而召　二月廿日
遣仕丁刑部諸男　　家令

（移す、務所、立薦三枚、旦風悔過布施文、右二種今急《と》く進《たてまつ》れ）

（大炊司女一人斉会に依り而《て》召す、遣すは仕丁刑部諸男、二月廿日、家令）

・縫殿神祭米二升受少嶋女四日
・首万呂書吏
（縫殿神祭の米二升、受くは少嶋女、四日）
（首万呂、書吏）

内容から必然的に「進」（進《たてまつ》る）「進上」（進り上ぐ）「進出」（進り出だせ）などいく種かの慣用語句が頻出する。「若翁」（長屋王の子供たちに対する一種の敬称）など、長屋王家木簡に独自の用字として知られるものもあり、その家政機関において、用語用字の統一がはかられていた可能性もある。ただし、上意下達のための文書の場合は、筆録者が家政機関の長、ないしそれに近い書記官などを主としたためでもあろう。物品の支給に関する文書には、「受」字が多いが、二条大路木簡では「充」字が目立ち、それぞれの用字の傾向として見ることができよう。

米二石二斗充大炊　三月七日六人部諸人
（米二石二斗大炊に充つ……）

右は二条大路木簡であるが、他の例に「大御」を「意保御」と書くなど表記や、あるいは書式などにも、長屋王家木簡とは違いが見受けられ、機関によって独自の傾向、つまり文体と言えるものを持っていたことがうかがわれるが、詳しくは別に述べたい。

一つの木簡に、和文の語順で記されている個所と、「述語—目的語」の倒置表記で記されている個所が併存する例もある。「十八日進氷一駄、廿日進氷五駄……十六日氷一駄進多須方呂、十七日氷一駄進狛多須方呂」（「長屋王家木簡」[53]）「潤月廿四日専大夫受……二月廿八日受薦集馬甘……十一月廿日受何万呂」（「二条大路木簡」[54]）いずれも長大な木簡に何行にもわたって記されたもので、その一部を抜き出したにすぎない。倒置表記がまじったものとも考えられるが、口読したものを耳で聞くより、記録されたものとして目で読んで確認する傾向が強い例とも考えられ、あるいはおおまかに上から字順に従って、「進《たてまつ》る氷一駄……氷一駄進る……」「専大夫受《う》く……受く薦集、馬廿……受く何万呂……」と読んでも用は足りたであろう。もっとも、「進竹野王子御所米一升受古奈□□〔良女カ〕」[55]の「進」は「竹野王子の御所に進る米一升、受くは古奈〔良女〕」と転倒させて読んだであろうことが、「竹野王子進米一升半受尾張女」の例から推定される。

宣命体表記の木簡など例外的なものはあるものの、概して言えば、きまった書式の中に要点のみを文字化したようなコンパクトに記された文書が多い。限られた木簡面に必要最小限のことを記したためであろう。現在の新聞などの紙面における、求人や不動産販売の、いわゆる三行広告の表記を思わせるもので、読み手はテニヲハなどを補いながら、やや恣意的に読んだものかも知れない。

口読することよりも、記録性を重視したかと思われるものも少なくない。

・片岡進上蓮葉卅枚　持人都夫良女
・御薗作人功事急々受給　六月二日真人[56]
（片岡進り上ぐ蓮葉卅枚、持つ人、都夫良女）
（御薗作る人功の事、急《と》く急く受け給はらむ、六月二日、真人）

こうしたものであっても、当時は持参人が読み上げなくても、受け取り人の方で木簡を黙読して用が足りたであろう。物品名や、物品を進上したり支給したりした人名を列挙した例などは、現在の送り状などのように、記録としての用途が大きかったであろう。

敬語表現では「御――」「大御――」の接頭語の表記が目立つ。これによって、その物品などの持ち主の身分を表したためでもあろう。「大御物王子御物御食土器无故此急進上」[57]（大御物、王子の御物、御食の土器无き故に此れ急く進り上げよ）「従意保御田進上瓜一駄」[58]（意保《おほ》御田従《より》進り上ぐる瓜一駄）など例は多い。

ただ、長屋王家木簡や二条大路木簡の筆録者が、常に同じ文体で文書を書いていたというわけではなく、右に記して来たような特徴は、その文書の伝達や記録についての目的や手段に応じたものであったであろう。長屋王家木簡に和文的傾向の強い和化漢文表記などの見られることはすでに言われているとおりである。

これは、長屋王家木簡などより以前に平城宮跡から出土していたものであるが、『平城宮木簡一[59]』に次の例がある。

・府召　牟儀猪養　右可㆓問給㆒依㆓事在㆒召宜㆘知㆑

・状不㆓㆑過日時㆒参㆖㆓向府庭㆒若遅緩科必罪（下略）

返り点を試みに付した。「府、召さく、牟儀猪養、右、問ひ給ふ可き事在るに依りて召す。状を知らば日時を過ぎず府の庭に参向ふ宜《べ》し。若《も》し遅れ緩《ゆる》ふ科《とが》（あらば）、必ず罪なふ」であろうか。和化漢文体で表記されていて、「参向府庭」と『古事記』に似た倒置表記があり、敬語補助動詞「給」が表記されている。下略部分は、「翼 大志 小志 四月七日付縣若虫」と双行書きになっており、この木簡の文書を出した兵衛府の「翼（次官）」「大志・小志（主典）」と日付、および木簡を送達する使者の名が付記されている。口読するべく表記されているかのようで、その一方では返読が多く複雑なことから、あるいはこの使者が読み上げた可能性も考えられよう。

また、平安初期のものではあるが、道を行く人々に告知するための、次の大型の告知札木簡では、敬語補助動詞などもたんねんに記されていて、和文として読み上げられるようになっている[60]。

□□□□□〔往還カ〕　□□〔被盗カ〕斑牡牛一頭　誌左右本□〔爪カ〕在歳六許

応告賜山辺郡長屋井門村

右牛以十一月卅□聞給人益坐必々可告給

（□〔往還〕□盗ま被《れ》し斑《まだら》の牡牛一頭、左右の本〔爪〕に誌《しるし》在り、歳六許《ばかり》、山辺郡の長屋井門村に告げ賜ふ応《べ》し）

（右の牛、十一月卅を以て□聞き給ひし人益坐《ましまさ》ば必ず必ず告げ給ふ可し）

このように、補助動詞の「賜」「給」「坐」を表記する例は『出雲国風土記』などにも見られるところで、和風傾向と言える。

尓時、退下来坐而、大御神宮御装楯造始給所、是也。　（『出雲国風土記』楯縫郡）[61]

（尓《そ》の時、退《まか》り下り来坐し而《て》、大御神の宮の御《み》装《よそひ》の楯《たて》造り始め給ひし所、是なり）

こうしたことからも、当時には目的や内容に応じて多様な文章表記がなされていたと推測されるのである。

おわりに

初期の文書木簡では、漢文書簡の書式や用語をもとにして翻案したものでありながら、文字を書かれてある順に読み上げて行くと和文として読み上げられるような、ことば（和語）と文字が密接な関係にある表記がなされる傾向にある。必然的に和風傾向が強い。その次の藤原宮木簡では、和風傾向が強いながらも、目的語が述語動詞の後に書かれる転倒表記（倒置表記）が多くなる。

奈良時代の木簡では、前時代の名残りを見せる例もあるが、漢文風に文字数を節約したかのような表記のものも多い。大宝律令の示す書式に影響されたためでもあろうが、一つには、木簡の限られた広さの中に、きまりきった型で書かれる文章であるから、文字の使用を切りつめて表記するため、付属語などの部分を補っておおまかに意味をたどるもので、忠実に文字のままに読み上げるものとしては表記されていない場合もあろう。

漢字を訓読したり、口頭語を文字にして書き移したりという文字能力が進んだため、コンパクトな形で記しても意味が読み取れるようになったこともあろう。「返抄」など、漢語のまま音読されたかと思われる語もあり、「解」

「移」「符」などの書簡用語も、同様に漢字音によって音読して示された可能性がある。

ただし、木簡に記されたものが、メモふうに、簡単に要点のみを記録したものである場合は、口頭での説明と木簡に記された文章とに距離があり、木簡に記載された文言は、口頭伝達するものの内容を保証したり確かめたりする程度のものであった場合もあったかも知れない。あるいは、木簡を提示すれば、読み上げなくても、その指示するところがおのずから了解されるようなものであったかも知れない。そうした場合は、たとえば買い物メモを読み上げる場合のように、木簡は恣意的な読み方で読まれたかもしれぬ。

もっとも、奈良時代に木簡の文体がひとしなみに漢文風に近くなったというわけではない。平安初期の立て札木簡などに見られるように、目的によってはかえって和風傾向の強い、補助動詞なども表記されていて読みあげればそのまま和文となるような、読みやすい文体で書かれてある場合もある。

要するに、木簡の文体が、その筆録者やその文章の目的に応じて、多様になっていたのである。和風傾向のものから漢文傾向のものまで、多様に文章が書かれたと言うべきであろう。

注

（1）鶴見泰寿「七世紀の宮都木簡」（『木簡研究』第二〇号　一九九八年一一月）
（2）鬼頭清明『古代木簡の基礎的研究』一九九三年二月　一五二ページ
（3）注（1）に同じ。
（4）拙著『木簡と宣命の国語学的研究』一九八六年
（5）奈良国立文化財研究所『藤原宮木簡一』解説　一九七八年一月
（6）鐘江宏之「七世紀の地方木簡」（『木簡研究』第二〇号　一九九八年一一月　二九〇・二九一ページ）
（7）鶴見泰寿、注（1）に同じ。三〇九ページ

（8）種定淳介「兵庫・市辺遺跡」（『木簡研究』第二二号　二〇〇〇年一一月）七五ページに、「「扱沙」は「返抄」の意であろう」とある。
（9）拙著『上代文学と木簡の研究』一九九九年一月　三〇八・三〇九ページ
（10）舘野和己「釈迦三尊像台坐から新発見の墨書銘」（『伊珂留我』⑮　一九九四年四月）
（11）佐藤宗諄「紀年木簡と年号」（『東アジアの古代文化』一〇三号　二〇〇〇年五月）一七ページでは「辛巳年（六八一年）」としている。
（12）舘野和己「律令制の成立と木簡―七世紀の木簡をめぐって」（『木簡研究』第二〇号　一九九八年一一月）
（13）注（9）参照。
（14）李成市「韓国出土の木簡について」（『木簡研究』第一九号　一九九七年一一月）など。
（15）藤川智之・和田萃「徳島・観音寺遺跡」（『木簡研究』第二〇号　一九九八年一一月　二一二ページ）
（16）瀬間正之「上代漢文訓読の一端―文末の「之」をめぐって―」（『季刊　悠久』第八六号　二〇〇一年七月）
（17）拙稿「古事記の天孫降臨説話と日本書紀」（『甲南大学紀要（文学編）』二〇〇〇年三月）〈第二部3〉
（18）佐藤隆「大阪・難波宮跡」（『木簡研究』第二一号　一九九九年一一月）
（19）拙稿「古事記の筆録と和風表記―天武朝成立説をめぐって―」（『古代文学研究』（甲南大学古代文学研究会）第七号　二〇〇二年三月）〈第二部7〉
（20）拙稿「七世紀における日本語の文章表記」（『国語と国文学』一九九九年五月）〈第一部1〉
（21）長野県埋蔵文化財センター『長野県屋代遺跡群出土木簡』一九九六年三月（平川南氏らによる「第五章考察」一八七ページ）
（22）『木簡研究』第一九号　一九九六年一一月（一九九五年出土の木簡）
（23）拙著『上代文学と木簡の研究』
（24）注（23）に同じ。
（25）稲岡耕二「国語の表記史と森ノ内遺跡木簡」（『木簡研究』第九号　一九八七年一一月）

(26) 山尾幸久「森ノ内遺跡出土の木簡をめぐって」（『木簡研究』第一二号　一九九〇年一一月　一四三ページ）
(27) 沖森卓也・佐藤信『上代木簡資料集成』一九九四年二月　一一〇ページ
(28) 注（27）に同じ。
(29) 東野治之「長屋王家木簡管見」（『長屋王家・二条大路木簡を読む』二〇〇一年三月）
(30) 木簡学会『日本古代木簡選』一九九〇年　一七七ページ
(31) 『平城宮発掘調査出土木簡概報二十五―長屋王家木簡三―』一九九二年五月　四ページ
(32) 寺崎保広「奈良・飛鳥池遺跡」（『木簡研究』第二一号　一九九九年一一月）。なお、犬飼隆「文字言語としてみた古事記と木簡」（『古事記の世界』上　一九九六年）では、「受」をサヅクと読むべき例について論じている。しかし、勝浦令子「長屋王家の米支給関係木簡」（『木簡研究』第二一号）二六九ページでは、「受筆」が「請筆」と同様である例をあげて、これに対する疑問を述べている。
(33) 瀬間正之「漢字が書かれたことば―訓読的思惟をめぐって―」（『国語と国文学』一九九九年五月）など。
(34) 拙著『上代文学と木簡の研究』一九九九年一月、犬飼隆「七世紀木簡の国語史的意義」（『木簡研究』第二三号　二〇〇一年一一月）など。
(35) 注（32）参照。
(36) 奈良県教育委員会『藤原宮』一九六九年
(37) 注（4）に同じ。
(38) 犬飼隆「七世紀木簡の国語史的意義」（『木簡研究』第二三号　二〇〇一年一一月）
(39) 和田萃・東野治之・鶴見泰寿「木簡」（『飛鳥京跡苑池遺構調査概報』二〇〇二年一〇月）
(40) 奈良国立文化財研究所『藤原宮木簡二』一九八一年三月
(41) 奈良国立文化財研究所『藤原宮木簡一』一九七八年三月
(42) 注（40）に同じ。
(43) 奈良県教育委員会『藤原宮跡出土木簡概報』一九六八年

(44) 注(36)に同じ。
(45) 注(4)に同じ。
(46) 東野治之『長屋王家木簡の研究』一九九六年一一月　一二九ページ
(47) 注(46)一三三ページ
(48) 乾善彦「宣命書きの成立をめぐって」(『大阪市立大学文学部創立五十周年記念国語国文学論集』一九九九年六月)
(49) 橋本進吉『南京遺文』解説　一九二一年
(50) 注(4)に同じ。
(51) 注(6)に同じ。
(52) 以下、長屋王家木簡、二条大路木簡とも『平城宮発掘調査出土木簡概報』の(二十一)〜(三十三)によった。書名を、副題に基づいて「長屋王家木簡」「二条大路木簡」と記すこととする。
(53) 「長屋王家木簡一」一二ページ
(54) 「二条大路木簡二」二一ページ
(55) 「長屋王家木簡四」七ページ
(56) 「長屋王家木簡一」九・一〇ページ
(57) 「長屋王家木簡一」五ページ
(58) 「二条大路木簡一」一一ページ
(59) 奈良国立文化財研究所『平城宮木簡一』一九六九年
(60) 木簡例は『木簡研究』第一六号、『日本古代木簡選』などによる。
(61) 『風土記』(新編日本古典文学全集)をもとにした。

（補）石神遺跡出土木簡

ここ数年来、七世紀の木簡が各地から次々と出土して、その時代の文字表記に対する通念をすっかり変えた。すでに前節[1]などにおいて、そのうちのいくつかを紹介したが、その後、飛鳥の石神遺跡からさらに七世紀の重要な木簡が出土したので、そのうちの三点を選んで、文字表記をめぐって考察してみる。

・方原戸仕丁米一斗

・「阿之乃皮尓之母□」　（『飛鳥・藤原宮発掘調査出土木簡概報[2]』一八）

木簡の表の、仕丁に対する米の支給を記したものとは別筆で、「アシノハニシモ……」と読める文字が書かれている。今なら反故紙の裏を利用してメモを書いたようなものに当たるが、これについては、すでに市大樹氏から口頭[3]ではあるが、これは和歌であるとだけ述べられていた。ひと目見ただけで、そうだと思われる資料で、論じる必要もないかと思われるが、国語学の立場からあえて検証を加えておきたい。

和歌とすれば、その断片が残ったものと言えるが、もしこれだけでメモが終わったとすれば、正倉院文書の「春佐米乃《さめの》　阿波礼《あはれ》」（天平宝字六年）を思わせる。アシノハニシモを「芦の葉に霜」と解せば、近代詩におけるいわゆる「断章」を思わせる結果となっている。

出土した遺構は七世紀後半のもので、七世紀末よりは前の時代のものとされる[4]。漠然と言うなら、天武朝からその前後ということになろうか。

七世紀の和歌木簡としては、徳島県観音寺遺跡の「奈尓波ツ尓作(佐)久矢己乃波奈」が知られているが、飛鳥池遺跡出土の次の一点も和歌であろうことをかつて拙稿[5]で指摘しておいた。

・止求止佐田目手〔和カ〕□□
・□久於母閉皮

「とくとさだめて□□」「□くおもへば」と読める。「とく」は「紐解く」の形で『万葉集』にはしばしば出てくるが、そうだとすると宴席での春歌のような内容となりかねない。そうでなくとも、「求」「目手」などの用字から推測して、相聞歌のようなものだったかと思われる。

　ところで、ナニハヅニの歌は、『古今集』序に手習いの歌として記される特殊なもので、これをもって当時の一般的な和歌の表記としないとの見方がある。(6) なぜかこちらの和歌木簡については無視して論を進めているが、同じ論法をもってすれば、「とくとさだめて」の和歌も、実際的な用途のために作られた、私的な傾向の強いもの、いわゆるケの歌だとすれば、その表記法を一般化して言うことはできないか。

　ところが、今回の「芦の葉に霜」（ただし「芦の葉にしも」と「にしも」を助詞と解する可能性がないでもないが、これについては後述）は、文芸的な雰囲気を感じさせる一般的な和歌の断片と言えるもので、次の一首がすぐに連想されるであろう。

　葦辺行く鴨の羽がひに霜降りて寒き夕べは大和し思ほゆ(7)　（『万葉集』巻一・六四　志貴皇子）

ここでは霜は、鴨に降っているが、当然、芦の葉にも降っているであろう。

　おし照る難波堀江の葦辺には雁寝たるらむ霜の降らくに　（同巻十・二一三五「雁を詠む」）

これは芦の生えているあたりに降っているであろう霜である。

　はなはだも夜更けてな行き道の辺の齋小竹《ゆささ》の上に霜の降る夜を　（同巻十・二三三六「霜に寄す」）

ここでは笹に霜が降っている。木簡の「芦の葉に霜」は、恐らく内容がこうした作品に通うものと思われ、この木簡によって、七世紀後半には、一般的な和歌の表記にも万葉仮名（この場合はすべて借音仮名）表記が使われた、少なくともその例のあったことが明確になったわけである。

なお、「アシ」と「シモ」の組み合わせから考えて、この「シモ」は「霜」である可能性が強いと考えられるが、助詞である可能性もないではない。助詞の例に、次のような作品が『万葉集』に見られる。

玉藻刈る辛荷の島に島廻《み》する鵜にしもあれや家思はざらむ　（同巻六・九四三　山部赤人）

石倉《いはくら》の小野ゆ秋津に立ち渡る雲にしもあれや時をし待たむ　（同巻七・一三六八「雲に寄す」）

ただし、助詞の「シモ」であったとしても、右の作品例などから考え、文芸的な要素のある一般的な和歌であったということは動かないのである。

ちなみに、「芦の葉」を詠んだ作品としては、次の旋頭歌が知られている。

水門《みなと》の葦の末葉《うらは》を誰か手折りしわが背子が振る手を見むとわれぞ手折りし　（同巻七・一二八八　柿本人麻呂歌集）

さて、次に天智朝の木簡を取り上げたい。

・乙丑年十二月三野国ム下評
・大山五十戸造ム下マ知ツ
　□〔従カ〕人田マ児安　（『木簡研究』第二六号）

知られているように右の「マ」は部民制の「部」の略体字で、「――ア」または「――マ」の形でしばしば出てくる。「ツ」は観音寺遺跡出土のナニハヅニの歌の「ツ」をはじめ例は少なくない。「ム」は「牟」の略体字とされる。固有名詞の表記ではあるが、万葉仮名に片仮名と同様の形の「ム」がすでに天智朝で使われていたことは注目される。

「乙丑年」は天智四年、六六五年とされ(8)、この木簡は「国―評―五十戸」という行政区分を示す最古の例とされる。『日本書紀』では、天武十二年に国の境が確定されたと書かれているが、他にも天武十二年以前のもので「国」を表記した木簡がすでに出土していて、歴史学の分野で注目されていた。ちなみに「評」は後の「郡」、「五十戸」は「里」である。

さて、この「ム」や「ツ」(9)は単なる略体と見るべきか、あるいは片仮名の先蹤に相当するものと見るべきか、いかがであろうか。

法隆寺幡の墨書銘に次の例がある。

　关亥山卩五十戸婦为命過願造幡已(10)

実は、「願」「幡」なども、現行のものとは字体が少し異なっているのであるが、はっきり略体と言えるのは、「关」（癸）、「卩」（部）、「为」（為）であろう。

この癸亥は養老七年（七二三）とするのが通説であるが、狩野久氏のこれを天智二年（六六三）とする説(11)が妥当なところである(12)。そして、一応は木簡の「ム」もこうした略体と一連のものと見ることができよう。

一方、法隆寺幡銘には干支を欠くが、次の例がある。

　山ア名嶋几古連公過命時幡(13)

この「嶋几古」は「嶋弖古」かとされる。人名ながら、万葉仮名の「弖」の略体「几」がここに見られるわけである。

例の北大津音義木簡など、万葉仮名の「牟」を略した「ム」が出土資料に見られることは犬飼隆氏の指摘(14)にもあり、また「皮《は》」について、「このハの発音にあてられた「皮」は「波」などの略体であった可能性がある」「しかし（中略）「皮」がこの字体の漢字による万葉仮名であった可能性もある」として、二様の可能性を示している。いずれにせよ、簡略な字体が選ばれる傾向によって、この「皮」も使用されたものであろう。先の「ツ」「ム」「𬼀《て》」などもこの傾向の上にあるのである。とすれば、そうした観点から見ればの断りが必要ではあるが、すでに片仮名の先蹤がここに現れていると見なすことも可能か。北大津遺跡の「誈阿佐ム加ム移母」は、何らかの原文の付訓ではなかったかとの推測を述べたことがある。(15) 当時の訓読の実態を知る資料で、また略体仮名「ム」の使用資料であるとの指摘(16)のすでにあったことも述べた。天智朝において仏典または漢籍などへの付訓が行われていたとすれば、そこで使われた略体仮名は、直接的に片仮名につながるものと言うこともできるであろう。

ところで、犬飼氏の述べる(17)「この字体の漢字による万葉仮名」とは、万葉仮名の「止《と》」から類推されたものである。「止」を「と」と読むのは古韓音系の字音にもとづいているが、七、八世紀の字音としては、もう「止」は「と」に当てるには適さなくなっていた。それが万葉仮名としての用法に限って「と」（乙類）として慣用された。それと同様のことが「皮」字と「は」音との結びつきにもあったかも知れぬことを言っておられるのである。

ところで、万葉仮名としてしばしば使われた「止」字であるが、初めに紹介した和歌木簡と同じ遺構から、次のような用例が出土している。

・桜井□〔君カ〕□〔之カ〕□□吉□〔右カ〕□□止□〔申カ〕□(18)

この裏面は、上下を逆にして書かれているが、便宜のため表面と同じ上下にして引用する。

・□戸□〔君カ〕七　長浴ア二　各□□子支□田□□止□〔之申カ〕

□ツ□四神久□〔君カ〕九　汙久皮ツ戸己也子□

「□止《と》（申《まをす》）」と読まれる例が二カ所にあり、この「止」は明らかに引用の際の助詞トである。その上の字が万葉仮名か正訓字かは不明であるが、正訓字なら宣命大書体となる。万葉仮名であっても固有名詞なら、この「止」は宣命大書体に準じる表記と言えよう。

　こうした「止」字は、藤原宮木簡（ただし、藤原宮造営開始以前の遺構から出土したものである）に、「啓者我尻坐□止□」の例があることを前節[19]で述べたが、それと同様の例と言える。ちなみに、わずかながら引用の「と」の万葉仮名表記は、古事記にも見られるところである（ただし「登《と》」字使用）。

　以上、第一の木簡例は、和歌を万葉仮名表記で記したものである。和歌の万葉仮名表記例としては、七世紀木簡としてナニハヅニの歌の例がすでに出土している。しかし、これは特殊なもので、これをもって和歌一般の表記は言えないと見る論があるので、この新出の和歌木簡を紹介し検証した。七世紀後半にはすでに和歌の万葉仮名表記の行われていたことが、これで明確になった。

　第二の木簡例は、天智朝のもので、万葉仮名「牟」の略体字「ム」の使用例である。こうした略体仮名が、すでに片仮名の先蹤と言えるであろうことに関し、具体的に論じた。資料の少ない天智朝に、はやくもこうした例の見られることは、それがさらにさかのぼる時代にもあった可能性を示すであろう。

　第三の木簡例は、万葉仮名「止《と》」を使った、宣命大書体表記の可能性のあるものである。『古事記』にも見られる引用の「と」の万葉仮名表記例が、すでに七世紀後半に始まっていたであろうことがさらに強く言えるようになった。

　以上、これらは日本語史の上で非常に重要な資料と思われるので、前節[20]を補う形で、あえて続編としてここに書いた次第である。

注

（1）拙稿「木簡の文体史」（『甲南大学紀要（文学編）』二〇〇三年三月）（以下「前拙稿」を「前節」と改めた）

（2）奈良文化財研究所『飛鳥・藤原宮発掘調査出土木簡概報』一八　二〇〇四年一一月

（3）市大樹「石神遺跡第15次調査出土の木簡」二〇〇三年一二月七日　木簡学会研究集会〈市氏より、「「葦の葉に／霜…」といった意味の和歌であろうか」と指摘されていることをご教示いただいた（「石神遺跡（第16次）の調査」4木簡（市大樹）『奈良文化財研究所紀要２００４』二〇〇四年六月　一一四ページ）

（4）市大樹「奈良・石神遺跡」（『木簡研究』第二六号　二〇〇四年一一月　一九ページ）参照。

（5）拙著『上代文学と木簡の研究』一九九九年一月　三一二ページ

（6）乾善彦「日本語書記史と人麿歌集略体歌の『書き様』」（『萬葉』二〇〇〇年一一月）

（7）読み下し文は古典文学大系『万葉集』を元にする。以下同じ。

（8）注（3）配布冊子、および注（4）による。

（9）鈴木一男先生に「「フ・ツ」の字源をめぐる問題について」（『甲南大学文学論集』39　一九六八年）があった。

（10）資料は、浅井和春「東京国立博物館保管上代裂の銘文について」（『ＭＵＳＥＵＭ』第三九〇号　一九八三年）、およびその引用写真を参照、字体は一部現行のものに変えた。

（11）狩野久「法隆寺幡の年代について」（『伊珂留我』3　一九八四年一〇月）

（12）拙稿「文章史から見た法隆寺幡銘と薬師像光背銘」（『書くことの文学』二〇〇一年）〈第一部3〉

（13）注（10）に同じ。

（14）犬飼隆「七世紀木簡の国語史的意義」（『木簡研究』第二三号　二〇〇一年一一月　二〇〇ページ）

（15）拙稿「文書・金石文の語彙」（『講座日本語の語彙』第三巻　一九八二年、のち『木簡と宣命の国語的研究』一九八六年所収　二〇二・二〇三ページ）

（16）林紀昭・近藤滋「北大津遺跡出土の木簡」（『第三回木簡研究集会記録』一九七九年）

（17）注（14）に同じ。

（18）注（2）に同じ。

（19）注（1）に同じ。

（20）注（1）に同じ。

7　〔書評〕沖森卓也『日本古代の表記と文体』

最初に沖森氏の名前を知ったのは、『国語と国文学』一九七六年九月に掲載された「続日本紀宣命の用字と文体」である。本書に収められている論文の中でも最も古い。氏の二十歳代前半に書かれたものであろう。思えば、それからおよそ四半世紀も学界における隣人としておたがいに研究を進めてきたことになる。もっとも、実際にお目にかかったのは、つい最近のことであるが。

研究分野が近ければ、必然的に同じ研究対象を扱う場合が少なくない。滋賀県北大津遺跡出土の例の音義木簡は、国語学の分野では、一九八二年に拙稿で触れたのが最も早かったかと思う。しかし、早すぎたのか、学界からの反応は、批判的当惑とでも言うようなものであった。気後れした私は、この重要な資料を使って論を展開することができなかった。

この音義木簡が、歴史学、国語学のみならず、国文学の分野にまで広く知られるようになったのは、あるいは沖森氏の「音訓交用について」（一九九三年）に詳しい分析が載ったころからではなかろうか。本書ではそれに加筆補訂され、この木簡に見られる七世紀後半の訓注の形式が『古事記』の訓注に受け継がれていること、また、「賛田須久」の例に見られるのと同様の万葉仮名の借音、借訓の交用表記が、八世紀初頭の戸籍帳などに見られること、その他の重要な指摘がある。

この論考にも見られるように、氏の研究の価値を高めているものとして、金石文、木簡などの重視があげられる。

五世紀前半の千葉県稲荷台一号墳出土の鉄剣の銘文「王賜久□敬□」や、六世紀第3四半紀頃以前のものと言われる島根県岡田山一号墳出土の鉄刀の銘文「各田マ臣□□□素伯大利刀」などをいちはやく取りあげた研究など、注目されるものである。氏はすでに、佐藤信氏との共著『上代木簡資料集成』（一九九四年）があり、これは学界に寄与するところが大なるものであった。

さて、『日本古代の表記と文体』は四章から成り、そのそれぞれの章がそろって四節から成るという、きわめて整った構成になっている。それぞれの章の題目は次のとおりである。

第一章　日本語表記の創造
第二章　上代表記体の成立
第三章　上代における表記と文体の交渉
第四章　宣命・祝詞の文体と表現

堂々たる構成であり、全体的に見て、いわゆる目配りのきいた論の進めかたで、納得のいくものと総論的には思われる。ところが、部分部分を見ていくと、当然のことかも知れないが、必ずしも納得のいく所ばかりではない。自分のことを棚にあげて言うようだが、追究の過程におけるあの種の不用意さ、論の詰めの不充分さといったものを感じる部分がある。

ごくささいなことがらから述べると、たとえば最初に触れた「続日本紀宣命の用字と文体」（本書、第四章第一節）で、宣命の「恵」字にウツクシビを訓として想定する私の論に対し、沖森氏はメグミを想定する。ところが第一三詔には「天下乎撫恵備賜事」の例があって、この「恵備」はメグビと読まざるを得なくなる。そこで氏は、「小谷博泰の指摘するように訓点資料等にはメグビの語形が見られないが、タフトシ―タフトビ、タフトミ（甲）―タフトビ（乙）の関係から、メグシ―メグミ―メグビも十分想定される」とする。しかし、タフトシに対応するのは上二段動詞のタフトブである。その連用形と、甲乙の異なるタフトミとの直接的な交換関係を言うなら、さらに補足説明がほしい。また、「メグビ」のように一単語の内部に濁音が連続するのは、古代語にあってはいささか不自然であり、これについての断りもいるであろう。

同じ章の第二節「続日本紀宣命の表記と文体―称徳期について―」では、「念行末之」のマシについて、「行」字の訓を示したものとする私の論に対し、「しかし、これは「念行末之」と「導護末須」の対句表現と見るべきであり、祝詞龍田風神祭に「称辞竟奉止思志行波須乎」ともあるから、この表記はオモホシオコナヒマシと訓むべきであろう」とする。原文を、

仏乃御法乎継隆武止念行末之
朕乎毛導護末須己師乎夜

と二行に書くと、「導護」の対句となるのは、むしろ「継隆」ではないかと思える。祝詞の例も、『続日本紀』と『延喜式』の時代差を考慮に入れる必要があり、転写の際に生じた後世的な変形の可能性もあるであろう。かといって、氏の説が間違っているというわけではない。もし、正しいとしても、論の進め方に不充分な所があるように印象されるのである。

先にあげた岡田山古墳出土鉄刀銘の「各田部」についても、あるいは文章を読む場合、カクデンブのように音読された可能性も否定しきれない。しかし、それは日本語を基盤として字義によって表記したものであって、訓が介在していることは疑いない。とされながら、「各田マ」を「額田部」すなわちヌカタベの表記とし、「この固有名表記が音仮名ではなく、漢字の訓によっていることは革新的である」と書かれた部分はそのままにされる。「訓」と、日本語の中国語訳との相似と相違にいま少しこだわってほしいような気がする。「日本語を基盤として字義によって表記」するのは、日本に

おいて日本語文を漢文化する際の一般的な傾向である。それが固有名詞に及んだのが革新的だというのなら分かるが、それでも直接には「訓」によっているとは言いにくいのではなかろうか。

こうした部分にこだわっていくと、ついに一つの大きな分かりにくさに突き当る。それは、金石文、木簡、宣命など散文を主体とした文章表記の研究に、『万葉集』の柿本人麻呂の、いわゆる略体歌、非略体歌が重要な資料として使用されることである。第三章第二節「万葉集における動詞活用語尾の表記」のまとめに、

続日本紀宣命と万葉集とでは相当異なっており、万葉集に見える非略体歌表記を宣命大書体と呼び、宣命体、後の宣命小書体に直結させるような考え方には従いにくい。宣命体は（中略）このように、読み上げる際の誤りをなくすという実用的な観点に基づく表記であって、個々人の文芸的な営為に帰属する万葉集とは根本的に異なるのである。

と、このように、明確に結論づけながら、しかし第二章第二節「万葉仮名交じり文の成立」をはじめ、万葉集からの引用は多い。表記体の一般的な変遷を考える際に、「個々人の文芸的な営為に帰属する万葉集」の略体・非略体の問題が混入することは、できれば避けたい。そもそも、略体歌なるものが、いつ誰によって筆録されたものかという問題からして、いまだ明確には決着がついていない段階にあるように思われる。その一方の学説を基盤に表記の変移を論じるより、むしろ、逆に新しく、木簡、金石文、宣命などの資料に基づいた分析結果によって、略体、非略体という大きな研究課題を追究しなおしてほしかった。

もっとも、これは批評者に特有の、ないものねだりに類する要求かも知れない。この研究書の持つ価値としては、先にも述べた、使用資料の確実さと新鮮さ、分析の緻密さ、徹底性などがあげられよう。詳しい索引も付され、将来における学界の発展に寄与する研究書となることであろう。

なお、以上に触れなかった論考について、急ぎ足ながら紙幅の許す限りで述べておく。

第一章第四節「万葉仮名と文章文体」では、『万葉集』において、表意表記主体の諸巻では「乃」の字が格助詞「の」の表示と強く結びついている、格助詞以外のノ乙類の表記では「能」がほとんどで、この「能」字は特定の語と結び付かない独立的な性格をもつとする。そして、仮名主体の諸巻では「能」が多用される。ここで、表意字のあとの格助詞「の」は「乃」字によって表記されるという指摘は重要である。恐らく表意用字と区別する必要がある場合に、この「乃」字が使われたということで、氏は格助詞「の」に対する「乃」の表記が定着したのが古く、固定的となっていたことを理由としてあげる。しかし、それだけではなく、もし表意用字の後に「能」字を使うと、この「能」を「よく」などに相当する表意用字と誤られる恐れがあったためでもなかろうか。仮名主体の語や文の表記の中ではその心配がないため、「能」字が積極的に用いられたということも考えられよう。

ほか、「止、支、己、許、乎、袁、遠、阿、安」その他の万葉仮名について、その使用状況など詳しく分析している。万葉仮名の研究については、ずいぶん多くの論考がすでに出ているようなので、私にはこの分野における沖森氏の研究の独自性をにわかに判断することはできないが、まずは堅実でエネルギッシュな好論文と思われる。

第二章第一節「和文の成立」では、従来の変体漢文・和化漢文を「変格和文」と呼び変え、和文体の下位概念とする。ただ、漢文と言えども、日本において作られたものは、もっぱら訓読されるものであって、漢詩のようなものであってすら、作者自身も中国語として読むことは少なかったのではなかろうか（いちがいには言えないが）。変体漢文の「漢文」は、読む際には訓読される文、つまり漢文訓読文と呼ばれる日本語の文となるものであって、その変体のものを変体漢文と名づけたのであろうから、ことさら「変格和文」と呼び変えるまでもないようにも思われるが、現代では漢文と言えば古典中国語文というような認識が強くなってきているので、氏の呼び変えも、あるいは時代の要請するところかも知れない。ともあれ、慎重な手続きをふんで、次に六世紀、七世紀の金石文などの文字資料の検討に入るところは好感が持てる。その後も、説得力のある展開がなされている。

第二章第四節「万葉仮名文の成立」では、「一音一字式の万葉仮名文は、非略体歌の成立後、おそらく天武朝末遅くとも持統朝の初めに伝承歌謡の表記に用いるために成立」したとされる。そして私がかつて述べた「真仮名体が生まれたのは、歌謡においては、かえって宣命体（大書体）よりも早かったかも知れない」という意見に対して、「資料の面から見てその説は肯定できない」と書く。この課題については、この研究書の出版の前年、前々年に出土した二、三の木簡資料、あるいは犬飼隆氏や西條勉氏らの積極的な発言、さらにさかのぼっては工藤力男氏の人麻呂以前に歌の万葉仮名表記があり得たとする論を無視しているかに見えるが、あるいは学説の転換する微妙な時点にあっての、行き違いのようなものと見るべきかも知れない。

ちなみに、氏が現存最古の宣命大書体資料とする伊場遺跡出土木簡の紀年、「乙酉年」（天武十四年）は、東野治之氏によって「乙未年」（持統九年）と読み改められている。また、森ノ内遺跡出土木簡の「羽止己乃□□□」として引用されている例は、平川南氏が「羽止里乃」としているのと同一のものであろう。いずれも『国文学』一九九九年九月号に出ているものである。

他にも重要な論考があるが、紙幅がつきた。重厚な研究書のことであり、私の読みが不充分なための読み落としや読み間違いもあるかと恐れるが、寛容を願うしだいである。

（二〇〇〇年五月一〇日　吉川弘文館・A5判・三三五頁・九八〇〇円）

8　日本語表記のルーツを探る

平成十一年十一月のある朝、新聞を広げて読んだ私は、ついに出てはならないものが出てしまったと心のうちに叫びながら、さらに他の新聞社の朝刊を買うために、近所のコンビニへと走った。

紙面には大きく難波宮《なにわきゅう》跡出土木簡の記事があり、「戊申年《ぼしん》」（大化四年、六四八）の紀年銘のある木簡とともに出土した、「支多比《きたひ》」（干物の一種）、「伊加比《いかひ》」（貝類の一種）など、物品名ながら普通名詞の借音仮名表記の木簡例も記載されていたのである。

ここに至る一年半ほどの間に、飛鳥池《あすかいけ》遺跡や徳島市観音寺《かんのんじ》遺跡などの、国語史の常識をくつがえすような、驚くべき文字資料の出土が次々と報じられて来たのであるが、この難波宮跡出土木簡例は、その極めつけとも言うべきものであった。

藤原宮宣命木簡

私が木簡資料の国語学的研究をはじめてから、すでに三十年以上が過ぎた。最初に取りあげたのは、宣命《せんみょう》（天皇の命令などを宣命体という一種の和文表記法で記した文書）の部分を記したと考えられる次の木簡であった（行の上の「・」は、対で同じ木簡の表と裏になることを示す）。

・御命受止《と》食国之内憂白

・止《と》詔大□□乎《を》諸聞食止《と》詔

右にルビを記して示した「止」「乎」など、後の時代の宣命なら小字で書かれるべき部分が、藤原宮出土のこの木簡では、他の部分と同じ、つまり訓字部分と同じ大きさで書かれる、いわゆる宣命大書体《だいしょたい》表記法を取っていたのである。

ちなみに、借音仮名部分を片仮名で、補読を平仮名で示すと次のようになる。

「御命《おほみこと》 受けよト食《を》す国之《の》内憂《うれ》へ白《まを》す」「ト詔《のたま》ふ大《おほみ》□《こ》□《と》ヲ諸《もろもろ》 聞き食《たま》へト詔《のたま》ふ」。この「白」字は、あるいは「皇」の上部かも知れず、「詔」は「詔《の》りたまふ」と読んだかも知れない。ともあれ、借音仮名部分は、現在の一般的な漢字仮名交じり文の平仮名による送り仮名部分ほどは多くはないにしろ、すでに、ここに漢字仮名交じり文の原形のあることが知られるのである。

なお、近年、この宣命木簡は下書きの段階のものとも見られている。もとより、宣命使によって読み上げられるべく清書された宣命の成文は、後にそうであったように、上質の紙かそれに似たものに書かれたであろう。とはいえ、後の例にもあるように、宣命草稿ともなれば、やはり紙などに記されたのではなかろうか。もちろん、下書きのその下書きということも考えられるが、後にまとめて記録するための資料として書き残されたものとか、あるいは宣命作成のための見本として、現在のファイル式に取っておかれたものとか、直接的な下書きと考える以外にも選択肢はあるように思われる。なにぶん断片的な資料である。今はまだ結論を急ぐ必要はあるまい。

藤原宮木簡の和風傾向

右の木簡を取りあげた拙稿が活字になったのは昭和四十六年（一九七一）一月（『国語と国文学』）であったが、その後も木簡資料は続々と出土し、予想されたように当時の文章表記の実際がより詳しく分かるようになってきた。

わずかながら藤原宮からも宣命小書体表記の資料が出て、すでにこの表記法がはじまっていたことが知られた。宣命大書体表記では、次の例もあった。

・詔大命乎《を》伊《い》奈《な》止《と》申者

・頂請申使人和□〔安カ〕□

この表は、「詔《のたま》ふ大命《おほみこと》ヲイナト申《まを》さ者《ば》」と読める。これは、宣命（天皇の大命）とまでは言えないにしろ、それに似た文章であり、さらに現在の漢字仮名交じり文に近いもので、いわば和風傾向が著しく強いものと言えよう。

いわゆる文書木簡にこのような和風傾向の強いものが見られるだけでなく、付札《つけふだ》と分類される荷札などの木簡においても、平城宮出土のものでは訓字（元来の表語文字としての漢字を、和訓をもって読ませるもの）が多用されるのに対し、藤原宮出土のものでは借音仮名が多用される。前者の「鰯・海松」などに対し、後者の「伊《い》委《わ》之《し》・弥《み》留《る》」などがそれで、これも藤原時代（藤原京の時代。六九四～七〇九）における和風傾向と言えるであろう。

奈良時代になると、文書木簡においても漢文的傾向が強くなるが、次のように宣命小書体の例もある。

□入奈加良進出御帳□辛□〔櫃カ〕

「……入れナガラ進《まつ》り出《い》だす御帳□辛櫃《からびつ》」つまり唐櫃からものを出し入れした際などの報告書の類であろうか。

長屋王家木簡では「（前略）又林若翁帳内物万呂令持煮遣絁二匹急進出浄味片絁曽持罷（後略）」（又、林《はやしの》若翁《わかぎみ》の帳内《とねり》・物万呂《ものまろ》に持た令《し》め、煮に遣《つか》はす絁《きぬ》二匹、急《と》く進《たてまつ》り出だせ。浄《きよ》く味《うま》き片絁ソ持ち罷《まか》れ）など、総対的に和風傾向の強い表記がなされている。これらの例から、一般的な伝達のための文書は口読（訓読）されるものとして書かれていたことが推測されるのである。

飛鳥時代の木簡資料

また、滋賀県森ノ内遺跡から天武・持統朝（六七二～六九六）のものとされる次の文書木簡が出土した。

・椋□〔直カ〕伝之我□往稲者馬不得故我者反来之故是汝卜部

・自舟人率而可行也　其稲在処者衣知評平留五十戸旦波博士家

「椋直《くらのあたへ》伝へらく〔之〕、我が往《ゆ》く稲者《は》、馬得《え》不《ぬ》が故に、我者《は》、反《かへ》り来ぬ〔之〕。故《か》れ是《ここ》に、汝卜部《いましうらべ》、」「自ら舟人を率《ゐ》而《て》、行く可《べ》し〔也〕。其れ稲の在る処《ところ》者《は》、衣《え》知評《ちのこほり》平《へ》留《るの》五十戸《さと》旦波《たには》博士の家そ」。これは「椋《くら》（倉）」つまり米を収める倉の管理にかかわる役人が下した命令書の類であろうか。この和化漢文資料の出現により、漢文から和化漢文への移行の時期、つまり和文の成立の時期は思われていたよりずっと早い時代にあった可能性が見えてきたのである。

のちに飛鳥京跡から付札木簡が出土したが、そこに記されていた物品名にも、「布奈《ふな》」「田比《たひ》」「佐祁《さけ》」などと借音仮名表記（「田」は借訓仮名）が見られた。平城宮の木簡だと、「鮒」「鯛」「鮭」などと記されるところである。物品名の表記において、時代をさかのぼるほど和風傾向が強いということは、その付札木簡の書記に当たった官人たちの間で伝達に使われていた書簡などにおいても、同様に漢文からは遠い、借音仮名表記に近い表記法で文章表記がなされていた可能性を示唆するものである。

のちの二条大路木簡に、「（前略）和岐弖麻宇須多加牟奈波阿□〔都カ〕」「止毛々多□〔无カ〕比止奈□〔志カ〕止麻宇須（後略）」（ワキテマウスタカムナハアツ）（トモモタムヒトナシトマウス）つまり「別《わ》きて申《まう》す、筍《たかむな》は充《あ》つ」「とも持たむ人なしと申す」と読める借音仮名文（万葉仮名文）の木簡が出ているが、こうした音仮名表記法が、さらにさかのぼる時代にもあった可能性がある。

飛鳥池遺跡木簡

さて、飛鳥池遺跡からも何点かの和風傾向の強い木簡が出ているが、紙幅の都合でそのうちの四点だけを紹介しておく。

・□〔智カ〕照師前謹白昔日所
・白法華経本借而□□〔賜カ〕　〔図1〕

「智照師の前に謹《つつし》み白《まを》す、昔日所……」「白さく、法華経本を借り而《て》□賜」であろうか。経本の貸し借りに関する書簡のようで、和文の語順で訓字が記されているかのようである。この木簡の出た遺構からは、「丁丑《ていちゅう》年」（天武六年、六七七）の紀年銘のある木簡も出ている。

世牟《せむ》止《と》言而□
□本止《と》飛鳥寺　〔図2〕

二行に書かれているもので、「セムト言ひ而《て》□」「□本ト飛鳥寺」と読める。七世紀末の年代が考えられているものであるが、二行目の助詞「止《と》」の小書きが明確である。

図1
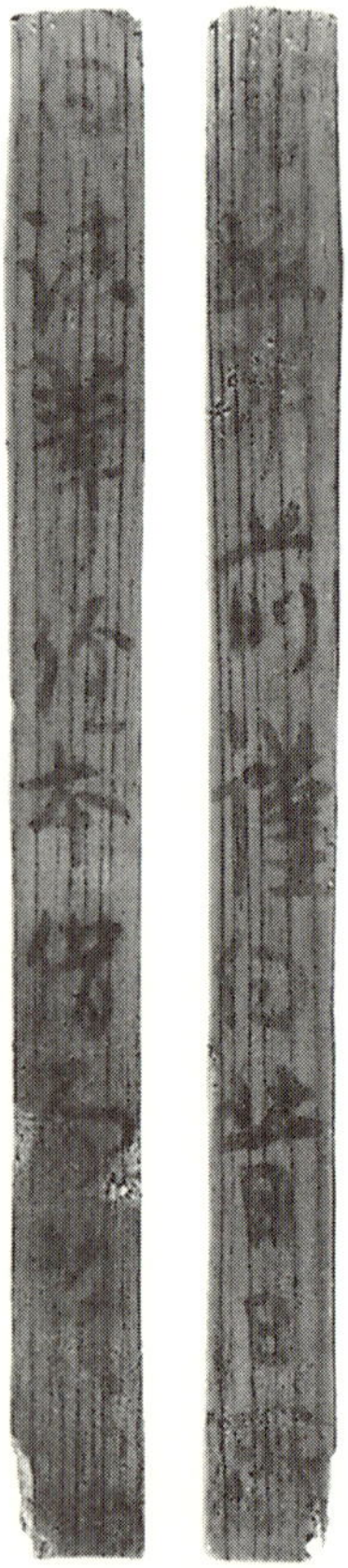

図2
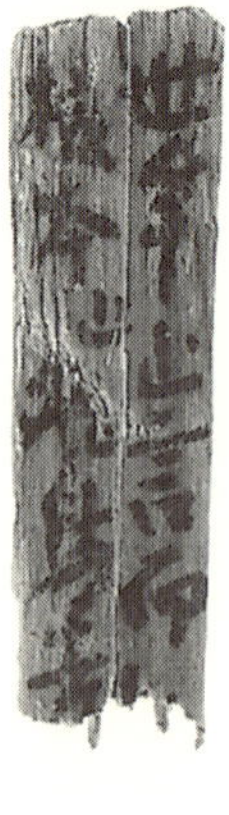

（奈良文化財研究所提供）

なお、「世牟止」を宣命大書体と見る意見もあるが、これは実辞部分から音仮名表記されており、一種の音訓交用体表記（語単位で考えるなら、音仮名表記）にすぎない。二行目の「止《と》」の小書きは、他の訓字部分と大きさを変えることで、これが音仮名であることを示して読みやすくしたものである。一行目の「止《と》」にはそのような必要はなく、小書きにするとかえって読みにくくなってしまう。

藤原宮木簡にもすでに二点の宣命小書体表記の例があったが、飛鳥池遺跡のこの木簡により、少なくとも七世紀末にはすでにこの表記法がなされていたことが明確になった。また、漢字仮名交じり文式の音訓交用文が、しばしば書かれていたであろうことも推定されるのである。

・官大夫前白　田々連奴加　加須波□〔々カ〕鳥麻呂
　　　　　　　久田□　　　小山乃□乃

・□波田乃麻呂　安目　汙乃古
　野西乃首麻呂　大人　□□ッ麻□□□□黒□

これは、天武朝ないしそれ以前のものと見られる遺構から出土したもので、人名ながら訓字表記、音訓交用表記、音（および訓）仮名表記など、雑多な表記法が取られている。「小山乃」は宣命大書体と見なし得るものである。

次の木簡例は、和歌の断片と考えられる。

・止求止佐田目手□〔和カ〕□

・□久於母閉皮

「……とくと定めて吾《わ》……く念へば」と読め、相聞歌《そうもんか》（恋愛歌）であろう。天武朝にすでにこのように、借音仮名に借訓仮名を交じえた表記法で和歌が記されていたわけである。

難波宮木簡、北大津遺跡音義木簡など

このように、時代をさかのぼるほどに、和風傾向の強い表記例の見られるところに、出土したのが初めに述べた難波宮木簡であった。その「伊加比」は、藤原宮木簡では「伊貝」、平城宮木簡では「貽貝」と表記される。つまり、音仮名表記↓音訓交用表記↓訓字表記と表記法が変わって行った好例と言える。「支多比」も、飛鳥京遺跡木簡に「鹿□〔支カ〕多比」の例があるが、のちのものでは「腊」と訓字を使用しているのが一般的である。同時に報告された木簡には、「委尓《わに》マ栗」（マは「部」の字画を略したもの）「嶋意弥《おみ》」のような、音訓交用表記と見られる固有名詞の例もあった。

共伴遺物に浄御原《きよみはら》時代（六七二～六九四）のものがあった北大津遺跡出土の、いわゆる音義木簡には、次のように漢字の訓を記した部分がある。

賛 田須久

誙 阿佐ム加ム移母

音仮名（「田」は訓仮名）によって、漢字の読みを記したものであるが、阿佐ム加ム移母（アザムカムヤモ）の例によって、何らかの漢文の訓注に当たるものを記したと知られる。歴史学、国語学の分野で研究者たちを大いに困惑させた資料であるが、今となっては七世紀における漢文訓読の進展を示すものであったと認識されよう。

出土木簡として、最も時代の早いものでは、鬼頭清明氏が「七世紀初めに溯及するかと思われる」（「記紀と木簡」『国文学』昭和六十二年二月）と指摘している坂田寺跡出土の木簡がある。ただ、「十斤」とあるだけの零細な資料ではあるが、もし実際に七世紀初期のものであれば、すでに付札などの木簡が使用されていたであろうことを示唆する貴重な資料として、注目せねばなるまい。

法隆寺からは「辛巳年《しんし》」（推古二十九年、六二一）の紀年のある墨書銘も見つかっており、七世紀前半にもすでに、記帳や公用文の類が書かれていたと推定される。その表記法についてはまだ、不明と言わざるを得ないが、恐らく難波宮跡出土木簡などの表記法と、それほどかけはなれたものではなかったと思われるのである。

和文以前にあったもの

ここで困った問題につきあたる。七世紀にすでに和化漢文だの音訓交用文だのが成立していたとすると、漢文を元に、それを崩して、あるいは変化させて和化漢文が成立し、和化漢文から宣命体などの音訓交用体（一種の漢字仮名交じり文）が生まれたとする学界の常識はどうなるのであろう。和化漢文の層の底には純漢文の固い岩盤があるはずなのに、掘れば掘るほど、時代をさかのぼるほど、やわらかい和風傾向の資料が出てしまうのである。この難問の解答は、六世紀へ、あるいは五世紀へと発掘が進むのを待つよりしかたないが、一応、今の予測としては、次のようなことが考えられるであろう。

○六世紀朝鮮における朝鮮式の表記法を移入した。
○朝鮮半島の諸国と並行して、あるいはそれに遅れて、日本でも類似した自国式文章表記法の形成が始まった。
○特に識字層の下層部分で、日常的な和文表記の欲求なり必要なりが生じた場合に、音仮名などによる和文の作成が始められた。

文章表記の進展は、一方向から一直線的に進むものではなく、また、ある年をもって一斉に新しい表記法へと切り変わるものでもあるまい。各所で起きた色々な変化が、たがいに影響しあい触発しあいながら、徐々に進んできたものであろう。和文表記の初期の段階における識字層、少なくともその大きな部分を朝鮮からの渡来人が占めたであろうことを考えれば、日本語表記のルーツは、まず古代朝鮮に求めるべきかも知れない。

追記　なお、この稿はおおむね、拙著『木簡と宣命の国語学的研究』（一九八六年　和泉書院、重版一九九九年）、『上代文学と木簡の研究』（一九九九年　和泉書院）、拙稿「七世紀における日本語の文章表記」（『国語と国文学』一九九九年五月号〈第一部1〉）によっているので、参考文献、資料などはそれらを参照していただきたい。ただし、飛鳥池木簡については、『木簡研究』第二一号（一九九九年一一月）をも資料とした。

木簡と国語学

国語学（および国文学）の分野では、目下、木簡の表記法や文体について、同時代の『古事記』や『万葉集』の成立に関連して、注目をあつめている。

たとえば、藤原宮跡出土の木簡では「（宛先）の前に申す」という形式の書式で公文書が書かれているのが見られる。この文書形式が、奈良時代の前代に当たる藤原宮の時代、あるいはそれ以前から広く使用されていたであろうと指摘されている。公式令では、「某司解申其事」云々という形式で記されており、奈良時代ではそうした漢文式の記載形式をとるようになってくるという（『藤原宮木簡一』）。

（表）恐々受賜申大夫前筆
（裏）暦作一日二赤万呂□

これは、暦を作るための筆を請求した文書と見られているが、「恐み恐み大夫の前に筆を受け賜はらむと申す」などと読まれたものであろう。「～の前に申す」は、祝詞などにも見られる口頭言語的傾向の強い表現で、和文調の文体といえる。

一方、荷札などに書かれた物品名についても、時代をさかのぼるほど、借音仮名で表記された例が多い。たとえば、飛鳥京跡出土木簡の「佐祁《さけ》」「（支《き》）多比《たひ》」、難波宮跡出土木簡の「支多比」「伊加比《いかひ》」などは、後の時代の木簡では「鮭」「腊」「貽貝」などと表記されているのである。

飛鳥池出土木簡の「世牟止言而□」（セムト言ひ而《て》）や、藤原宮跡出土木簡の「詔大命乎伊奈止申者」（…詔ふ大命ヲイナト申さ者《ば》）〔図3〕など、現代の漢字仮名交じりに近い形で表記されている例もある。徳島県の観音寺遺跡から借音仮名で書かれた難波津の歌「奈尓波ツ尓作久矢己乃波奈」（難波津に咲くやこの花）〔図4〕の木簡も出土した。

図3

（奈良文化財研究所提供）

図4

（徳島県立埋蔵文化財総合センター提供）

こうした文書木簡（木簡を使った文書の類）や、付札木簡（木簡を使った荷札など）の表記法や文体から、古く和文的傾向の強い文章記載がなされていたのが、奈良時代になると、律令で定める書式に必ずしも縛られていない例も少なくないが、概ね、訓漢字（現在においても一般的な、和語をあてはめて読む用法によって使われる漢字）使用の、漢文的傾向の強い文章記載へと移って行ったことが知れる。

こうした、書式や表記法の大きな転機が、大宝元年（七〇一）にあり、つまり大宝令の実施にあったであろうことは、たとえば、木簡の年紀の記載方法の転換に如実に示されている。大宝令施行をもって、それ以前は文書の冒頭に干支を書いて示していた年紀記載法が、末尾に年号年月日を記載する方法へと転換したことが、指摘されていた（『木簡研究』第二号〈岸俊男「木簡と大宝令」〉）。

一昨年には、福岡県から大宝令施行直後のものと見られている次の木簡が出土している。

太宝元年辛丑十二月廿二日
□□□□□鮑廿四連代税
官川内□□黒毛馬胸□

冒頭に年号と干支を併用しており、大宝令施行直後の状況を示す資料として指摘されているが（『木簡研究』第二三号〈菅波正人「福岡・元岡・桑原遺跡」〉）、昨年出土した藤原宮跡出土の木簡では「大宝元年十一月」の例があり、都と地方の時間差を示すものといえようか。しかし、わずかの期間に年号記載の実施が九州にまで徹底されていたことが注目される。

木簡によって示された表記の変遷の事実が、国語学、国文学の研究に及ぼす影響は大きい。たとえば、日本語における文章表記は、中国から伝わった漢文式の表記からはじまり、それが崩れて和化漢文（変体漢文）に、さらに音訓交用文から万葉仮名文へと発展したとされていたが、これがあやしくなってしまった。そこで、従来、『古事記』や『日本書紀』に記載されている歌謡の借音仮名表記は、新しく採用された表記法と見られていたのが、すでにそれらの書の成立以前からあった表記を引き継いだものであったことが知られる。和歌の表記のはじまりは、『万葉集』の「柿本人麻呂歌集」の、いわゆる略体表記（テニヲハの表記を欠く訓漢字だけの表記）からとする説が有力であったが、万葉仮名による表記が先行したとする説が有力になりつつある。『古事記』の成立の時期や『日本書紀』との前後関係についても再検討されている。

わずか一点の木簡の出土によって、それまでの通説がくつがえってしまうというところが、面白いところ、というより恐いところである。

9　上代の文字と意味

一、文字以前

「意味」ということばの定義はともかくとして、文字文化以前の、たとえば古墳の壁画や銅鐸の絵などに、強烈な意味がこめられているように感じられることがある。

たとえば平林章仁氏は、土器に描かれた絵画について、次のように解説する。(1)

このように、絵画をもつ弥生土器は基本的には稲作農耕関連の祭儀に使用されたものであり、その絵画は、祭儀の情景ないしそれと関わる霊的存在を表わす、いわば弥生時代の宗教画であったと考えられる。具体的には、鳥装の表現が多い人物は祭儀の中心となるシャマン、舟は寄り来る穀霊の乗り物、鳥は穀霊運搬者（乗り物）ないしは穀霊の化現《けげん》、高床建物は寄り来った穀霊が留り宿る祠、龍や魚は水（水神）を、おのおの象徴的に表現したものと推察される。

また、辰巳和弘氏は六世紀後半のある古墳の壁画について、次のように解説している。(2)

赤色顔料で描かれた壁画は、まず上の石には中央に盾が描かれ、下段左上方に小さく配された武具類とともに邪霊の侵入を防ぐ。そして主題となる船は舳先と艫が大きく反り上がり、それぞれに鳥がとまるゴンドラ型の船を描き、船上では一人の人物が艪を漕ぐ。また中央に二本のマストが立つ。船の上方には太陽を描いたとみられる二重の同心円文がある。いわゆる太陽の船である。太陽の船は、死者の霊魂が太陽の動きに導かれ海洋のかなたの他界へとわたり行く様の象徴的表現と考えられる。軸艫にとまる鳥は他界への長い航海の水先案内であり、また霊魂の象徴でもある。

古墳時代には、すでに漢字が入っていたかもしれないが、文字文化以降、あるいは言語文化の発達したのちの思考をもって、それ以前の絵画の意味を解釈するのは困難かと思われる。死後の世界と生きている間の現実の世界が連続していたり、精霊のある世界がすなわち現実の世界でもあるかもしれない時空にあり、たとえば言語以前のイメージなどによる認識が綴られていたかもしれない時代にあっては、もしかすると、絵の意味は、要するに絵そのものであるというべきかもしれない。それはともあれ、もしことばをもって分析すれば、右のような解釈もできるということであろう。

描かれた渦巻きや、朱（赤）の色彩が生命力の源であり、生命力の象徴であることはいわれているところだが、直観的に感じ取られていたものでもあろう。円筒埴輪には、「眼」のしるしや、×や△の記号のある例があるという。魔除けの記号として、封の意味をもつ＋や×が広く使われており、のちには「封」の文字が代用されるようになったが、現在、封筒の糊づけした上に×を書くのは、同様のまじないであるらしい。[3]

佐原真氏によって、銅鐸の絵の人物について、頭を△であらわした例は女を、○であらわした例は男を示していることが指摘されている。[4]

このことは、現代の公衆便所の入口の絵のような記号のようなしるし、つまり女性用はスカートをはいた赤い人物などで示され、男性用はズボンをはいた黒い（または青い）人物などで示されているのを思い起こさせる。

こうした、絵のような、記号のような、文字のような、ある種のものは、現在にも多い。たとえば、パソコンのタスクバー上のプリンターの絵（印刷を示す）、三行広告における電話の絵（電話番号を示す）は、絵というより記号というべきか。＋（たす・プラス）、＝（イコール）、＃（シャープ）、α（アルファー）、〒（郵便番号）など、ありふれたものである。欧文など、表音文字中に書かれた表語文字、つまり数字は、なんだか記号のようでもある。たて書きの和文中の漢数字、千九百九十九などは明らかに文字と意識されるが、当今のようにこれを一九九九などと書くと、どうも記号化して見える。一一一一を千百十一と読むと、同じ一をセンともヒャクともジュウともイチとも読んでいる結果となるが、これは全体を読んでいるのであって、一字ずつをそう読んでいる訳ではなさそうだ。一〇〇〇や一〇の「〇」などは、読んでいるような読んでいないような妙な代物である。

　ともあれ、土器などに書かれた絵は、しだいに簡略化されてくるようだが、それも祭りの衰退によって、なくなってしまったという。[5] 文字以前の、絵文字に近い絵、記号に近い印（しるし）から、文字が誕生するためには、絵や印の増加と規格化、その需要や使用の継承を支える社会的文化的背景が必要なのであろう。

　日本で、固有の文字というべきものが誕生する以前に、圧倒的な勢いをもって大陸の文化がこの地になだれこみ、そして最初の「文字」として、強引に中国古来の文字、つまり漢字が入りこんでしまった訳である。その漢字は、現在、こうして我々が使っているのとほぼ同じものであるから、それを「古代文字」と言われても困ってしまう感じであるが、それはともかくとして、次に舶来期から定着期にかけてのころ、つまり日本の上代における漢字を見ることで、「意味」をめぐって考えてみたい。

二、ことばと意味の非恣意性

　木簡には、付札《つけふだ》と呼ばれる荷札などの類が多く、そこにはそれの付けられていた物品の品目名が書かれていることが多い。そして、その物品名には魚介類や海藻類の名前が多い。ところが、どういう訳か、野菜類の名前が少ない。正倉院文書に魚介類の名前がわずかなのは、写経所に関連する文書だから、なまぐさい物がさけられたのは当然のことで、言われているとおり。昆虫名がないのは、昆虫を食する習慣がなかったからで、これは言うまでもない。正倉院文書でも、海藻名の多さに比べると、野菜類が少ないように思われるが、あるいは栄養的に片寄った食生活をしていた可能性もあるかもしれない。しかし、木簡においても、やはり野菜類は意外なほど少ない。

その理由として、まず第一に考えられるのは、野菜は遠方から月日をかけて運ばれるものではないことである。加工した場合はともかく、日数をかけると鮮度が失われるし、人手をかけてはるばる運ぶほどのものでもない。

出雲国島根郡副良里伊加大贄廿斤　（藤原宮木簡）

これは出雲国から運ばれてきた烏賊の大贄に付けられていたものであろうが、野菜は、こうした「調」や「大贄」にはふさわしくなかったであろう。

芝一斗　大根四把⌈　（藤原宮木簡）

この例は、荷札の裏側に別筆で書かれていたものである。表の荷札とは別の用途に使ったものとされ、反故と見られよう。もっとも、表の荷札を反故として使ったメモの類とも考えられる。

買茄二斗直卌文廿八日　（平城宮木簡）

茄子三斗直銭卌□　（二条大路木簡）

このように、売買されていたことが示される例もあるので、もっと野菜類が荷札に書かれていてもよさそうである。ただ、長屋王家木簡には野菜類の記載例が少なくない（ただし、付札ではなく文書類にある）。

山背薗司解　進上□⌈大根四束　古自一□

これは、長屋王家が「御薗」と称する大きな菜園ないし農場にあたるものを経営していたためである。

藤原宮、平城宮の木簡において、海藻類に比し野菜の記載の少ないのは、あるいは一般の下級官人たちは、言われるように家で栽培していたり山野へ出かけて採収していたりしたのかもしれない。ある理由は考えやすいが、ない理由は難しい。ただ、一つの理由として、野菜類は、付札をあまり必要としなかったことが考えられる。見れば分かるものごとについては、名札は無用である。たとえば、学校や職場で名札を使う者でも、家へ帰ればそれをはずす。学会で名札を付ける先生も自分の勤めている大学ではそれを付けない。

公園や、あるいは個人の家でも、木や草にその名前を書いたラベルや木の札（まさに木簡である）を付けていることがある。この札は、その植物がめずらしい時、ありふれたものなら、花が咲いたり実が成ったりしていない時に効果がある。咲いている桜に「桜」という名札、みのっている柿に「柿」という名札は不用で、もし付けるなら、もっと詳しい品種名など、見る者の知らない「情報」であろう。ひょっとすると、桜の咲いている木が「桜」ということばの意味であるのかもしれない。

水仙やチューリップが花屋にあるとき、球根なら名札に相当するものが必要だが、咲いている花なら、名札より値札の方が効果がある。「水仙」ということばは、その咲いている花に付けられたのであって、もしかすると、根の方は「水仙」とは認識されない、あるいはされにくい「何ものか」なのかもしれない。

ギデラ族の人びとは、目につく動物にはことごとく名前をつけている。小さい動物でも、フンコロガシ、クモ、ミミズなどは行動がおもしろいので、それぞれの種がほとんど区別され名前も与えられている。私にとって意外だったのは、蝶やトンボである。プアでもヤップでも美しい蝶が数多くみられるし、トンボにもアカトンボからオニヤンマのような大型のものまでそろっている。ところが彼らは花とおなじように、「蝶」とか「トンボ」とかその全部をさす名前でよんでいるだけである。おもしろいのは、食用にならない蝶（あるいは蛾）やカミキリムシの成虫にはあまり興味を示さない彼らが、それらの幼虫は大好物でそれぞれに名前をつけていることである。そのため、これらの昆虫は幼虫時代にはそれぞれの名前でよばれるのに、成虫になると「蝶」とか「カミキリムシ」になってしまう。

これは熱帯林の住人たちについて書いたシリーズもののうち、大塚柳太郎氏の書かれたニューギニアのギデラ族についての記述(6)である。ここにおける命名は、日本における蝶とその幼虫の場合を逆転させた形となっている。

言語学では、虹の色の数が民俗によって異なることを、ことばの恣意性の根拠にあげたりするが、奇妙な論法である。日本では一般的に、虹を七色とするが、それはそう教えられたからであり、しかもナナイロというのがヤイロやココノイロよりことばのひびきがよいからでもあろう。「七色」といってもひとまとまりの概念であって、ふつうは七色を分析して把握したものではない。

文化人類学者がやってきて、たとえば日本語に黒、白、赤、青の四種しか色彩語がなかったと言われている時代に、いきなり虹の色は何色かと聞かれれば、「赤と青」と答えてしまうかもしれない。調査団がぞろぞろと帰ってしまってから、待てよ、木の葉の色、草の葉の色、粟の色、柿の実の色もあったと思い出すかもしれない。汗して働いている人々にとって、虹の色は虹色であって、その分析など縁の遠いことかもしれないのである。

キリスト教では神は一つ、ヒンドゥー教では神は無数といっていいほどだそうだが、こうしたものを恣意性とはいわない。

我々はトウガラシのからさ、カレーのからさ、ワサビのからさを明確に識別している。それぞれのからさを意味とするなら、その違いは明確に認識しているのだが、ことばとしては「からい」の一語で済ませている。それは、それぞれのからさの原因となるトウガラシなりカレーなりワサビなりを示すことで、そのからさが認識されるからではなかろうか。

しかし、塩からさは、塩そのものの場合はともかくとして、たとえば鮭の切り身を示されても、それがからいかどうかは分からない。魚屋でも「甘さけ」「塩さけ」などと札を立てて区別させていたりする。地方によっては、「からさ」の中から塩からさだけを「しょっぱい」ということばで取り立てて区別する場合もある。しかし、あえてこれをことばで分けずとも、コンテキストによって区別できることもあるからか、「しょっぱい」を持たない地方もある。ことばの恣意性といっても、この程度のことではなかろうか。

三、和語と漢字のずれ

ことばを文字化する必要性が大なるものとして、まずあげられるのが人名や物品名ではなかろうか。人や物の識別のための用途がある。ところで、木簡をはじめとする七世紀の文字資料によって知られたところは、それらの表記がはじめに表語文字（表意文字）としての漢字ではなく、どうやら表音文字としての漢字でなされたらしいことである。

難波宮木簡の「伊加比《いかひ》」「支多比《きたひ》」、飛鳥京木簡の「佐祁《さけ》」「田比《たひ》」「布奈《ふな》」などは、平城宮木簡では「胎貝」「腊」（干物）あるいは「鮭」「鯛」「鮒」などと書かれる傾向にある。人名はともかく、物品名までが表音表記でなされたのはなぜであろう。ひょっとしたら、最初の和文表記は、表音表記によってなされた可能性すら考えられる。

和文を漢字で書く場合、まず考えられるのは漢文で書くことである。これはしかし、漢文訓読の発達していない段階では、中国語に翻訳してから書くということを意味する。それを読む場合は、もちろん、中国語で読むことになる。和文のまま書こうとするなら、ごくありふれた語を除いては、表音表記にせざるを得なかったかもしれないのである。

もっとも、動植物名などは、よほどそれに詳しい者でなければ、日本の何が中国の何に相当するのか、分かりにくかったことも考えられる。日本にあって中国にない動植物もあったであろう。とすれば、まずは表音表記し、次にあるいはナマズを表わす「鮎」を持ってきてアユに宛てたり、ユスラウメを表す「桜」を持ってきてサクラに宛てたりせざるを得なかったのかもしれない。しかし、そもそも漢文訓読などは、相当に文章能力が進んでからのことではないか。……こうした謎の解明のため、ひたすら六世紀木簡の出現を待っているところである。

注

（1）平林章仁『鹿と鳥の文化史―古代日本の儀礼と呪術―』一九九二年　四一ページ
（2）辰巳和弘『風土記の考古学―古代人の自然観』一九九九年　九四ページ
（3）金子裕之　日本の美術5『まじないの世界Ⅰ（縄文〜古代）』一九九六年参照。
（4）佐原真・春成秀爾　歴史発掘5『原始絵画』一九九七年
（5）注（4）参照。
（6）大塚柳太郎『トーテムのすむ森』一九九六年　四七ページ

〈**追記**　ソシュールの言う、ことばの恣意性とは、たとえば犬を、イヌ、ドッグ、コウなどと、それぞれの言語による恣意的な音声による記号、つまりことばで呼ぶことを指す。「ある言葉が指すものは、世界のなかにある実物ではない。その言葉が世界から勝手に切り取ったものである。また、言葉がなにを指すかも、社会的・文化的に決まっているだけである（自然現象のなかに根拠がない）」（橋爪大三郎『はじめての構造主義』一九八八年　四七ページ）。このように、元来は「自然→文化→言葉」であるものを、「言葉→文化→自然」とひっくりかえしてとらえるのが、西洋観念論らしいとは言えよう。〉

10 万葉集と庭園

はじめに

日本で「庭園」と言えるものは、推古期にはじまる。

是歳、自二百済国一有二化来者一。（中略）仍令レ構二須弥山形及呉橋於南庭一。（『日本書紀』(1) 推古二十年五月）

是《こ》の歳《とし》に、百済国《くだらのくに》より化来《まゐおもぶ》ける者《ひと》有《あ》り。（中略）仍《よ》りて須弥山《すみせん》の形と呉橋《くれはし》を南庭《おほば》に構《つ》かしむ。

右の記事によって、推古期には渡来人による造園があり、苑池がすでにあったと見られている。有名なのは、蘇我馬子が池を造らせていた次の記事である。

家二於飛鳥河之傍一。乃庭中開二小池一。仍興二小嶋於池中一。故時人曰二嶋大臣一。（『日本書紀』推古三十四年五月）

飛鳥河《あすかがは》の傍《ほとり》に家《いへゐ》せり。乃《すなは》ち庭中《にはのうち》に小池《ちひさきいけ》を開《ほ》れり。仍《よ》りて小島《ちひさきしま》を池《いけ》の中《なか》に興《つ》く。故《かれ》、時人《ときのひと》、島大臣《しまのおほきみ》と曰《い》ふ。

この馬子の邸宅が、後に離宮に、さらに草壁皇子の宮殿になったとも言われている。(2)

島の宮勾《まがり》の池の放《はな》ち鳥《とり》人目に恋ひて池に潜《かづ》かず
（『万葉集』(3) 巻二・一七〇　柿本人麻呂）

この「島の宮」がそれである。

一九七一年度から一九七三年度にかけて明日香村の島庄遺跡が発掘調査され、約四二メートル四方の方形の池の遺構が確認された。さらに、一九八七年に、この「勾の池」の推定地に接した所から再び苑池の遺構が発掘された。石組みによる水路と素掘り溝が組み合わさった構造のもので、自然の川を模したものと見られ、「島の宮（嶋宮）」の庭園の一部分と考えられている(4)。

この苑池遺跡をはじめ、近年、七、八世紀の庭園の発掘があいついでいる。

斉明天皇の祭祀を行ったと見られている酒船石遺跡など特殊なものもある。一九九九年の調査によって確認された飛鳥京跡苑池遺構は、天武十四年に記録のある白錦後苑とも推定され、つまり飛鳥浄御原宮の内苑で、嶋宮は外苑であったとも推定されている(5)。ここからは、「丙寅年」（天智五年）、「戊寅年」（天武八年）、「戊子年」（持統二年）の紀年を持つ木簡が出土している。

飛鳥寺との関わりが言われている飛鳥池遺跡では、天智九年、天武五年、天武六年にあたる紀年の記された木簡が出土しており、この時代の貴重な文字資料が得られている。

奈良時代の平城宮東院庭園は、すでに復原されていて、現地で景観を見ることができる。古墳の周濠を埋めて園池に造り変えたものと見られており、朝鮮慶州の雁鴨池を模倣し縮小したものとも考えられている(6)。新羅宮廷の施設であった雁鴨池は、水中に蓬莱山などをかたどる三基の島を築き、東岸には山岳をかたどる築山がある。「西岸の宮殿は「臨海殿」であり、ここには園池を海とみる観念が息づいている(7)」と金子裕之氏は書いている。また、この三神山をかたどった三基の中島のあることから、「嶋の造営はある種「桃源郷」の再現に通じる。そこに息づくのは神仙思想であり、浄土思想であろう」とも論じている。

日本の古代苑池は、これら新羅や百済の強い影響下にあり、ひいては大陸の庭園文化の影響のもとにあったわけである。こうした課題もふくめ、古代苑池については、考古学などの分野で研究が進展中で、今後の成果が期待されるところである。

ここでは、こうした発掘調査の展開を背景に置いて、古代庭園が『万葉集』その他の文学作品にどのように関わっているか見ていくこととする。

なお、言われているように(8)、現代の「庭園」に一致することばは、上代のヤマトコトバにはなく、「しま・その・には」あるいは「やど」などが、その本来の意味を延長させて使われることにより、庭園を表現したが、それぞれの語の意味内容の示すところには微妙なずれがあり、ここではそれらを総合した概念として、古代庭園を考えるものとしたい。

一、大伴家持の庭園歌

珠に貫《ぬ》く楝《あふち》を家に植ゑたらば山霍公鳥離《か》れず来《こ》むかも　（巻十七・三九一〇）

これは、大伴書持が兄の家持に贈ったものである。のち越中にいて家持は、長逝した弟を悲しんで長歌とその反歌を作っている。その長歌の語句「萩の花にほへる屋戸《やど》を」（巻十七・三九五七）に注記して「言ふこころは、この人、人となり花草花樹を愛でて多く書院の庭に植う。かれに花薫へる庭と謂へり」と書いている。戸谷高明氏は(9)、「書院の前は庭になっていて、そこに季節の花々が色美しく咲き、花の薫りを漂わせていたのであろう」とする。その挽歌に、書持の庭園好きが、草木に対する愛好ぶりが特別に述べられているわけであるが、そう述べた家持も、なかなかの庭園愛好者である。彼の歌日記とも称されている巻十七〜巻二十の四巻から、庭園とその植栽に関して記された部分のうちのいくつかを、試みに列挙してみる。和歌だけでなく、詞書や注記をも含めた。

「この山吹を見せつつもとな」（巻十七・三九七六）、「庭中の石竹花《なでしこ》の花を詠む歌一首、一本《ひともと》のなでしこ植ゑし」

（巻十八・四〇七〇）、「遷任せる旧宅の西北の隅の桜樹を詠《うた》ひ云ふ、わが背子《せこ》が古き垣内《かきつ》の桜花」（巻十八・四〇七七）、「庭中の花を詠《なが》めて作る歌一首、……石竹花《なでしこ》を屋戸《やど》に蒔《ま》き生《おほ》し夏の野のさ百合《ゆり》引き植えて」（巻十八・四一一三）、「春の苑の桃李《ももすもも》を眺《な》矚《が》めて作る二首、春の苑紅《そのくれなゐ》にほふ桃の花」（巻十九・四一三九）、「わが園の李《すもも》の花か」（巻十九・四一四〇）、「花橘を屋戸《やど》には植ゑずして」（巻十九・四一七二）、「卯《う》の花を腐《くた》す霖雨《ながめ》の」（巻十九・四二一七）、「屋戸《やど》の黄葉《もみちば》散りぬべく見ゆ……梨の黄葉《もみち》を矚《み》て此の歌を作れり」（巻十九・四二五九）、「八千種《やちくさ》に草木を植ゑて」（巻二十・四三一四）、「八峰《やつを》の椿つらつらに見とも飽かめや植ゑてける君……植ゑたる椿に属《つ》けて作れり」（巻二十・四四八一）。

右の例からも、彼の草木に対する関心の深さが知られるが、これは言わずもがなのこと、すでに周知のことであった。彼の父、大伴旅人が庭園に関心のあったことも、次の作品などによって知られている。

妹として二人作りしわが山斎《しま》は木高《こだか》く繁くなりにけるかも　（巻三・四五二）

庭園への愛好は、大伴親子に限らない。金子裕之氏は[10]「『万葉集』によると、奈良期貴族は競って嶋を営んだようである」と書く。また、田辺征夫氏は[11]「平城京の園池は、一口で言って、高級貴族の間での政治サロンとしての役割を強くもっていた」と指摘する。長屋王邸で鶴を飼っていたことが、木簡に鶴の飼料として米を支給した伝票のあることから知られており、これをめぐって金子裕之氏は[12]「鶴は神仙とともに天空に翔き、琴の音は神仙がこよなく愛した。王邸の庭園に遊ぶ貴族は、鶴を賞《め》で、琴を弾きつつ杯をかたむけ、自らを中国の伝説上の神仙になぞらえたことだろう」と述べている。天皇が外国からの使節などをもてなすために、豪華な庭園で歌舞管弦の宴を催し、それがまた儀式にも兼ねられたであろうように、貴族たちの庭園も社交のための風流の場として使われ、それがまた政治にも関わりをもったのであろう。『万葉集』に関して言えば、例の梅花の宴（巻五・八一五に、大宰府の帥大伴旅人がひらいたとある宴会）をはじめとして、庭園を前に宴を催し、参加者が和歌を詠むという例は少なくない。巻二十の『万葉集』が終わりつつあるあたりにも、そうした作品が並んでいる。

　　山斎《しま》を属目《み》て作る歌三首

鴛鴦《をし》の住む君がこの山斎《しま》今日見れば馬酔木《あしび》の花も咲きにけるかも　（四五一一）

　右の一首は、大監物御方王のなり。

池水に影さへ見えて咲きにほふ馬酔木《あしび》の花を袖に扱入《こき》れな　（四五一二）

　右の一首は、右中弁大伴宿禰家持のなり。

磯影の見ゆる池水照るまでに咲ける馬酔木《あしび》の散らまく惜しも　（四五一三）

　右の一首は、大蔵大輔甘南備伊香真人のなり。

その少し前、中臣清麿の宅で宴《うたげ》した際の十五首の中に、家持の次の作品がある。

君が家の池の白波磯に寄せしばしば見《み》とも飽かむ君かも　（四五〇三）

式部省の次官の家の池に、少々風が吹いたくらいで白波がたつとも思えないが、苑池の景色は海洋の風景なのであり、岸辺にありありと白波が寄せているのが見えたのである。そう見なしたのではなく、それが見えたのだ。なお、草木への愛好は、高級貴族にとどまらない。ささやかながら、下級官人たちも同様であったであろう。

　七、八世紀ごろ成立した歌詞を集めたものとされる『催馬楽』(13)に次の歌謡がある。

□家之韓藍花今見者難写成鴨

……家の韓藍《からあゐ》の花今見れば写し難くも成りにけるかも

これは正倉院文書に残された写経生の和歌である。彼らの家の庭にも、韓藍（ケイトウ）の花などが咲いていたのである。

庭に生《お》ふる唐薺《からなづな》はよき菜《な》なり　はれ　宮人の提《さ》ぐる袋をおのれ懸《か》けたり

庭に野菜の作られるのは、後の時代も同じと言えようか。「新京朱雀《（しんきやうす）ざか》のしだり柳　または田居《たゐ》となる　前栽秋萩《せんざいあきはぎ》撫子《なでしこ》　蜀葵《からほひ》しだり柳」は、平安京に移って間のないころの作で、田と隣りあっている庭に、はぎ、なでしこ、からあふひなどが咲き、しだり柳がなびいている様を歌ったもの。新京の朱雀大路のわきの庭が歌われている。歌のにない手たちの庭とは限らないが、眼には親しい風景であったと思われる。このように、四季の草花をめで植物を愛好する国民性がすでに当時にあったことが知られるがこれも周知のことか。

　大伴家持などに見られる庭園歌ともいうべき作品の流れは、実はすでに、山部赤人にも見られたものである。

わが屋戸《やど》に韓藍《からあゐ》植ゑ生《おほ》し枯れぬれど懲《こ》りずてまたも蒔《ま》かむとそ思ふ　（巻三・三八四）

わが背子《せこ》に見せむと思ひし梅の花それとも見えず雪の降れれば　（巻八・一四二六）

恋しけば形見にせむとわが屋戸《やど》に植ゑし藤波いま咲きにけり　（巻八・一四七一）

家持の叙景的傾向の作風のものに、赤人からの流れを受けつぐところのあることは、言われてきた[14]が、その基盤に庭園、ひいては草花に対する愛好があったと言えよう。もし家持の一面をとらえて庭園詩人と呼ぶなら、すでに赤人にもその一面があったのである。

二、懐風藻と庭園

　ところで、庭園を詩歌に詠むことは、まず『懐風藻』において行われた。その前半は肆宴での詩が多く、後半には長屋王等の邸宅での、つまり私宴での詩が多いことなど言われているとおり。「高級貴族の私邸で文人たちを集めて競って詩宴が催され、初唐詩序の形式に則った序まで付して文雅の趣向が凝らされた[15]」と大久保廣行氏は書く。中西進氏は、『懐風藻』に「山」や「水」に関する語が多いことを指摘し[16]、「右の諸語は曲水宴を中心とする園池の情景でもあった」「彼らは庭園の自然の中にも山水の美を集約して歌っていた」と書く。

大伴家持の「紅にほふ桃の花」（巻十九・四一三九）の源泉として、「曄桃」（54）、「映浦紅桃」（88序）、「園池昭灼桃李笑而成蹊」（94序）をあげ、「谿曠竹鳴融」（47）の竹のさやぎや、「含霞竹葉清」（50）とある長屋王宅の風景は、「いささ群竹吹く風の音のかそけき」風景（巻十九・四二九一）を連想させるとも中西氏は述べている。これに付すなら、「以此芳春節。忽値竹林風。求友鶯嫣樹。含香花笑叢。」[17]（8）「此の芳春の節《とき》を以ちて、忽ちに竹林の風に値《あ》ふ。友を求めて鶯樹に嫣《わら》ひ、香を含《ふふ》みて花叢《くさむら》に笑まふ」などは、庭園を散策するときに、おのずから家持の脳裏に浮かんだことであろう。

おそらくこれは、山部赤人などについても言えることではなかろうか。

　　山部宿禰赤人、故太政大臣藤原家の山池《しま》を詠《うた》ふ歌一首

　古《いにしへ》のふるき堤は年深み池のなぎさに水草《みくさ》生ひにけり　（巻三・三七八）

赤人はともかく、少なくともその読者の中には、『懐風藻』の「衿を開きて霊沼に臨《のぞ》み、目を遊ばせて金苑《きんゑん》を歩む。澄清《ちようせい》苔水《たいすゐ》深く、晻曖《あんあい》霞峰《かほう》遠し」等を思い浮かべる者もいたであろう。

こう見てくると、次のような家持の代表作は、漢詩の世界を和歌に詠みとったもののようにも思えてくる。漢詩の影響は今さら言うまでもないが、より深いつながりが見えてくるのである。

　春の苑紅《そのくれなゐ》にほふ桃の花下照《したで》る道に出で立つ少女《をとめ》　（巻十九・四一三九）

　春の野に霞たなびきうら悲しこの夕かげに鶯鳴くも　（巻十九・四二九〇）

　わが屋戸のいささ群竹《むらたけ》吹く風の音のかそけきこの夕《ゆふべ》かも　（巻十九・四二九一）

影響関係といっても、たとえば右の「霞たなびき」に大伴旅人の「煙霞接早春（煙霞《えんか》早春に接《つら》く）」（44）をただちに結びつけようとするようなところにはない。中西氏は[18]、『懐風藻』の「詩人たちにとって、やわらかな夕陽が詩

興をさそった。ということは、煙れる自然を愛したということと一体をなすだろう」と書き、波止岡旭氏は[19]、この「煙霞」の用例を六朝から初唐にかけての中国の詩文に調べ、それらの詩の世界が、日本の大和・吉野の風土に近い湿潤な南方の風土にあったこと、南方のもやのかかった山水美の象徴語として「煙霞」が使われるようになっていったことなどを考察する。漢詩文から和歌への影響を見るなら、こうした総合的な文化のありようを考えた上で言わねばならないであろう。

ところで、これらの作品の成立に、漢詩からの影響があるとして、さて、書斎の机の上で、『懐風藻』を開いて筆を走らせたからといって、右の和歌が生まれるというものではない。作者には創造のための場、モチーフが生じる場がある。右の家持の作品のうち、春愁二首について、金井清一氏は[20]「明らかに自宅庭園での感懐である」とする。四二九〇番歌について金井氏は、「邸内の庭にたたずみ、遠く若草山の斜面などを望みながら邸の庭に射し込む夕陽を受けた木立の辺にうぐいすの声が聞こえるというものであろう」とし、四二九一番歌は、「対するに後歌は、同じく夕景を歌うのであるが、時はや、経っていよう。光は薄れ、さきほどまで鳴いていたうぐいすも今は去り、静寂の訪れた薄明の時刻である。遠景はすでに視界から消え、かわって聴覚の世界が顕する」「締緒を展《の》ぶる具は歌であり、締緒を展ぶる場は彼がひとりたたずむ庭園であった」とする。歌の内容は、このとおりであり、解釈としてはみごとである。しかし、あくまでも作品の内側に立って言っているのであり、つまり、詩的空間について言ったものである。金井氏は、家持の小庭園について、若年の日より人生の悲哀を歌うよすがとして存した庭園、「作者の内面に作者と分かち難く存在している」庭園とも述べている。

つまり作品の中の庭園は、内的世界における庭園であって、必ずしも、外的世界、つまり現実の庭園と一致しない。その内的世界の庭園を育てたのは、もちろん人生経験もあるが、多くの漢詩や和歌による読書体験もこれに働きかけたであろう。

先の四一三九番について、呉哲男氏[21]は次のように論じている。
この歌が、詩経や遊仙窟の春景の表現や鳥毛立屏風の樹下美人図などの影響を受けながら作られた虚構の風景であることは、誰れしもが指摘するところである。（中略）現実の景は家持の知覚には見えていないということである。しかし、重要なことはここに描かれた世界は、家持がかつて親和していた都の風景から閉ざされることで内的になった精神が見出した新たな外界であったということである。（中略）たとえ虚構の風景であったにせよ、それが現実以上のリアリティをもって家持の知覚上にせりだしてきたということである。
家持の創造のありかたを論じた重要な個所なので、長文に渡って引用させていただいた。これに近いことは、先の春愁の歌についても言えるのではなかろうか。

これが都の住みなれた屋戸（やど）の庭園であったとしても、もはや越中に向かう前の庭園ではない。幼時よりともに育った書持はじめ、ともに過ごした幾人かはここにはいない。草木にしても、もとのままではない。違う時間における同じ空間は、もはや違う空間のようにも感じられたであろう。そこでは彼は、現実の向こうに、漢詩などから摂取して自分の心象となした詩的世界、現実とも虚構ともさだかに分けがたい彼独特の詩的世界の風景をリアリティをもって見ていたのであろう。

ところで、鬼頭清明氏[22]は聖武天皇の御製といわれる歌、「あをによし奈良の山なる黒木もち造れる室は座せど飽かぬかも」（巻八・一六三八）と、『懐風藻』の長屋王の「初春於作宝楼置酒一首」とを比べ、「前者の歌が、黒木造りと称しているような佐保の宅の素朴な自然との一体感を基礎にして歌われているのに対して、同じ場所を素材にした長屋王の詩は、そのような自然への素朴な情感よりは、詩はかくあるべきであり、山水はこうでなくてはという中国の文芸への観念的追慕以外のものは認めにくくなっている。いわばここは長屋王のたてまえの世界が表現され、前述した内実の自然的、非都市的世界は後景にしりぞいてしまっているように見える」と書いている。

『懐風藻』の漢詩は、おおよそは中国の詩文からモチーフや語句を借りて成ったもので、『万葉集』の和歌は、漢詩の詩想を自分のことばにし、自分の内実として、影響を受けるなら影響を受けている。ただし、語句や文章を学ぶだけでは、生きたものとして、つまり自分の内実として作品を生み出すことはできない。

そこで、漢詩の心象なりモチーフなりを自分の内面世界のものとするのに、現実の庭園がモデルとして働いた、つまり庭園という文化が移し入れられ、造園という経験を得、自分のことばで内省し表現することで、イメージやモチーフが自分のものとなり、作品が創造されるようになった。つまり、庭園という大陸から伝わった文化が、中国の詩のことばやモチーフを日本化して再生するための、場となったと言えよう。つまり庭園やその植栽や池が、漢詩のイメージを再生するためのモデルとして働いたと言える。

なお、戸谷高明氏は、[23]「門の周辺や、庭園（中略）は四季の自然をうたう叙景歌の背景となった」と書き、呉哲男氏は[24]「こうして誕生した天平時代の貴族階級の審美的な感受性は、その隅々まで苑《その》（庭園）の視線を内包するものであった。私は、そこに律令制度を背景にした都市の園芸化ともいうべき現象を見出すのである。／大伴家持は、宮廷歌人としての役割からではなく、自らの意思で和歌を園芸として詠むことを試みた最初の作家であった」と論じている。

三、初期抒情歌と庭園

多くの論考を引用しながら話を進めてきたため、いささか紙幅を多く使ってしまったが、さて、ここで述べたいのは、日本の抒情歌の初期に位置するであろう次の作品たちも、漢詩の影響を庭園を仲だちとして受け入れることで生まれたものではないかということである。まず『日本書紀』の次の作品。

山川《やまがは》に鴛鴦《をし》二つ居て偶《たぐ》ひよく偶へる妹を誰か率《ゐ》にけむ
本毎《もとごと》に花は咲けども何とかも愛《うつく》し妹がまた咲き出来《でこ》ぬ
（大化五年三月）

渡来系氏族の野中川原史満が、妃を死なせて悲しみの中にある中大兄に奉った歌である。はじめの作品は、『詩経』の詩をふまえた作品であると説明されてきた。契沖『厚顔抄』以来の通説となっている。身﨑壽氏[25]はこれを否定し、「漢土における「鴛鴦」にまつわる発想・表現の伝統」をその背景に見ている。いずれにせよ漢詩文の影響下に作られたとは言え、山路平四郎氏[26]が「単なる属目風景と云うより、観念の具象化として捉えている風物であろう」と書くところである。もう一方の作品も山路氏が、「変わらぬ自然と、その中で遷移する人生とを対させたもので、東洋詩の伝統であり」と述べるとおり。

ところで、大来皇女に次の作品がある。

磯《いそ》のうへに生《お》ふる馬酔木《あしび》を手折《たを》らめど見すべき君がありと言はなくに
（巻二・一六六）

これについて、渡瀬昌忠氏[27]は「皇子の宮での属目による文学発想」と喝破している。「磯」を庭園の石組だと考えたのである。先に引用した「山斎を属目て作る歌三首」の池のほとりに馬酔木が咲いており、四五一一番歌では「鴛鴦」までがいる。

さて、大来皇女の「馬酔木」が苑池の磯のそれだとすれば、孝徳紀の「山川」にいた「鴛鴦」も苑池のそれがイメージのモデルとなったものではなかろうか。池には川としての水の流れが付属する場合もある。はじめに述べた嶋宮の場合もそうであった。川の流れが池として利用されることもある。飛鳥京跡苑池遺構では、センダン（あふち）、ウメ、モモ、ナシ、スモモ、ハスなどの種実や花粉が検出されているが、「本毎に花は咲けども」もまた苑池の風景にあったものではなかろうか。とすれば、孝徳紀の二首は、漢詩文の影響のもとに、観念を具象化したものではあるが、その媒介として、すでに推古期から伝わっていた古代苑池があったわけである。

次に、『古今集』仮名序に、手習いのはじめとして紹介されている作品をあげたい。

難波津に咲くやこの花冬こもり今は春べと咲くやこの花

古註によると、王仁の作となっていて、山路平四郎氏(28)は「あるいは歴史的事実を反映している」伝承だったかも知れないとする。つまり、次のように論じている。

これらの記載は、上代の宮廷内に、一面後世の祐筆的な面を持ち、一面作曲者的もしくは弾奏者的な面を持った帰化系人物の存在を思わせるものであるが、実はこうした外国文芸の知識をもった人々を軸として、先ず宮廷内の歌曲が、集団の謡物から個人の抒情を歌う歌謡へと回転し、ここに歌謡の脱古代化へと拍車がかかったように思われる。

「これらの記載」とは、野中川原史満はじめ、『日本書紀』に書かれた歌に関わる渡来人たちの記載を言ったもので、納得できる論である。この「冬こもり今は春べと」は、額田王の「冬ごもり春さり来れば」（巻一・一六）と同様、季節の移り変わりを歌ったものである。大陸から伝わった暦などの知識を持った知識人によってはじめて詠みえたものではなかろうか。

『万葉集』には収められていないこの歌は、木簡には多く書かれている。

・□〔見カ〕矢己乃者奈夫由己□□〔利〕伊真者々留部止

・□〔夫〕伊己冊利伊真役春マ止作古矢己乃者奈

（平城宮木簡『木簡研究』二三号）

「冊」（柵）は、中にあるものを守るから、これを動詞のモルに宛てたのであろうか。文字の遊びが考えられるが、「夫伊己冊利《ふいこもり》」の「伊」や「作古矢《さこや》」の「古」は音が訛ったのであろうか。手習いの見本を写したにしては、ずれが大きい。遊びとして、わざとこのような崩れた音で書いたのか、外国語を母語とする者が耳なれない日本語を写し取ったのか、地方の者がその土地の音声で写し取ったのか、それはともかくとして、この難波津の歌が、ずいぶんと多く書かれて来たことをこれは示すであろう。

これには、この歌の調べのよさや、ナニハヅという地名の持つことだま（「魚《な》＝海の幸」の豊かな「ニハ＝おだやかな海」のきらめくようなイメージが喚起されたかもしれぬ）もさることながら、冬が終わり春の花咲く季節を迎えた喜びを歌った新鮮さが感動を呼んだためではなかろうか。もし、渡来系の作者が作ったとすれば、この「花」には、まず第一に梅がイメージされたであろう。もし、そうだとすれば、ここにも古代苑池の風景が、媒介として働いている可能性がある。

大和《やまと》には群山《むらやま》あれどとりよろふ天《あま》の香具山登り立ち国見をすれば国原は煙立ち立つ海原《うなはら》は鷗《かまめ》立ち立つうまし
国そ蜻蛉島《あきづしま》大和の国は　（巻一・二　舒明天皇）

この作品については、香具山の山頂から海は見えないという問題があり、論じられて来たところである。つまり、海は見えない、だからこれは、埴安池だというのが真淵以来の説らしく(29)、国語学の権威、山田孝雄の『萬葉集講義(30)』にも「さてこの海原とは何処ぞと考ふるに、香山にてよませたまへるなれば、大和国内にして、しかも目前に見てよませたまへるものなれば、蓋し、埴安池をさして宣へるならむ」とある。

しかし、先に見たように、後の家持でさえ、貴族の私邸の池を白波の寄せる海と見ているのである。まして嶋宮などの苑池は、まごうことなき海である。詩歌に親しむ者の幻視というわけでなく、たとえば後世の我々も、寺院の小さな石庭を大海原とも見る。現在ではこの「海」を海と見る説が有力となっているようだが(31)、当然のことである。たとえ埴安池や嶋宮の池であっても海なのだ。辰巳正明氏が、「国が海と対となるのは、漢文的な対句の知識を踏まえた表現であろう(32)」と指摘している。特に作品の後半部分は素朴な伝承歌とはとても言えないように思われ、おそらく、作品成立(33)の最終的な段階では、漢詩文の心得のある者の手が加えられているのではなかろうか。漢詩文の素養とイメージモデルとしての苑池が、この作品の背景にも存在しているであろう。

おわりに

家持らの作品が、庭園に関わりの深いことは周知のことだが、それらの作品のいくつかは、漢詩文の観念や素材やモチーフを、現実の庭園を媒介として内面化することで、新しく和歌として作りあげていったと見ることができる。そして、このことはすでに、孝徳紀歌謡、あるいは難波津の歌、あるいは『万葉集』舒明天皇国見歌など、歌謡から和歌に変わる時期の最初期作品たちについても言えるであろう。

注

（1）以下『日本書紀』およびその読み下し文は、新編日本古典文学全集（小学館）によった。
（2）澤瀉久孝『万葉集注釈』巻二、三〇〇ページなど参照。
（3）以下『万葉集』およびその読み下し文は日本古典文学大系（岩波書店）によった。ただし漢字の字体など一部変えている。
（4）千田稔『飛鳥――水の王朝』二〇〇一年九月　一一三～一一五ページ参照。ただし、河上邦彦「水の都――飛鳥京跡」（『飛鳥に学ぶ』二〇〇一年一二月）では、この方形池を貯水池と見ている。
（5）奈良県立橿原考古学研究所編『飛鳥京跡苑池遺構調査概報』二〇〇二年一〇月、河上邦彦氏の「あとがき」による。
（6）本中真『日本古代の庭園と景観』一九九四年一二月
（7）金子裕之「宮廷と苑池」（『古代庭園の思想――神仙世界への憧憬』二〇〇二年六月　三二ページ・四六ページ）
（8）金井清一「庭園」（『万葉の歌と環境』一九九六年一〇月）など参照。
（9）戸谷高明「万葉歌小考―庭園をめぐって―」（『国語と国文学』一九六九年一〇月）

(10) 注（7）に同じ。四一ページ
(11) 田辺征夫「万葉貴族の邸宅と園池」（『大伴家持と女性たち』一九九九年三月　一七二ページ）
(12) 金子裕之『平城京の精神生活』一九九七年九月　一七八ページ
(13) 以下『古代歌謡集』日本古典文学大系（岩波書店）による。頭注なども参照。
(14) たとえば、鈴木日出男「和歌の物象と風景」（『歌われた風景』二〇〇〇年一〇月）
(15) 大久保廣行「梅花の歌と懐風藻」（『古代文学』25　一九八六年三月　一四ページ）
(16) 中西進「懐風藻の自然」（『日本漢文学史論考』一九七四年一一月　六六・六七ページ）
(17) 以下『懐風藻』およびその読み下し文は日本古典文学大系（岩波書店）による。
(18) 注（16）、七五ページ
(19) 波戸丘旭『上代漢詩文と中国文学』一九八九年
(20) 注（8）、一五三・一五四ページ
(21) 呉哲男「家持の「属目」歌」（『古代文学』21　一九八二年三月）
(22) 鬼頭清明「万葉人の生活」（『古代木簡と都城の研究』二〇〇〇年三月　八二ページ）
(23) 注（9）に同じ。
(24) 呉哲男「庭園の詩学」（『古代言語探究』一九九二年二月　九九ページ）
(25) 身﨑壽「野中川原史満の歌一首―孝徳紀歌謡一一三の表現をめぐって―」（『国文学 言語と文芸』79号　一九七四年一一月）
(26) 山路平四郎『記紀歌謡評釈』一九七三年九月　四五八ページ
(27) 渡瀬昌忠「文学の場としての「島の宮」――皇子文化圏」（『国文学』一九八二年四月　五三ページ）
(28) 注（26）、四五七ページ
(29) 山路平四郎「国見の歌二つ」（『国文学研究』一九六四年三月）参照。
(30) 山田孝雄『萬葉集講義』巻一　一九二八年二月　三〇ページ

（31）　注（29）をはじめとする諸論考。神野富一「舒明天皇国見歌攷」（『甲南国文』一九八二年三月）および梶川信行『初期万葉をどう読むか』（一九九五年一一月）によれば、神野富一、森朝男、伊藤博、古橋信孝、中西進らの論考があげられている。大久間喜一郎「明日香川に寄せる哀歓」（『水辺の万葉集』一九九八年三月）、鉄野昌弘「舒明天皇の御製歌」（『セミナー万葉の歌人と作品』第一巻　一九九九年五月）などもこれに加え得るであろう。すでに通説と言えるか。

（32）　辰巳正明『万葉集と中国文学』第二　一九九三年五月　二八九ページ

（33）　この作品と国家儀礼との関係については、中西進『万葉集の比較文学的研究』上巻　一九六三年一月、辰巳正明、注（32）、森朝男『古代和歌の成立』一九九三年五月などに述べるところがある。

第二部　古事記の成立と日本書紀

1　木花之佐久夜毘売

　数年前に、記紀の類似部分を抜き出して対比させた資料を作ったことがある。一挙に紹介するにはあまりに多量なので、それぞれテーマの異なる五編の拙稿[1]の中で、神代のはじめから後へと、順を追って引用して来た。一応、『古事記』上巻の終わり、『日本書紀』神代の終わりまでたどりつき、振り返って考えると、たとえば伊耶那岐・伊耶那美の国生みの条における『古事記』と『日本書紀』一書第一など、それらについては別の拙稿において述べることとするが、類似性の強いいくつもの話があった中で、一つの説話全体を通じて、最も類似部分が大きいと思われるのが[2]、『古事記』の「木花之佐久夜毘売」と『日本書紀』の一書第二の「木花開耶姫」の話であった[3]。記紀の成立や影響関係を考える手がかりとして重要な部分と見られるので、ここで国語学の立場から詳しく分析してみる。

一

　この両者の間には、同一の文を表記や用字を変えて、一方は和化漢文、一方は純漢文と両様に書いたのではないかと思われるほど酷似した部分が見られる。海幸山幸説話などでも見られたことではあるが、ここではそれが特に著しい。

まずは次に、漢文体表記の『日本書紀』を先に、和化漢文体表記の『古事記』を後に並記して、両者を対照してみる（本文は小学館の日本古典文学全集、荻原浅男・鴻巣隼雄校注『古事記　上代歌謡』昭和四十八年十一月、および新編日本古典文学全集、小島憲之・直木孝次郎・西宮一民・蔵中進・毛利正守校注『日本書紀』①平成五年四月による。ただし以音注などを省略した）。

1 後遊二幸海浜一、見二一美人一。

於レ是天津日高日子番能邇々芸能命於二笠紗御前一遇二麗美人一。

紀では述語「遊幸」が入ることで、文が二つに分れる。短い文の積み重ねによって分析的に組み立てられるのは、『日本書紀』の文章の一般的な傾向である。紀の「見一美人」と記の「遇麗美人」では、用字から見て、記の方がむしろ漢文的である。

2 皇孫問曰、汝是誰之子耶。

爾問二誰女一、

紀の方が主語や付属語を明記していて、念入りであり、特に「之」「耶」は和化漢文風にも思われるが、述べ方は翻訳調である。主語を明示しない記の方が、会話文の実際に近いであろう。

3 対曰、妾是大山祇神之子、名神吾田鹿葦津姫、亦名木花開耶姫。

答白之、大山津見神之女、名神阿多都比売、亦名謂二木花之佐久夜毘売一。

用字を別とすれば、記紀はほぼ同じであるが、紀は主語「妾」を明示している。主語を記さない『古事記』の方が、より口承のままの形に近かったかと思われる。

4 因白、亦吾姉磐長姫在。

又問下有二汝之兄弟一乎上、答二白我姉石長比売在也一。

記では問いが繰り返されるが、紀ではそれが省略され、はじめの答えに次の答えが続けられる。他の部分でも見られることではあるが、ここでは「因」があるため、明らかに文が省略されてしまったことが分かるのではなかろうか。問いがあってはじめて返答がなされている『古事記』の方が会話の実際に近いであろう。なお、返答部分の会話文は、口読すればまったく同じ文「わがあね、いはながひめあり」となる。

5　皇孫曰、吾欲㆓以㆑汝為㆒㆑妻。如之何。

　爾詔、吾欲㆑目㆓‐合汝㆒奈何。

紀を訓読すると、いかにも翻訳調で、記と比べ、不自然に感じられる。もっとも記の会話文は、口承の形のままでは、漢文化が困難であったと思われる。それを意訳して漢文化したのが『日本書紀』の形となったのであろう。ただし、その漢文を訓読すると元の口承の形には戻りにくい。『古事記』のこうした部分は、漢文の形を経ずに、じかに和化漢文で書かれたものであろう。もっとも、借音表記（万葉仮名表記）、あるいは音訓交用体ではじめに表記された可能性もないではない。

6　対曰、妾父大山祇神在。請、以垂問。

　答㆘‐白僕不㆓得白㆒。僕父大山津見神将㆖‐白。

女性を主語とする会話文であるから、記の用字「僕」は漢文だと間違いになるのではなかろうか。ただし、当時の和語、つまり和訓では、「妾」でも「僕」でもどちらでも同じである。なお、紀の表現は、いかにも漢文調である。

7　皇孫因謂㆓大山祇神㆒曰、吾見㆓汝之女子㆒。欲㆓以為㆒㆑妻。於㆑是大山祇神乃使㆔二女持㆓百机飲食㆒奉進。

　故乞㆓‐遣其父大山津見神㆒之時、大歓喜而、副㆓其姉石長比売㆒、令㆑持㆓百取机代之物㆒奉出。

紀は5の「欲以汝為妻」をこの部分でも繰り返しているが、その結果、ここでは記の「大歓喜」より具体的な記述となっている。もっとも、記5の「欲目合汝」は、この部分では使えなかったであろう。「百机飲食」「百取机代之物」は、海幸山幸説話に再び「饌百机」（一書第三）、「百取机代物」（記）として現れる。以上でおおよその傾向は知られると思うので、あとの説明は省略する。対比して読めば、両者の相違はおのずから明らかであろう。

8 時皇孫謂二姉為醜一、不レ御而罷、妹有国色、引而幸之。則一夜有身。
故爾其姉者因二其凶醜一、見畏而返送、唯留二其弟木花之佐久夜毘売一以、一宿為レ婚。

9 故磐長姫大慙而詛之曰、仮使天孫、不レ斥レ妾而御者、生児永寿、有下如二磐石一之常存上。今既不レ然、唯弟独見レ御。故其生児必如二木花一之移落。一云、磐長姫恥恨而唾泣之曰、顕見蒼生者如二木花一之俄遷転当二衰去一矣。
爾大山津見神因レ返二石長比売一而大恥、白送言、我之女二並立奉由者、使二石長比売一者、天神御子之命、雖二雪零風吹一、恒如レ石而、常石堅石不レ動坐。亦使二木花之佐久夜比売一者、如二木花之栄一々坐、宇気比弖貢進。此令レ返二石長比売一而、独留二木花之佐久夜毘売一。故天神御子之御寿者、木花之阿摩比能微坐。

10 此世人短折之縁也。
故是以至二于今一、天皇命等之御命不レ長也。

11 是後神吾田鹿葦津姫見二皇孫一曰、妾孕二天孫之子一。不レ可二私以生一也。
故後木花之佐久夜毘売参出白、妾妊身、今臨二産時一、是天神之御子、私不レ可レ産故請。

12 皇孫曰、雖二復天神之子一、如何一夜使二人娠一乎。
爾詔、佐久夜毘売、一宿哉妊。

13 抑非二吾之児一歟。
是非二我子一。必国神之子。

14 木花開耶姫甚以慙恨、乃作二無戸室一而誓之曰、吾所レ娠、是若他神之子者、必不幸矣。
爾答白、吾妊之子、若国神之子者、産時不レ幸。
15 是実天孫之子者、必当二全生一。
若天神之御子者、幸。
16 則入二其室中一、以レ火焚レ室。
即作二無レ戸八尋殿一、入二其殿内一、以レ土塗塞而、方二産時一、以レ火著二其殿一而産也。
17 于レ時燄初起時共生レ児、号二火酢芹命一。
故其火盛焼時所レ生之子名、火照命〔此者隼人阿多君之祖〕。
18 次火盛時生レ児、号二火明命一。次生レ児、号二彦火火出見尊一。亦号二火折尊一。
次生子御名、火須勢理命。次生子御名、火遠理命、亦名天津日高日子穂々手見命。

二

右の1〜18は、便宜的に比較しやすい部分に区切って記紀を対照させたものだが、この中で話が大きく異なっているのは9 10の部分である。相違が大きいため、大きな部分を取って対照する必要が生じた。次に9 10を続けて、両者の訓み下し文を新編日本古典文学全集『日本書紀』および日本古典文学全集『古事記　上代歌謡』より引用しておく。

（紀）故《かれ》、磐長姫、大《おほ》きに慙《は》ぢて詛《とご》ひて曰《いは》く、「仮使《たとひ》天孫《あめみま》、妾《あ》を斥《しりぞ》けたまはずして御《め》さましかば、生《う》めらむ児《みこ》の永寿《みいのちなが》からむこと、磐石《いはほ》の如《ごと》く常存《ときは》ならましを。今し既に然《しか》らずして、唯弟《ただおと》のみ独《ひと》り御《め》さる。故《かれ》、其《そ》の生めらむ児《みこ》、必ず木《こ》の花《はな》の如《ごと》く移落《ちりお》ちなむ」といふ。一《ある》に云《い》はく、磐長姫《いはながひめ》恥《は》ぢ恨《うら》みて唾《つは》き泣《な》きて曰《いは》く、「顕見蒼生《うつしきあをひとくさ》は、木の花の如《ごと》く俄《にはか》に遷転《うつろ》ひて衰去《おとろ》へなむ」といふといふ。此《これ》、世人《よのひと》の短《いのちみじか》折き縁《えに》なり。

（記）爾に大山津見神、石長比売を返したまひしに因《よ》りて大《いた》く恥ぢ、白し送りて言はく、「我《わ》が女二《ふたり》並べて立奉《たてまつ》りし由《ゆゑ》は、石長比売を使はしては、天《あま》つ神の御子《みこ》の命《いのち》は、雪零《ふ》り風吹くとも、恒《つね》に石《いは》の如くして、常石《ときは》に堅石《かきは》に動《ゆる》がず坐せ。亦木花之《このはなの》佐久夜比売《さくやひめ》を使はしては、木《こ》の花の栄ゆるが如《ごと》栄え坐せと、うけひて貢進《たてまつ》りき。此《か》くて石長比売を返さしめて、独《ひと》り木花之佐久夜毘売を留めたまひき。故、天つ神の御子の御寿《みいのち》は、木の花のあまひのみ坐さむ」といひき。故、是を以ちて今に至るまで、天皇命《すめらみこと》 等《たち》の御命《みいのち》長からざるなり。

右のように、『日本書紀』では、醜いとして召されずに返された姉が、「大慙而」あるいは「恥恨而唾泣」して、自分で「詛」を言う。ところが、『古事記』では、娘たちの父である大山津見神が、「大恥」して、そして弁解した上で「天神御子」を批難している。

追い返された姉が恥じ恨んで呪いの言葉を言う『日本書紀』の方が話としては生生しく、原話に近いものと考えられよう。しかし、一方では、『古事記』のように父親を前面に立てて述べると、かりにも神であるものが天孫を批難することとなり、しかも代々の天皇の寿命を短いとすることもはなはだ具合が悪いので、そう書く伝本を意図して避けたとも思われる。また、大山津見神の登場は、次に書かれている海幸山幸説話で、山幸彦の妻となる豊玉毘売の婚姻に、その父親の綿津見神が関与する話と対応しており、あるいは『古事記』成書の時点でこのように整えられた可能性もある。この説話の内容に関する、記紀の成立の前後関係については、なお考えねばならないであろう。

ただ、その文章の表現や表記を見ると、当然のことながら、『古事記』の方が口頭語に近く、口承の際の韻律が伴っているようにさえ感じられる。「雖雪零風吹、恒如石而、常石堅石不動坐」などにそれが顕著で、一方の、『日本書紀』の「如磐石之常存」はそれを漢文式にまとめてしまって、ただの説明になっている。『古事記』の「木花之阿摩比能微坐」は、口承されて来た呪的な、漢訳不能の口頭表現をそのまま借音文字を使って表記したものであり、それに対する『日本書紀』の「如木花之移落」「如木花之俄遷転」は、やはり漢文化することによって、口承文芸の持つ呪的なエネルギーを失ったものと見られる。つまり、表現においては『古事記』の方が、口承された際の文章に近いと考えられる。表記についても、「宇気比弖貢進」などの部分は、漢訳以前の形を残したものであろう。祝詞などの表記に近いものであるが、口読した場合の調べも、祝詞などの詞章を思わせるところがある。ちなみに、『日本書紀』の「大慙而詛之曰」「恥恨而唾泣之曰」の「而」「之」などの用法は、『古事記』に頻繁に用いられるそれに近く、和化漢文風の傾向を示すものともできよう。

　要するに、文章の表現や表記から考えると、『古事記』が元の形に近く、『古事記』を漢訳して『日本書紀』の文章に直すのは可能だが、その逆は、文章を見ながら口承された物語りを耳で聞いて、大はばに修正作業を行うというようなことがなければ、はなはだ困難だと思われるのである。

　この9 10の部分を除くと、6 7 13 14など、随所に小異があるものの、この説話においては、記紀はほとんど同一の文章を一方は漢文で、一方は和化漢文（ただし漢文的傾向が強い）で記したと思われるほど酷似している。ただ、用語においては、1紀の「海浜」が記では「笠紗御前」、5紀の「為妻」が記では「目合」、7紀の「百机飲食」が記では「百取机代之物」、14紀の「無戸室」が16記では「無戸八尋殿」となっているが、これらは『日本書紀』を和訳して『古事記』としたと考えるより、『古事記』を漢訳して『日本書紀』としたと考える方が順当と見ねばならないものである。

　もっとも、『古事記』は口承されたままを文章に表記したというわけではあるまい。この説話の文章にも見られるように、そう言いきるには、構成をはじめとして、あまりにも漢文に近い。漢訳すれば、ほぼ同一の文脈のまま漢文に置き換わる和文というのは、きわめて漢文翻訳調の傾向の強い和文だったため、それができたのだと言わねばならない。和文のまま文章表記できたのではなく、漢文、ないし漢文翻訳文の存在が背後にあったために、右のような説話の記述が可能だったと考えるべきであろう。『古事記』の一般的な地の文は、きわめて翻訳調の傾向の強い文章と感じられたのではなかろうか。

三

『日本書紀』神代下の皇孫降臨から木花之開耶姫にかけての条は、正文のほかに、一書が八種類記載されている。正文に「一云」が割注の形で三カ所見られ、一書第一に「或云」、第二に「一云」、各一カ所見られるほか、一書第七に、系譜に関してごく短いものながら、「一云」が四カ所見られる。

海幸山幸説の条でも、[4]一書が四種類、記載されていたが、こちらは省略部分があるにせよ、それぞれの一書の大きな部分が収められていたが、皇孫降臨の条では部分的なものが少なくない。木花之開耶姫の名が見られるのは、正文、一書第二、第三、第五、第六、第八だが、第三、第五、第六は開耶姫説話の後半部分、一夜孕みと出産、[5]系譜（子孫）に関するものだけで、第八は子孫に関する短い記事だけである。話の全体が収められているのは、正文と一書第二の二例のみということになる。ただし、この両書以外の一書でも、原本では全体が記載されていた場合もあるであろう。恐らく、この説話について、何種類もの異本が存したであろうが、その一書が、『古事記』にきわめて似ている事実は、両者の成立を考える上で、注目すべきことと言えよう。

さて、『古事記』が成書化される前の各部分について考えるに、[6]元の形は編集され整えられたものと異なり、もっと統一の取れないもの、和風傾向がさらに強い個所もあれば、漢文傾向がさらに強い個所もまじっていたであろう。そうした表記のゆれの大きさは、この説話の次に続く海幸山幸説話にさらに明確に見られる。すでに拙稿でも引用したことがあるが、和風傾向の強いもの、漢文傾向の強いものを、それぞれ一例ずつ、『日本書紀』の一書第三の対応する部分と並べて示しておく。

A

（紀）兄火酢芹命能得二海幸一。故号二海幸彦一。弟彦火火出見尊能得二山幸一。故号二山幸彦一。（中略）兄即還二弟弓矢一、而責二己釣鉤一。時弟已失二鉤於海中一、無レ因二訪獲一。
（兄《え》火酢《ほのす》芹命《せりのみことよ》 能く海幸《うみさち》を得《う》。故《かれ》、海幸彦《うみさちひこ》と号《まを》す。弟彦《おとひこ》火《ほ》火出《で》見尊《みのみことよ》 能く山幸を得。故、山幸彦《やまさちひこ》と号す。（中略）兄《え》即《すなは》ち弟《おと》の弓矢を還《かへ》して、己《おの》が釣鉤《ち》を責《はた》る。時に弟已《すで》に鉤《ち》を海中《わたなか》に失ひ、訪獲《とぶらひもと》むるに因無《よしな》し。）

（記）故火照命者為二海佐知毘古一而、取二鰭広物、鰭狭物一、火遠理命者為二山佐知毘古一而、取二毛麤物、毛柔物一。（中略）於レ是其兄火照命乞二其鉤一曰、山佐知母己之佐知佐知、海佐知母己之佐知佐知、今各謂レ返二佐知一之時、其弟火袁理命答曰、汝鉤者、釣レ魚不レ得二一魚一、遂失レ海。然其兄強乞徴。
（故《かれ》、火照命《ほでりのみこと》は海さちびこと為《し》て、鰭《はた》の広物《ひろもの》、鰭の狭物《さもの》を取り、火《ほ》遠《を》理命《りのみこと》は山さちびこと為て、毛の麤物《あらもの》、毛の柔物《にこもの》を取りたまひき。（中略）是《ここ》に其の兄火照命、其の鉤を乞ひて曰《い》はく、「山さちも己《おの》がさちさち、海さちも己がさちさち。今は各さち返さむと謂《おも》ふ」といひし時、其の弟《いろど》火《ほ》袁《を》理命《りのみこと》、答へて曰《の》りたまはく、「汝《いまし》の鉤は、魚釣りしに一つの魚も得ずて、遂に海に失ひつ」とのりたまひき。然れども其の兄強《し》ひて乞ひ徴《はた》りき。）

B

（紀）又教曰、兄作二高田一者、汝可レ作二洿田一。兄作二洿田一者、汝可レ作二高田一。（中略）弟時出二潮満瓊一、則兄挙レ手溺困。還出二潮涸瓊一、則休而平復。
（又教へまつりて曰《まを》さく、「兄高田《あげた》を作らば、汝《いまし》は洿田《くぼた》を作りませ。兄洿田《くぼた》を作らば、汝《いまし》は高田《あげた》を作りませ」とまをす。

（中略）弟、時に潮満瓊《しほみつたま》を出《いだ》せば、兄、手を挙《あ》げて溺《おぼほ》れ困《くる》しぶ。還潮涸瓊《またしほふるたま》を出せば、休《や》みて平復《たひら》ぎぬ。）

（記）然而其兄作二高田一者、汝命営二下田一。其兄作二下田一者、汝命営二高田一。（中略）攻戦者、出二塩盈珠一而溺、若其愁請者、出二塩乾珠一而活、如此令二惚苦一

（然《しか》して其の兄高田《たかた》を作らば、汝命《いましみこと》は下田《しもた》を営《つく》りたまへ。其の兄下田を作らば、汝命は高田を営りたまへ。（中略）攻め戦はば、塩盈珠《しほみつたま》を出《いだ》して溺《おぼ》らし、若し其れ愁へ請《こ》はば、塩乾珠《しほふるたま》を出して活《い》かし、如此《かく》惚《なや》まし苦しめたまへ）

このAの『古事記』においては、音訓交用体表記と言える部分さえまじり、『日本書紀』の漢文表記との違いが大きいが、Bにあっては『古事記』もほぼ漢文体と言えるほど近似している。

Aの『古事記』の文章は、口承段階の表現を色濃く残したものであろう。しかし、Bのような、何かの手順を説明するような、散文性の強い部分にあっては、漢文、あるいは漢文翻訳式の表現が都合がよく、筆者がもし漢文に達者なら、当時の和文と漢文との文章表現力の差を考えれば、まず漢文で文を思い浮かべ、その後にそれを和文化しようとする場合もあったと推測される。(7) つまり、文章の内容によっては、自然の傾向として、漢文式の表記法が選ばれることも考えられる。『古事記』の原資料においては、そうした個所は、さらに漢文調の傾向の強いもの、場合によっては『日本書紀』の表記とほぼ等しい、純漢文によって表記されたものもあったと考えられるのである。

さらに、次の和文的要素と漢文的要素のまじった個所を例示しておく。

C

（紀）是時弟往二海浜一、低個愁吟。（中略）須臾有二塩土老翁一、来乃作二無目堅間小船一、載二火火出見尊一、推二放於海中一、則自然沈去。忽有二可怜御路一。故尋レ路而往、自至二海神之宮一。是時海神自迎延入。乃鋪二設海驢皮八重一、使レ坐二其上一、兼設二饌百机一、以尽二主人之礼一。（中略）海神則以二其子豊玉姫一妻之。遂纏綿篤愛、已経二三年一。

（是《こ》の時に、弟海浜《うみへた》に往《ゆ》き、低個《うなだ》れ愁吟《うれへさまよ》ひたまふ。（中略）須臾《しばらく》ありて塩土老翁《しほつちのをぢ》有り、来《きた》りて乃《すなは》ち無目堅間《まなしかたま》の小船《をぶね》を作

り、火火出見尊《ほほでみのみこと》を載《の》せまつり、海中《わたなか》に推放《おしはな》てば、自然《おのづから》に沈去《しづみさ》る。忽《たちまち》に可怜御路《うましみち》有り。故《かれ》、路《みち》の尋《まにま》に往《い》でますに、自《おの》づからに海神《わたつみ》の宮に至《いた》ります。是の時に、海神自《みづか》ら迎へ延入《ひきい》れまつる。乃ち海驢《みち》の皮八重《かはやへ》を鋪設《しきま》け、其の上に坐《す》ゑまつらしめ、兼《か》ねて饌百机《ももとりのつくえもの》を設《ま》けて、主人《あるじ》の礼《ゐや》を尽《つく》したてまつる。（中略）海神《わたつみ》、則《すなは》ち其《そ》の子豊玉姫《むすめとよたまひめ》を以ちて妻《めあは》せまつる。遂《つひ》に纏綿《むつ》ましく篤愛《うつくし》び、已《すで》に三年《みとせ》を経《へ》たり。）

（記）於レ是其弟泣患居二海辺一之時、塩椎神来問曰、（中略）爾塩椎神云下我為二汝命一作中善議上、即造二无間勝間之小船一、載二其船一以教曰、我押二流其船一者、差暫往。将レ有二味御路一。乃乗二其道一往者、如二魚鱗一所レ造之宮室、其綿津見神之宮者也。（中略）爾海神自出見、云二此人者天津日高之御子、虚空津日高矣一、即於レ内率入而、美知皮之畳敷二八重一、亦絁畳八重敷二其上一、坐二其上一而、具二百取机代物一、為二御饗一、即令レ婚二其女豊玉毘売一。故至二三年一住二其国一。

（是《ここ》に其《そ》の弟《いろど》泣き患《うれ》へて海辺《うみへ》に居《ゐ》まし時、塩椎神《しほつちのかみ》来て問ひて曰《い》はく、（中略）爾《ここ》に塩椎神、「我《あれ》、汝命《いましみこと》の為《ため》に善《よ》き議《はかり》を作《な》さむ」と云ひて、即《すなは》ち无間勝間《まなしかつま》の小船《をぶね》を造り、其の船に載せて教へて曰はく、「我《あれ》、其の船を押し流さば、差暫《ややしま》し往《い》でませ。味《うま》し御路《みち》有らむ。乃《すなは》ち其の道に乗りて往でまさば、魚鱗《いろこ》の如《ごと》造れる宮室《みや》、其れ綿津《わたつ》見神《みのかみ》の宮ぞ。（中略）爾に海の神自《みづか》ら出で見て、「此の人は天津日高《あまつひこ》の御子、虚空津日高ぞ」と云ひて、即ち内に率《ゐ》入《い》りて、みちの皮の畳《たたみ》八重《やへ》を敷き、亦絁畳《きぬだたみ》八重を其の上に敷き、其の上に坐《いま》せて、百取《ももとり》の机代《つくゑしろ》の物を具《そな》へ、御饗《みあへし》為て、即ち其の女《むすめ》豊玉毘売を婚《あ》はしめまつりき。故、三年《みとせ》に至るまで其の国に住みたまひき。）

中略部分には、記では会話によるいきさつなどの説明があるほか、『日本書紀』と『古事記』において、別の系統から来たと思われる挿話がそれぞれに入り、これが両者の間で大きく異なる部分となるのであるが、それを除いた右の部分は実によく似ている。

「無目堅間小船」（紀）と「无間勝間之小船」（記）、「可怜御路」（紀）と「味御路」（記）など、用語においても表記においても、和化漢文の傾向、つまり和風傾向が大である。その一方では、こうした用語的要素を除くと、『古事記』にあっても、漢文に近い形で表記されており、そのまま、すぐに『日本書紀』の漢文に転換できるような文章となっている。わずかに文字順を和文風にほぐしたかのような所の見られるほかは、漢文式の倒置（転倒）表記も多く、ほとんど漢文と言ってよいほどである。和化漢文とは言うものの、漢文を骨格にし、あるいは土台にし、それをわずかに和文化した所に位置するものと考えられる。部分的には、『日本書紀』の表記とほぼ等しい漢文体表記で記されてあった個所も少なくないかと考えられよう。

むすびに代えて

記紀において、類似する部分は多い。特に木花之佐久夜毘売説話において、全体に渡って『日本書紀』一書第二と『古事記』に類似部分が見られ注目される。

対比して示すと、両者がきわめて近いものであることが分かるが、『古事記』の用語や表現において、漢文の翻訳からは生じ得ないものがまじることなどにより、『古事記』のこの個所は、総体としては漢文を元にしたものではなかったであろうことを述べた。

しかし、一方では、たとえば文の区切り方など、接続助詞の「て」「ば」などによって、後へ後へと文が続いて行く和文調の表現とは異なっていて、漢文の影響を受けたかと思われるところがある。部分的には、ほぼ漢文そのままのところもある。すでに漢文翻訳文が成立していたため、はじめて作成し得た文章だと考えられよう。

ここでは記紀の比較を、まずは佐久夜毘売説話に焦点をしぼって行い、さらに海幸山幸説話について考えあわせることで、その補強を行った。ここ数年のいくつかの拙稿で考えて来たことがらの延長にあるが、ここでは『古事記』の和風傾向だけではなく、漢文的傾向についても強調しておきたい。記紀の成立について述べるには、さらにこの方向における分析を進める必要があるであろう。

注

（1）「古事記の表記と表現に関する一考察―神代紀の類似部分との比較―」（『古代文学研究』一九九四年四月）に始まる五編の拙稿であるが、これらは『上代文学と木簡の研究』（一九九九年一月　和泉書院）に収めた。記紀の類似部分を比較して行くうちに、おのずから梅沢伊勢三氏の『記紀批判』（一九六二年五月）の、『古事記』は漢文体の『原日本書紀』を元にしてそれを書き改めたものと見る説に対する批判を行うことになった。『古事記』の和風傾向の強い部分は、漢文を書き改めることによっては生じないもので、口承文芸にあった要素が、最初から和化漢文に書き記されることによって残されたものであると推測したのである。

しかし、すると、漢文傾向の強い部分、漢文だと言える部分さえまじるのはなぜかという疑問が起きる。これは『古事記』の元になった漢文表記の『原日本書紀』の部分が残ったためではないのかという疑問である。しかし、それは『原古事記』の作成された当初から、和風傾向の強い部分と、漢文傾向の強い部分がまじっていたのであり、もし、ひとしなみに漢文表記だったものが和化漢文に書き改められたものとすれば、そうした表記の傾向の混同は起きず、もっと統一されたものになっていたであろう。もっとも、『古事記』成書の際に、元の資料の表記などのばらつきは、ある程度、調えられたことが考えられる、というのが現時点での、一応の私の答えである。

（2）拙稿「古事記と日本書紀に共通する一本について―国生み、黄泉の国、須佐之男昇天―」（『古代文学研究』5号一九九九年九月）〈第二部2〉

（3）「文章史から見た古事記の成立と日本書紀」（『古事記年報』一九九八年一月、『上代文学と木簡の研究』に所収）に、二、三の例を引用し、その類似性を示しておいた。

（4）荻原千鶴『日本古代の神話と文学』（一九九八年一月）所収の「海宮遊行神話諸伝考」（新稿）に、海幸山幸説話において、『日本書紀』各書と『古事記』を比較して、一書第三に特に類似度が高く、紀の「無目堅間小船」「可怜御路」「海驢皮八重」「饌百机」と記の「无間勝間之小船」「味御路」「美知皮之畳敷八重」「百取机代物」は、記紀のこの二伝のみに対応してある文辞であると指摘されている。

私も「古事記の成立と日本書紀各書―海幸山幸説話の場合―」（『甲南大学紀要（文学編）』一九九八年三月。『上代文学と木簡の研究』に所収）において、氏の論考とはまったく別に、海幸山幸説話における記紀の比較を行い、この二伝の類似性を述べたが、活字となったのは氏の論考より二カ月遅い。また、氏の論考は一九九五年脱稿とあるから、原稿の成ったのは拙稿より三年、先行していたことになる。

なお、本稿で述べたように、「百取机代物」は佐久夜毘売説話において、『古事記』および『日本書紀』一書第二にも酷似例が見られる。恐らくこの条の一書第二は、海幸山幸説話の一書第三と原本を共通する部分があるのであろう。

（5）国語学とは別の方面ではあるが、難波喜造氏に「『一宿妊み』考」（『日本文学』一九六七年九月）、斉藤英喜氏に「『一夜孕み』譚の分析」（『古代文学』19　一九八〇年三月）がある。また青木周平氏の『古事記研究』（一九九四年）にも、「一夜孕み」に関連する論考があった。

（6）『古事記』成立については、これを安萬侶が書き下ろしたものと見る説もあるが、亀井孝氏は「古事記はよめるか」（『古事記大成　言語文字篇』一九五七年一二月）において、安萬侶の仕事は「既存の記録を整理し編纂することにあった」と考察した。

最近では、西條勉氏が『古事記の文字法』（一九九八年六月）において、『古事記』は「記定」「誦習」「撰録」の三段階を経て成立したものと考察する。

（7）呉哲男氏は「古事記の成立―日本書紀との関連から見た表現の問題―」（『古事記の成立　古事記研究大系』一一九九七年三月）において、『日本書紀』のたとえば「太占」「建₌絶妻之誓₌」と『古事記』の「布斗麻邇」「度₌事戸₌」を比較し、安萬侶はまず『日本書紀』のような表記を用いて構成した後、口誦性の価値を見出して、『古事記』のアイデンティティーを確立したと書く。

当時、『古事記』のような文章を書き得る人々には、漢文の文字能力もあって、文章行為においては、バイリンガル（二重言語者）に近い状態にあった場合も少なくないのではなかろうか。個々の単語の表記においては、筆録者がまずその単語を想起するのではなく、すでに口承されている言語が手本にあったわけであるから、はじめから借音仮名や音訓交用体などで表記されることがしばしばあったものと思われるが、文レベル、文章レベルでは、まず漢文式の表記がはじめに想起され、それを和化して表記したり、あるいは漢文表記のままで、口読の際にそれを翻訳（和訳）して行くといったことも応々にして起きたのではないかと、推測される。『古事記』の説話部分のような文章が成立するには、口承文芸の伝統だけでなく、漢文の影響、ないしは漢文の引力が強く働いたものと思われるが、その実証については、さらに分析を進めなければならない。

2　国生み・黄泉の国・須佐之男昇天

『古事記』と『日本書紀』に、その元になった共通する資料が存在したのではないかということは言われて来たことで、両者には多数の類似する説話が存在する。そして、その中でも、成書化の途中で、影響関係があったのではないか、つまり一方（の筆者）が、もう一方（の書）を見ているか、あるいは共通する一本を元にしてそれぞれの書を作成したのではないかと思われるほど酷似した部分も散見する。すでに拙稿で、海幸山幸説話[1]と、その前段をなす木花之開耶姫の説話[2]について、『古事記』と『日本書紀』一書を比較対照したが、ここでは両書の形成の過程を探ることを課題に、そのための適当な個所として、イザナギ・イザナミの条の国生み説話と、それに続く個所について検討してみたい。

これらは連続して記載されていながらも、それぞれの説話において、対照した場合に『古事記』『日本書紀』両書のありようが微妙に異なっており、この両書間に影響関係があるとすれば、それを考えるのにかっこうの個所と予測される。ただし、あまたある『古事記』『日本書紀』関係の研究書のほとんどは、このうちのどれかの説話に触れており、また、それを正面から取りあげているものも少なくないが、今、それらのすべてを紹介する余裕はない。ただ、この課題に関する国語学方面からの研究は、相対的に、すくないように見受ける。国語学分野からこれについて論じるとすれば、まだ何らかの研究上の寄与をする余地が残されているかと見受けるので、そう断った上で、検討を進めることとする。

一

国生みの条を対比する。小学館の新編日本古典文学全集から、先に『日本書紀』[3]一書第一の漢文を引用し、次に『古事記』[4]の和化漢文（変体漢文）を並べて示す。

（紀）天神謂二伊奘諾尊・伊奘冉尊一曰、有二豊葦原千五百秋瑞穂之地一。宜二汝往脩一之、廼賜二天瓊戈一。

（記）於是、天神諸命以、詔二伊耶那岐命・伊耶那美命二柱神一、修二理固三成是多陀用弊流之国一、賜二天沼矛一而、言依賜也。

さらに細かく分けて対比させると、次のような語句の対応が見られる。

○天神謂二伊奘諾尊・伊奘冉尊一曰、
　天神諸命以、詔二伊耶那岐命・伊耶那美命二柱神一、
○有二豊葦原千五百秋瑞穂之国一。
　是多陀用弊流之国一、
○宜二汝往脩一之、
　修二理固三成
○廼賜二天瓊戈一。
　賜二天沼矛一而、（言依賜也）

『日本書紀』の「豊葦原千五百秋瑞穂之地」が『古事記』では「是多陀用弊流之国」となっているほかは、ほぼ同じである。神話のストーリーから言うと、国生み前の国土の状況としては、『古事記』の方が本来のものであろう。

『日本書紀』の表現からは、筆録者に国家意識が感じられる。もっとも、枕詞ふうのこの長い修飾語句は、和文的でもある。『日本書紀』に主語「汝」の明示があり、会話部分の文が二つに分析されることなどは、この書に一般的に見られる傾向にのっている。『古事記』の「天神諸命以……言依賜也」の構文からは『続日本紀』宣命の「高天原に神留《かむつまり》坐す皇《すめらがむつ》親神ろき神ろみの命の吾孫《わがみま》の知らさむ食国天《をすくにあめのした》下とよさし奉りしまにまに」（第五詔）などとある慣用表現を連想させる。総体的に言えば、ここは、『日本書紀』を和文化すれば『古事記』となり、『古事記』を漢文化すれば『日本書紀』となるような部分である。

（紀）於レ是二神立二於天上浮橋一、投レ戈求レ地。因画二滄海一而引挙之、即戈鋒垂落之潮、結而為レ嶋。名曰二磤馭慮嶋一。

（記）故、二柱神、立訓レ立云二多々志一。天浮橋一而、指二下其沼矛一以画者、塩許々袁々呂々邇画鳴訓レ鳴云二那志一也。而、引上時、自二其矛末一垂落塩之、累積成レ島。是、淤能碁呂島。

ここも先の例と同様、語句の対応が見られるが、細かい例示は省略する。神話研究の分野で、これを「呪言」（呪的な唱え言）として来た(5)ように、「塩こをろこをろ画き鳴して」などの部分は口頭言語の呪的な韻律が感じられるところで、机上で漢文を和訳してこうした律文を作りあげたとは考えられず、訓注を二カ所も含むことから考えても、相当部分を口頭伝承によっているとすべきであろう。『日本書紀』ではこの呪言を欠くが、これは漢訳が困難だったためであろう。つまり『古事記』は『日本書紀』の正文や一書によらずに、この伝えられてきた呪言を記したのである。

（紀）二神降二居彼嶋一、化二作八尋之殿一。又化二竪天柱一。

（記）於二其島一天降坐而、見二立天之御柱一、見二立八尋殿一。

「降二居彼嶋一」の語順をほぐして和文に近づければ、「於二彼嶋一降居」となり、それに敬語補助動詞「坐」を補い、

「降居」をさらにふさわしい和語「天降」に変えれば、『古事記』の和化漢文ができあがり、同じ内容の文を漢文表記で表すか、和化漢文の表記で書くかの違いがあるにすぎない。

○八尋之殿・天柱

　天之御柱・八尋殿

このように対比させると、一方が一方をならいながらも、意図的に語句の順序を入れ換えた跡が歴然としてくる。用語の「八尋」や、用字の「之」は、和化漢文によりふさわしいであろうから、『日本書紀』が『古事記』あるいはその元になった和化漢文資料から、この一文を取り込んだ可能性が高い。とは言うものの、『古事記』のこの部分は、漢文の構成を土台として文を組み上げたもので、漢文を和訳したものにほぼ相当する。口頭言語の漢訳を想定しながら、その和訳としての和文（和化漢文）を作成したような結果となっており、漢文と和文の先か後かの関係は微妙で、さらに考えて行きたい。

（紀）陽神問二陰神一曰、汝身有二何成一耶。対曰、吾身具成而有下称二陰元一者一処上。

（記）於是、問二其妹伊耶那美命一曰、汝身者、如何成、答白、吾身者、成々不二成合一処一処在。

『日本書紀』の「陽神」「陰神」は中国思想を取り入れたものか、単なる文飾の類か、いずれにしろ、この書らしいわけ知り顔のさかしら（ペダンティズム）がうかがわれるものである。また、『古事記』の「成々不二成合一処一処在」は、律文めいた口頭語としてふさわしいこなれた文であるが、『日本書紀』の「吾身具成而」云々は、これもいかにも学者らしい理屈っぽさの感じられる一文となってしまっている。

（紀）陽神曰、吾身亦具成而有下称二陽元一者一処上。思下欲以二吾身陽元一、合中汝身之陰元上、云レ爾。

（記）爾、伊耶那岐命詔、我身者、成々而成余処一処在。故、以二此吾身成余処一、刺下塞汝身不二成合一処上而、以三為生二成国土一。生、奈何、訓レ生云二宇矣一。下効レ此。伊耶那美命答曰、然、善。爾、伊耶那岐命詔、然者、吾与汝、行二廻逢是天之御柱一而、為二美斗能麻具波比一。

『古事記』の「以三為生二成国土一。」以下の部分は、『日本書紀』では「爾云《しかいふ》」とだけあって、省略されてしまっている。あるいは正文に、「於レ是陰陽始遘合為二夫婦一。」とあるのと同様なので省略したのかも知れない。そうだとしても、『古事記』では対話の中で示す事柄を『日本書紀』では作者の説明によって示していることは指摘できよう。会話を念入りに記すことで叙述を行い、会話によって物語を進めて行くのが『古事記』の表現法であり、これは口頭伝承の実際の述べ方に近いものと思われる。

（紀）即将レ巡二天柱一、約束曰、妹自レ在巡。吾当二右巡一。

（記）如此之期、乃詔、汝者、自レ右廻逢。我者、自レ左廻逢。

『日本書紀』の「将レ巡二天柱一」は、右に述べた省略があったために必要となったとも考えられるが、物語りの流れとしては、やや唐突である。

（紀）陰神乃先唱曰、妍哉、可愛少男歟。陽神後和之曰、妍哉、可愛少女歟。

（記）約竟以廻時、伊耶那美命先言、阿那邇夜志、愛上袁登古袁、後伊耶那岐命言、阿那邇夜志、愛上袁登売袁。

『日本書紀』では後に「妍哉、此云二阿那而恵夜一。」と注記があるが、「アナニヱヤ」に「妍哉」を当てるのは、いかにも苦しい。それに対し、『古事記』では本文に借音仮名でこの律文が表記された上、アクセントを示す「上」字まで入って、いかにも口頭伝承の様子をしのばせるような表記法となっている。

（紀）遂為二夫婦一、先生二蛭児一。便載二葦船一而流之。次生二淡洲一。此亦不三以充二児数一。

（記）各言竟之後、告二其妹一曰、女人先言、不レ良。雖レ然、久美度邇興而生子、水蛭子。此子者、入二葦船一而流去。次、生二淡島一。是亦、不レ入二子之例一。

『古事記』の「各言……不レ良」の部分は、この一書では省略されているが、正文に「陽神不レ悦曰、吾是男子。

理当二先唱一。如何婦人反先レ言乎。事既不レ祥。宜二以改旋一。」云々とある部分が似ている。「久美度邇興而生子、水蛭子。此子者」とある部分は、口頭言語をそのままなぞって表記したような形となっている。しかし、以下の部分は、『日本書紀』とほぼ同じで、「次、生二淡島一。是亦」は『日本書紀』の「次生二淡洲一。此亦」に一致する。口読すれば、漢文訓読調の説明部分となったであろう。

（紀）故還復上二詣於天一、具奏二其状一。

（記）於是、二柱神議云、今吾所レ生之子、不レ良。猶宜レ白二天神之御所一、即共参上、請二天神之命一。

『古事記』は詳しく叙述してあるが、『日本書紀』はそれを要約した形となっている。

（紀）時天神以二太占一而卜合之、乃教曰、婦人之辞、其已先揚乎。宜二更還去一、乃卜二定時日一而降之。

（記）爾、天神之命以、布斗麻邇爾上卜相而詔之、因二女先言一而、不レ良。亦、還降改言。

天神のことばは『古事記』の方が分かりやすい。『日本書紀』の「乃卜二定時日一而」は神話の流れからは余計なものである。「天神以二太占一而卜合之」と「天神之命以、布斗麻邇爾上卜相而」はほぼ同一の内容である。『古事記』の「フトマニ」の方が『日本書紀』の「以二太占《ふとまに》一而」より和文調ではある。

ただし、服部旦氏[6]はこの天神卜占を、記紀編纂段階における添加であろうとする。とすると、漢文で先に発想され、それを和文化した可能性もある。

（紀）故二神改復巡レ柱。陽神自レ左、陰神自レ右。

（記）故爾、返降、更往二廻其天之御柱一、如レ先。

『日本書紀』では、最初に柱をまわった時とは、男女のまわる方向の左右を変えている。『古事記』では最初からそれが正しかったのか、この変更はない。男女が左にまわるか、右にまわるか、それが重要なテーマなら、これは作品の上では重大なミスと言えるが、男女どちらが先に唱えるかにポイントを置いたとすれば、右にまわるとか左にまわるとかは言わない方がすっきりして分かりやすい。『日本書紀』の方が、記載言語らしい詳細な叙述がなされており、これは書記された文章によって、あるいは文章を書記することによって、その表現や内容をねったためではないかと推測される。

なお、岡田精司氏[7]は、この唱え直しについて、明らかに儒教の思想によって作りかえられたもので、『日本書紀』一書第十の女神が先に唱えたままの形を古いものとする。とすると、『古事記』は『日本書紀』一書第一と一書第十の中間のものと言えようか。ただし一書第十は、次のように簡略に、短く書かれたものである。

一書曰、陰神先唱曰、妍哉、可愛少男乎。便握㆓陽神之手㆒、遂為㆓夫婦㆒、生㆓淡路洲㆒。次蛭児。

あるいは補添の形で加えられた一書であったために、唱え直しのような、すでに先の一書に記述された詳しい説明は省略した可能性もある。「手を握《と》」るところに、この一書の独自性があり、そのためにこれが追補の形で記載されたのであろう。

(紀) 既遇之時、陽神先唱曰、妍哉、可愛少女歟。陰神後和之曰、妍哉、可愛少男歟。

(記) 於是、伊耶那岐命先言、阿那邇夜志、愛袁登売袁、後妹伊耶那美命言、阿那邇夜志、愛袁登古袁。

これは前記の律文を再び男女の順序を逆にして唱えたもので、ほぼ同一の内容である。

(紀) 然後同㆑宮共住而生㆑児、号㆓大日本豊秋津洲㆒。次淡路洲。

(記) 如此言竟而御合、生子、淡道之穂之狭別島。訓㆑別云㆓和気㆒。下效㆑此。

以下、『古事記』の方が国名が詳しいが、国生みの条の国名記載については、すでに詳しい調べがなされているので、神生みと、イザナミの死についての条とともに省略する。

以上、この国生みの条に限って言えば、『古事記』では冒頭に和文調と言うべき傾向が強く、後半では漢文を翻訳翻案して和文化したような傾向の部分が多い。一方の『日本書紀』一書第一は、内容的には類似のもので、『古事記』の漢文版に当たるような文章となっている。中には和語で読み上げれば、両書がほぼ同一の文として耳に聞こえるかと考えられる部分もわずかながら見られる。

二

国生み、神生み、イザナミの死に続く黄泉の国の条は、すでに言われて来たように[8]、『日本書紀』では、一書の第六、第九、第十に記されている。この三つの一書と、『古事記』の関係を見るために、まず話の各部分を個条書きにして並べ、簡単にあらすじを示しておく。この話の構成などについては、詳しい分析がすでになされて来たであろうから、ここで常識的な分析を行うのは気がひけるが、検討のための手順として、あえてあら筋を示しておくのである。

『古事記』

①イザナキ、イザナミに会いに黄泉の国へ行き、イザナミに帰るよう語りかける。
②イザナミは、ヨモツヘグヒをしてしまったが、黄泉国の神と相談する。私を見るなと語り、殿の中へ入る。
③イザナキは、待ちかねて、櫛の歯に火をともして殿の中に入り、イザナミを見る。
④イザナミの体には蛆がたかり、八種の雷がいた。
⑤イザナキは恐れて逃げ帰る。
⑥イザナミが恥をかかせたと言って、醜女たちに追いかけさせる。
⑦イザナキはかずら（山ぶどうに化す）や櫛（竹の子に化す）を投げすてて逃げのびる。

⑧イザナミは八種の雷神と軍勢とに追いかけさせる。
⑨イザナキは、剣をうしろ手に振りながら逃げる。
⑩イザナキはヨモツヒラサカに至り着く。
⑪イザナキはヒラサカの桃の実を取って軍勢を迎え撃つ。
⑫軍勢は逃げ、イザナキ、桃の実に語りかけて名を与える。
⑬イザナミが自ら追いかけてくる。
⑭イザナキが岩でヒラサカをふさぐ。
⑮イザナミは、人を一日に千人殺すと言う。
⑯イザナキは、それなら一日に千五百の産屋を建てると言う。
⑰イザナキは、みそぎをする。

『日本書紀』一書第六

①イザナキは黄泉の国に入り、イザナミに追いついて共に語る。
②イザナミはヨモツへグヒをしてしまった。これから寝る。私を見るなと語る。
③イザナキはそれを聞かず、櫛の歯を松明としてイザナミを見る。
④イザナミの体には蛆がたかっていた。これが、夜に一つ火をともしたり、投げ櫛をしたりすることを忌む由縁である。
⑤イザナキはきたない国に来てしまったと言って逃げ帰る。
⑥イザナミは恥をかかせたと言って醜女八人に追いかけさせる。

⑥イザナキは、剣をうしろ手に振りながら逃げる。
⑦イザナキは、かずら（山ぶどうに化す）や櫛（竹の子に化す）を投げて逃げる。
⑬イザナミが自ら追いかけてくる。
⑩イザナキはヨモツヒラサカに至り着く。
？（一云）イザナキが大樹に向って小便をしたところ、それが川となる。ヨモツヒサメが川を渡ろうとする間に、
イザナキはヨモツヒラ坂に至り着く。
⑭イザナキが岩でヒラサカをふさぐ。
⑮イザナミは、人を一日に千人殺すと言う。
⑯イザナキは、そう言うなら、私は一日に千五百人産もうと言う。
⑰イザナキは、杖を投げる。
⑰イザナキは、みそぎをする。

『古事記』にあって『日本書紀』一書第六に欠けるのは、④の後半、雷神がいたこと、⑧の雷神が追いかけて来る場面、⑪⑫の桃の実によって助かる話で、要するに「雷《いかづち》」と「桃子《もものみ》」に関する話である。一書第六にあって『古事記』に欠けるのは、一書第六の④の後半のタブーの由来談を述べた部分であるが、したり顔に由来談を述べる例は『日本書紀』のある種の傾向で、海幸山幸説話の一書にも見られたところである。一書第六中の「一云」に記された小便が川になったという逸話は、『古事記』にもなく、別伝と言うべきものである。⑦と⑨の順序が逆になったのは、一書第六では雷神の話を欠くためであろう。⑰の杖を投げるのは、『古事記』では⑰のみそぎの段階に来てからの行為となっている。

『日本書紀』一書第九

①イザナキは、イザナミに会いにモガリの場所に行き、共に語る。
②イザナミは私を見るなと言い、見えなくなる。
③イザナキは一つの火をともして見る。
④イザナミの体に八種の雷がいる。
⑤イザナキは驚いて逃げ帰る。
⑥雷たちが追いかけて来る。
⑪道の辺に桃の樹がある。イザナキは樹の下に隠れ、実を取って雷に投げる。
⑫雷たちは逃げる。これが桃で鬼を追い払う由縁である。
⑰イザナキは杖を投げる。

さて、こうして個条に書けばはっきりするように、この一書第九と、先の一書第六を合わせると、ちょうど『古事記』の話となる。つまり、『日本書紀』の両一書をつなぎ合わせて、『古事記』のこの条が作られたかのようであるが、必ずしもそう言いきれず、いま少し細部を見てみたい。

①②③④の部分は、『古事記』、『日本書紀』一書第六、一書第九の三つの書にほぼ共通する内容なので、表現や用字について、対照させてみる。一書第六は（六）、一書第九は（九）で示す。

①の部分

（六）然後伊奘諾尊追二伊奘冉尊一、入二於黄泉一、而及之共語。
（九）伊奘諾尊欲レ見二其妹一、乃到二殯斂之処一。是時伊奘冉尊猶如二生平一出迎共語。

（記）於是、欲レ相二見其妹伊耶那美命一、追二往黄泉国一。爾、自レ殿縢レ戸出向之時、伊耶那岐命語詔之、愛我那邇妹命、吾与汝所レ作之国、未作竟。故、可レ還。

『古事記』ではイザナキの発話の内容が書かれているが、『日本書紀』では両書とも、ただ「共語」とあるだけで、内容は記さない。もし、「共語」を元にして、その話の内容を『古事記』の筆者が創作したのだとしたら、文章を目で読み机上で書くことによっては、おそらくこのような創造は困難である。聞き手を前に、その反応を考えながら語ることによって生まれた創作であろう。逆に、すでに口頭伝承として、この発話の内容が語りつがれていたのを、『日本書紀』らしい表現方法として、「猶如二生平一出迎共語」と概念的に説明してしまったことも考えられる。この一書第九では、「黄泉国」が「殯斂之処」と合理化されており、編集者の筆が加わったものではないかと考えられ、三書の中では、最も新しく記述されたものと見られる。

②の部分

（六）時伊奘冉尊曰、吾夫君尊、何来之晩也。吾已湌泉之竈矣。雖レ然吾当二寝息一。請勿視之。
（九）已而謂二伊奘諾尊一曰、吾夫君尊、請勿レ視吾矣。言訖忽然不レ見。于レ時闇也。
（記）伊耶那美命答白、悔哉、不二速来一、吾者為二黄泉戸喫一。然、愛我那勢命入来坐之事、恐故、欲レ還。且与二黄泉神一相論。莫レ視レ我、如此白而、還二入其殿内一之間、甚久、難レ待。

一書第六の「雖レ然吾当二寝息一」は唐突で、説明不足である。一書第九の「言訖忽然不レ見。于レ暗闇也」は、まるで中国の短編小説の中の一節を読むようで、何か漢籍や仏典から文章を借りたのではないかと疑われる。もっとも後述するように、この話はストーリーの全体を考えると、中国の志怪小説などの影響が感じられるものである。とすると、一書第九のような表現が先にあった可能性もないではない。もしそうだとすると、一書第六は、一書第九と『古事記』の中間の内容となっており、もし『古事記』の作者の創造によって、このこなれた和文でこの物語りが創作されたのだとすれば、一書第六は『古事記』を見た上で、漢文中にヨモツヘグヒなどの和語を漢語に翻訳して記したことになる。

③④の部分

（六）伊奘諾尊不レ聴、陰取二湯津爪櫛一、牽二折其雄柱一以為二秉炬一、而見之者、則膿沸虫流。今世人夜忌二一片之火一、又夜忌二擲櫛一、此其縁也。

（九）伊奘諾尊乃挙二一片之火一而視之。時伊奘冉尊脹満太高。上有二八色雷公一。

（記）故、刺二左之御美豆良一、湯津々間櫛之男柱一箇取闕而、燭二一火一入見之時、宇士多加礼許呂々岐弖、於レ頭者大雷居、於レ胸者火雷居、於レ腹者黒雷居、於レ陰者析雷居、於二左手一者若雷居、於二右手一者土雷居、於二左足一者鳴雷居、於二右足一者伏雷居、并八雷神、成居。

『古事記』は例によって、具体的で念入りである。死体を形容するのに、「うじたかれころろきて」とするのと、一書第九のように「脹満太高」と記すのでは、表現のしかたが対極的である。一書第六の「膿沸虫流」は、両書の中間にあるが、耳で聞くより黙読した方が印象がはっきりしそうである。『古事記』は、口で唱え耳で聞くことによって呪的なひびきが生じるよう表現されていることが、この三書の対比によっていっそう明確になった。

さて、右のように三書を対比した結果では、一書第九が最も漢文らしい。言いかえれば、口頭語的和文的要素が最も少ない。『古事記』と一書第六は非常に似ている。同一の話を、一方は口頭言語としての面白さを、一方は記述文章としての面白さを求めて作成すれば、それぞれこのようになろうかと思われるようにできあがっている。

では、なぜ一書第六において、雷神の話を欠くのであろうか。『古事記』のように、イザナキを追いかけるのが、醜女たちだけでなく、雷神たちもというのでは、いかにも話が重複しているようで焦点がぼけ、印象が分散してしまう。語りを耳で聞いた場合でも、いささか題材が多すぎて複雑になってしまい、かえって効果がうすれる可能性もある。もっとも、繰り返しによる話を盛り上げる効果の生じる可能性はあるが、もし文章にして読むなら、繰り返しのわずらわしさが表に出てしまうかも知れない。

また、『日本書紀』の場合は、他の条にならって、異伝を別の一書として分けたり、「一云」として補記の形で分けることがしやすい。逆に言うと、『古事記』ではそのような編集のしかたをしていないため、興味ある伝承なら複数の話も一つにして組み込まざるを得ない。従って、『古事記』が『日本書紀』の一書第六と、その別伝としての一書第九とを足した話となっているからといって、それだけでいちがいに『古事記』が『日本書紀』のこの両書より後に成立したとは言えない。たとえば、一書第九は『古事記』と一書第六とを比べた上で、一書第六に欠けている部分を別の一書、つまり一書第九としてまとめた可能性もある。

中国の古代伝奇類を読めば、この「黄泉の国」に展開の似た話があることは誰しも気がつくことであろう。松前健氏[9]は、『捜神記』『捜神後記』『霊鬼志』『才鬼記』『列異伝』などをあげ、それらの説話集に頻出する霊鬼譚とを比較し、その中のある要素について「この節はどう見ても、中国にある霊鬼譚と同じ観想である。このような要素は、恐らく可成り後世であって、漢籍の知識が相当入ってからの産物であろう。或いは天武朝前後の頃の代物かも知れない」とされる。これは納得できるところである。

ところで、この「黄泉の国」の話が、天武朝頃、あるいはそれ以降に今ある形に成ったとすれば、記紀成立までの短い期間にこれが成立に至ったわけである。そうした短い歳月の間に成った説話において、右に述べたように『古事記』『日本書紀』の両書において、きわめて酷似しているということは、何を意味するのであろう。おそらく、この両書のどちらかが他の一方を元にしたか、あるいは共通する資料を元にそれぞれの話を組み立てたためと考えざるを得ないのである。

なお、一書第十は、上記の三書とはいささか異なるが、非常に概念的で理屈っぽい叙述となっている。『日本書紀』の筆者のうちの誰かの創意が加わったものかも知れず、少なくとも口頭伝承の叙述法からは大きくへだたった文体となっている。あるいは正文として収めるべく、あたりさわりのない内容のものとして作成されたが、抽象的観念的な表現が過ぎたため、正文には採用とならず、参考文書として、最後の一書にして付記されたようなものかも知れない。

たとえば、この一書では、イザナミの見るなという言葉にイザナキは従わず、見てしまったので、イザナミは恥じ恨み、「汝已見二我情一。我得見二汝情一。」と言ったので、イザナキもはじて帰ったと、抽象的にぼやかして書かれているだけである。死体にうじがたかっていたり、醜女たちが追いかけて来たりといった具体的な描写は消され、説話としての面白さは失われ、代りに上品なお説教めいた内容となってしまっている。話としては無難だが、内容に魅力がないので、正文には採用できなかったのであろう。

『日本書紀』の一書が稿本であろうことは、言われて来たことであるが、稿本と言っても種類があることを考えねばなるまい。たとえば、正文とはストーリーが異なるが、話の重要さから、参考資料ふうに並べて次記したものと、正文に入れるべく作成したが、最終的には採用に至らず、かといって全く捨ててしまうのももったいない、あるいは編集者の事情により捨てるには具合が悪いので補記の形で拾ったものとは同一に見なせまい。

なお、工藤隆氏[10]は、『古事記』の前述した①②のイザナキ・イザナミの対話部分について、『古事記』が一書第十を参考にして成ったものとされる。しかし、『古事記』の「愛我那邇妹命、吾与汝レ所作之国、未作竟。故、可レ還」と一書第十の「悲レ汝故来」では、後者の抒情的表現の方が後世的である。まして、「悔哉、不二速来一、吾者為二黄泉戸喫一。然、愛我那勢命入来坐之事、恐故、欲レ還。且与二黄泉神一相論。莫レ視レ我」と「汝已見二我情一。我復見二汝情一」では、後者はあまりにも概念的で、『日本書紀』筆者のいつもの概念化の癖が露骨に現れたものと考えた方か考えやすい。氏の述べられているように、『古事記』の作者は「近代的な作家のようなあり方で、執筆した」可能性は私も考えないではない。『古事記』の筆者は文学的素質においても、きわめてすぐれた人物であったであろう。しかし、そうだとしても、後者から前者を創作することは困難ではなかろうか。さらに、比較文学方面での研究を待って検討したいところである。

三

以上、『古事記』との類似例が『日本書紀』一書に見られるものを示したが、それでは『日本書紀』正文はどうであろう。「須佐之男昇天」の条では、『日本書紀』正文と一書第一が近似していて、それとまた『古事記』が似ているので比較してみる。

（正）始素戔嗚尊昇レ天之時、溟渤以レ之鼓盪、山岳為レ之鳴呴。此則神性雄健使二之然一也。

（記）乃参二上天一時、山川悉動、国土皆震。

『日本書紀』の方が用字に工夫をこらしているが、これは一般的に見られることで、ほぼ類似の一文となっている。「此則……也」と余計な解釈を加えているのは、筆者が顔を出して説明したがる『日本書紀』の筆癖と言えよう。なお、一書ではこの書き出しの部分は欠いている。

（正）天照大神素知二其神暴悪一、至レ聞二来詣之状一、乃勃然而驚曰、吾弟之来、豈以二善意一乎。謂当レ有二奪レ国之志一歟。（下略）

（一）日神本知三素戔嗚尊有二武健凌レ物之意一。及二其上至一、便謂、弟所二以来一者、非二是善意一。必当レ奪二我天原一、

（記）爾、天照大御神、聞驚而詔、我那勢命之上来由者、必不二善心一。欲レ奪二我国一耳、

『日本書紀』の説明癖による部分を除けば、ここでもほぼ同一のものである。「吾弟之来」「弟所二以来一者」「我那勢命之上来由者」、また「豈以二善意一乎」「非二是善意一」「必不二善心一」また「謂当レ有二奪レ国之志一歟」「必当レ奪二我天原一」「欲レ奪二我国一耳」など細部を対比させると、意図的に用字用語を異ならせて同一の表現にならないよう工夫しているように考えられる。他の書を見た上でこうした工夫を行ったとすれば、一書間にさえ同一の文章とならぬように微妙な配慮をこらしている『日本書紀』の筆録者が『古事記』を見た可能性が高い。

（正）乃結レ髪為レ髻、縛レ裳為レ袴、便以二八坂瓊之五百箇御統一、御統、此云二美須磨屢一。纏二其髻・鬘及腕一、又背負二千箭之靫一千箭、此云二知能梨一。与二五百箭之靫一、臂著二稜威之高鞆一、稜威、此云二伊都一。振二起弓彇一、急二握剣柄一、蹈二堅庭一而陥レ股、若二沫雪一以蹴散、蹴散、此云二倶穢簸邏邏箇須一。奪二稜威之雄誥一、雄誥、此云二乌多稽眉一。発二稜威之嘖譲一、嘖譲、此云二挙廬毘一。而俓詰問焉。

（一）乃設二大夫武備一、躬帯二十握剣・九握剣・八握剣一、又背上負レ靫、又臂著二稜威高鞆一、手捉二弓箭一、親迎防禦。

（記）即解二御髪一、纏二御美豆羅一而、乃於二左右御美豆羅一、亦於二御縵一、亦於二左右御手一、各纏二持八尺勾璁之五百津之美須麻流之珠一而、曾毘良邇者、負二千入之靫一訓レ入云二能理一。下效レ此。比良邇者、附二五百入之靫一、亦所レ取二佩伊都之竹鞆一而、弓腹振立而、堅庭者、於二向股一蹈那豆美、如二沫雪一蹶散而、伊都之男建。蹈建而、待問、何故上来。

右にあるように、ここでも『古事記』と『日本書紀』正文は酷似している。後者が前者の文章を前に置いてなぞったか、あるいは前者の元になった文章をなぞったためと考えざるを得ない。正文に訓注が多いのは、借音表記の多い原本を資料としたか、あるいは和訓を割注形式で記した音義のようなものによったためであろう。

酷似しているとは言え、漢文によるためか、『日本書紀』の方がわずかながら詳しく、説明調の傾向が強い。たとえば「裳を縛きて袴とし」と『古事記』にない説明が加えられているが、これは上の「髪を結ひて髻とし」の対句を求めて発想され補入されたものであろうか。『古事記』で書き落とした可能性がないでもないが、相対的に、

『日本書紀』の方に語句を対の形に対照させながら説明し、『古事記』の方に列挙しながら唱え上げて行くといった、わずかな範囲での相違はあるが、そうした文体の違いも、他の部分と比べれば小さい。これだけ用語や表現に酷似が見られることは、両者間に強い関係があった証拠と言うべきであろう。

　これに続くのは、スサノヲの天照大神に対する返答であるが、『古事記』では父イザナキとの対話を引用しながら参上した経過を具体的に述べ、『日本書紀』では事情の概略を説明し心情を語る。「僕者、無二邪心一」（記）、「吾元無二黒心一」（紀）と、類似の語句になって弁明をはじめながら、述べ方は両書の文体に基づき大きく異なっている。

　これに対する天照大神の発話は、「然者、汝心之清明、何以知」（記）、「若然者、将三何以明二爾之赤心一也」（紀）と、ほぼ同じ内容を別の表記で言いかえただけの酷似した文となっている。この前後は、それぞれの文体を示す差異はあるものの、筋書きはほぼ同じであり、「須佐之男昇天」の条では、一書ではなく正文が『古事記』の内容に合致している。そして、影響関係があるとすれば、『古事記』あるいはその元になった資料が先にあり、『日本書紀』はそれを元に、漢文らしく文飾を加え作り直したものと見られる。

　ちなみに、これに続く「うけひ」の条に、次のような類似部分がある。

（正）於レ是天照大神乃索二取素戔嗚尊十握剣一、打折為二三段一、濯二於天真名井一、（下略）

（記）天照大御神、先乞二度建速須佐之男命所レ佩十拳剣一、打二折三段一而、奴那登母々由良邇振二滌天之真名井一而、（下略）

　この部分のヌナトモモユラニについて、藤井信男氏[11]はヌナトモユラニの誤りとした上で、この一文を『古事記』は『日本書紀』によりながらも、ヌナトモユラニの一句を一書の他の個所（「素戔嗚の乱行」一書第三）の「而瓊響瑲瑲濯二浮於天渟名井一」「瑲瑲、此云二奴儺等母母由羅爾。一」とある「瓊響瑲瑲」を和文に直してこの個所に挿入したというが、はたしてそうであろうか。氏の指摘にあるように、「瑲瑲」の訓注ヌナトモユラニ（ヌナトモユラニ）が無理な訳語だとすれば、むしろ原文が和語のヌナトモユラニであって、それに当てた無理な訳語が「瓊響瑲瑲」であったと考えるべきであろう。

現代語の「春風がそよそよ吹く」のように、日本人には耳に聞こえていないはずの音を、眼で、あるいは肌で感じ取って聞くこともある。玉のゆれうごく状態に音を感じ取っても不思議はなく、いたって日本的な表現である。『日本書紀』ではその漢語訳が困難だったため、原文にはあったものを省略したり、あるいは無理な訳語を作ったりしたと考えられるのである。

むすびに代えて

さて、『古事記』に最も近い話が、『日本書紀』の「国生み」では一書第一に、「黄泉の国」では一書第六、および第九に、「須佐之男昇天」では正文にある。[12]「木花之開耶姫」では一書第二に、「海幸山幸」では一書第三にあった。すでに言われて来たことだが、このように、『古事記』と共通ないし近似する話が、『日本書紀』では各書に散在すること、また、その近似のありように少しずつだが差異の見られることなどを、どう考えたらよいのであろうか。この考察には、両書の全巻に及ぶ精密な分析を必要とするであろうが、今の段階で推測されるところを述べておく。

『古事記』と『日本書紀』には、共通する資料があった。ただし統一された一本としてではなく、説話ごとにばらばらの状態で両書の資料として利用された。一応は、『日本書紀』各書に見られるように、説話ごとに何種類もの伝本や、史書作成の際の創作原案というべきものがあり、その中からそれぞれにふさわしいものを採用したと考えられる。正文に採用しまとめあげた文章以外のもので、重要なものは参考資料の形で、一書、あるいは一云として補記したのであろう。

すでに北川和秀氏[13]に同様の指摘があったが、少なくとも神代の巻においては、『古事記』『日本書紀』の多くにわたっていずれかの一書、あるいは正文に記と類似の話が見られるところから考えると、すでに成書として共通する一本（『古事記』そのものであった可能性もないではない）があったのを、わざと各説話別にバラバラにして、それぞれの説話の一資料として、改めて別々にあつかったことも、可能性としては考えられる。

少なくとも、『日本書紀』は最終的な編集段階で『古事記』を見て、用字などの検討を行っているであろう。文章は酷似しながらも、用字などについては、必ず一部を相違させているのは、意図的なものであり、点検を行って手を加えた結果ではないか。

『古事記』（の筆者）が『日本書紀』を見ているかどうかは不明であるが、ある段階のもの、未定稿のものを見ている可能性は考えねばなるまい。いささか平凡な結論となりそうであるが、従来から一般的に言われてきたあたりに事実はあるのであろう。さらに詳しく総合的な分析を行って検討を進めたいと考える次第である。

注

（1）拙著『上代文学と木簡の研究』一九九九年一月

（2）拙稿「古事記の佐久夜毘売説話と日本書紀」（『古事記・日本書紀論叢』一九九九年七月）〈第二部1〉

（3）以下、『日本書紀』は小島憲之、直木孝次郎、西宮一民、蔵中進、毛利正守校注、新編日本古典文学全集による。

（4）以下、『古事記』は山口佳紀、神野志隆光校注、新編日本古典文学全集による。ただし「以音注」部分は省略した。

（5）尾畑喜一郎「比較研究における本邦国生み神話」（『国学院雑誌』一九八二年一一月）参照。

（6）服部旦「岐美神話の伝承」（『古代文化』一九七二年三月）

(7) 岡田精司「国生み神話について」(『日本神話研究2』一九七七年八月)
(8) 上田正昭「日本神話の体系と構成」(『解釈と鑑賞』一九七二年一月)、土生田純生『黄泉国の成立』(一九九八年一一月)など参照。
(9) 松前健『日本神話の新研究』一九七一年一〇月　二七〇ページ
(10) 工藤隆『古事記の生成』一九九六年一月　二二〇ページ
(11) 藤井信男「古事記の表記と文体について」(『古事記年報』一九五三年八月)
(12) 北川和秀氏が「古事記上巻と日本書紀神代巻との関係」(『文学』一九八〇年五月)で、『日本書紀』第四段では一書第一が、第五段では一書第六が、第六段では正文が『古事記』に最も近いと指摘していた。第五段の結果がやや異なるのは、分析方法の違いによるのであろう。
(13) 注(12)の論考の一三八・一三九ページに「書紀編纂に際しては、その文献は他の古文献と同様、段落ごとに分離され、ある段では書紀正文として採用され、別のある段では第何番目かの一書として採用された。その一方、古事記編纂に際しては、その系統の一本が一貫して古事記の底本として用いられ(下略)」とあった。

3 天孫降臨

はじめに

先に拙稿において、天孫降臨の神話の末尾に記された木花之佐久夜毘売（木花之開耶姫）説話では、『古事記』と『日本書紀』一書第二が酷似していることに関して述べた。[1] その一書第二と次に続く海幸山幸説話の一書第三は、用語・用字などにおいて似通うところがあり、恐らく両者は、この両説話において元は連続するものであったであろう。この一書第三と『古事記』海幸山幸説話がやはり似通っていることは従来より指摘されていた。ようするに、木花之開耶姫説話の一書第二と、海幸山幸説話の一書第三は、元来は連続していて、しかも共に『古事記』とごく近い関係にあったであろうことが知られたのである。

とすると、開耶姫説話の前にあり、あるいは開耶姫説話を内包する天孫降臨説話も、一書第二が『古事記』に近い関係にあるかというと、理論的にはそうなるはずだが、実際に対比させてみると、むしろ開耶姫説話を欠く一書第一の方に『古事記』との類似性が見られる。『古事記』の天孫降臨の条は、一書第一の末尾に一書第二の開耶姫説話を付け足したような内容となっているのである。

また、『日本書紀』正文は、一書第一から二、三の逸話を削って、代りに冒頭に前置き部分を加え、末尾に開耶姫説話のうちの一夜妊み話を加えた形となっている。この一夜妊みの話が、次の海幸山幸説話への橋渡し、ないしは前置きともなっているのである。結果として、正文では話のすじを整えることが重視され、脇道にそれかねない記事は一書で補足する形となっているかのようである(2)。この条における、こうした異同は、『古事記』および『日本書紀』の成立を考える際に重要な手がかりとなるものと思われるので、ここに分析を試みておく。

なお、この天孫降臨説話の形成については、三品彰英氏(3)をはじめとする諸先学のあまたの論考があり、それらについてここに論じる余裕はないが、ごくおおまかに示すことが許されるなら、松前健氏の次の一文(4)を妥当な見解としてあげておきたい。

『古事記』の天孫降臨段の記事が、本来、別系の降臨の伝承であったタカミムスビ＝ホノニニギの日向降臨説話と、アマテラス＝オシホミミ＝五部神＝三種神器＝の伊勢降臨説話との、両系の伝承のつなぎ合わせであり、そのつなぎ合わせは、律令時代の修史作業過程においてであろう。

ただし、拙稿において考察しようとするのは、文化人類学や神話学などに見られる伝承の形成過程の追究にあるのではなく、国語学を研究する者の立場から、「修史作業過程」の追究をすることにある。『古事記』や『日本書紀』の創作ないし編集の場に提出された、各種の資料や草稿を、どう選びつなぎ組みたてていったかという、編集時点における文章形成を考察するために、対照比較を試みたものである。

本稿の研究方法に近いものとしては、管見では北川和秀氏の高論(5)があげられる。氏は、神名などの記載を調べ、『古事記』のこの条は、『日本書紀』正文と一書第一とを「適宜切り継ぎしたようなものの後ろに」一書第二の「後半部を加え、それを更に若干の別の文献で補ったもの」と考察された。説話の内容について言うなら、結果としてはほぼそのようなものと言えるであろう。しかし、『古事記』『日本書紀』神話の全体を一覧するための、部分についての考察と、私の極めて微視的な、一説話ごとに一文一文を比較対照した上で分析を積み上げようとする方法とでは、おのずから相異する、あるいは補足する一面もあるであろう。

一、各書の構成

『日本書紀』正文の天孫降臨の条は、次のように大きく六つに分けることができる。

1　高皇産霊尊が天津彦彦火瓊瓊杵尊を葦原中国の君主にしようと考え、まず誰かを遣そうということになった。ところが遣わした天穂日命は大己貴神におもねって、三年たっても報告に帰らない。その子を遣わしたら、それも父に従って帰らなかった。

2　高皇産霊尊はさらに相談して、天稚彦を遣わす。この神も報告に帰らないので、無名雉を遣わしたところ、天稚彦は雉を射殺し、その矢が高皇彦霊尊の御前に届いた。その矢を投げ下したところ、臥している天稚彦の胸にあたり、彼は死ぬ。

3　天稚彦の死体を天上に持って来させて、殯《もがり》を行う。天稚彦の親友であった味耜高彦根神が弔いに来たが、それを天稚彦の親属や妻子が天稚彦と間違えてとりすがって泣いたので、味耜高彦根神は怒り、喪屋を切り倒してしまう。

4　高皇産霊尊はさらに相談し、経津主神と武甕槌神を遣わす。二神が大己貴神に国を譲るかどうか問うと大己貴神はその子の事代主神にまず尋ねてくれと言う。事代主神はすぐに承諾し、大己貴神も同意して隠れることとなる。

5　天津彦彦火瓊瓊杵尊が高千穂峰に天降る。

6　天津彦彦火瓊瓊杵尊は木花之開耶姫を娶り、木花之開耶姫は一夜で妊む。

右のうち、3は2に続くものではあるが、話の本筋から少しはずれた、いわば挿話にあたるものである。124 5で基本的には一つの説話が構成され、6は前述したように、次の説話へ展開するための橋渡しの役をなしている。

さて、一書第一では、1を欠いて話が2から始まる。1の部分があまりにも正文に似ていたので重複をさけて省略したとも、元来この前置きはなかったのだが、正文を整えるため新しく作ったとも両様に考えられる。説話としては、2の天稚彦の話に中心があり、1は話を盛り上げるために付け加えられたものと考えられるが、それが『日本書紀』成立の段階であったか、それ以前のある時期であったかは、にわかには言えない。もし成立段階に付け加えられたとすれば、『古事記』を参考にして創作した可能性も考えられるが。

3の次に、挿話2のさらに挿話の形で、味耜高彦根神の妻下照媛が、味耜高彦根神の名乗りに相当する歌を歌いあげて神の素性を示す。同じ夷曲として、さらに一曲の歌を歌う。

この後に、天照大神が天忍穂耳尊を葦原中国に下したところ、天忍穂耳尊は再び天上に帰って、その国がまだ平定されていないことを述べる。

また、4のあとに道の神である猨田彦が皇孫の行く道に立っていたので、天鈿女が胸乳をあらわにし大笑いしてこれに応対したという挿話が入る。なお、末尾の6、一夜妊みの話は欠いている。

一書第二では123を欠き、話が4から始まる。正文の4の末尾に香香背男という星の神が「一云」の割注の形で挿入されていた話の類話から始まる。経津主神と武甕槌神がこの悪神、別名天津甕星を誅して後、葦原中国を平定しようと言うのであるが、唐突に始まっており、恐らく前置き部分が正文や一書第一とあまり変らないため省略したのであろう。次に、高皇産霊尊の勅に大己貴神が従うという話が続くが、叙述が説明調で、叙事的な前二書とは文体がいささか異なっている。たとえば、二神の大己貴神に対する問いかけは、一書第一「汝将㆓此国㆒奉㆓天神㆒耶以不」、一書第二「汝将㆘以㆓此国㆒奉㆗天神㆖耶以不」[6]で、新編日本古典文学全集ではどちらも「汝、此の国を将ちて天神に奉らむや以不《いな》や」「汝、此の国を以ちて天神に奉らむや以不《いな》や」となっていて、訓みは全く同じである。だが、それに対する答えは、一書第一では「吾《あ》が児《こ》事代主、射鳥遨遊《とりのあそび》して、三津の碕に在り。今し問ひて報《かへりことまを》さむ」で、一書第二では「疑はくは、汝二神、是吾《これわ》が処《もと》に来ませるには非じ。故、許すべからず」である。一書第一では事代主の承諾をもって大己貴神も従うが、一書第二では高皇産霊尊の勅《みことのり》に説得されて大己貴神が隠れることとなる。後者は説教好きな編者の一人の姿が見えかくれするかのようで、他の説話にもこの編者の存在のうかがわれるのがあった[7]が、ここでも『日本書紀』編集の際に、彼、あるいは彼らの文体があらわとなったものであろう。5の高千穂峰への降臨は、ごく短く記述しただけで、正文や一書第一に見られる口頭語的律文調の詞章はまったくはぶかれている。そして、すぐに6の木花之開耶姫の話へと移るのであるが、これがどうしたことか、『古事記』の同じ説話と酷似していることは別稿[8]で述べた。あるいは『日本書紀』編集の最終的な段階で、『古事記』から取り入れた可能性も考えられる。

なお、一書第三～第八は、断片的であったり、省略が多かったりするので、一応、検討の対象からははずすことにする。

二、各書の比較

次に『古事記』と各書の比較を試みたい。

1について見ると、『古事記』では話の主体が高御産巣日神より、天照大御神に比重がかかっているなど、登場者にいささかの異同はあるが、大まかな筋は『日本書紀』とほぼ同じである。23についても、小異はあるが、話の流れはきわめて似通っている。恐らく同一の説話に基づいているのであろう。

3の後に阿治志貴高日子根神の妻、高比売命が阿治志貴高日子根神を歌いあげるところは、神名などは取り換えやすいものとして重視しなければ、話としては一書第一と同じである。ただし、神の名乗りを歌う一首のみで、一書第一でついでのようにして載せている別の一首は省略している。

4では、大国主の子供として、天つ神に従順な言代主神だけでなく、反抗する御名方神も登場する。話の筋からいうと、言代主神だけでは説話が生きてこず、なぜこれを登場させたのか必要性は弱いが、悪役として別の兄弟が登場する『古事記』の方が、この部分に限って言うなら本来の形であったであろう。『日本書紀』では天孫への服従を急ぐあまり、話の生き生きとした興趣を削いでしまっている。

この後に、『古事記』では律文的な格調の高い国譲りの詞章が続き、その片鱗は『日本書紀』にも見られるところであるが、ただし大国主の火《ひ》欑《きり》の祝詞は『古事記』にのみ記載される。

5の天孫降臨の前に猿田毘古神と天宇受売神の挿話があるのは、一書第一に類似する。ただし、5の後に、猿田毘古の逸話とも言うべき彼が海で溺れる話や、海鼠の口裂けの起源の説話が加えられており、『古事記』では猿田毘古や漁撈について特別に関心の深かったことが知られる。

この後へ、6が続くが、前述のように、これは一書第二の開耶姫説話と類似した話となっている。

総合して見るなら、『古事記』では甕星についての記述など、わずかな欠落を除くと、最も内容が豊かで、記述も長い。一書第一にさらにいくつかの挿話を加えた形となっており、『日本書紀』正本が、一書第一のいくつかの挿話を省略した形となっているのとは逆である。

これは、『日本書紀』では正本に、次々と一書を併記することによって、別伝を並べ、挿話を補う方法を取ったが、『古事記』ではいわば正本のみで書きおおせるつもりであったので、筆録者の興味に従いなるべく多くの話を一本にまとめようとしたためであろう。言いかえると、『日本書紀』は、諸般の事情から一本にまとめることはあきらめていたのであろう。正本と一書第一とを比べ、後者の方に挿話がより豊かであるのは、正本を元に挿話を付け加えたためと考えるより、正本ではこれを標準として整ったものとするため、各一書を整理して、話の本筋に直接関係しない付加的な部分は省略したためととらえた方が自然ではなかろうか。想像するなら、編集者たちの意見のバランスの上にたって、最大公約数的なところを正文にまとめ、少数、ないし弱小の意見にも、各一書を補うことで配慮したのであろう。文章表現上の考慮やら、政治的な考慮やら、色々と検討した上での妥協の産物として、こうした文章構成が選ばれたものかと考えられる。

三、冒　頭　部

天照大神の子正哉吾勝勝速日天忍穂耳尊、高皇産霊尊の女栲幡千千姫を娶り、天津彦彦火瓊瓊杵尊を生みたまふ。故、皇祖高皇産霊尊、特《こと》に憐《うつくしび》愛を鍾《あつ》めて崇《あがめひだ》養したまふ。遂に皇孫天津彦彦火瓊瓊杵尊を立てて、葦原中国の主とせむと欲す。

『日本書紀』では、天孫降臨全体の主人公たる天津彦彦火瓊瓊杵尊の紹介と、物語りの発端を端的にまとめている。「特鍾㆓憐愛㆒以崇養焉」など漢籍から引いたかと思われるような、漢文的修辞の感じられる部分もある。恐らく、『日本書紀』編集の段階で作文されたものであろう。一書ではこの部分を欠く。

『古事記』(9)は次のように始まる。

天照大御神の命以て、「豊葦原千秋長五百秋水穂国は、我が御子、正勝吾勝々速日天忍穂耳命の知らさむ国ぞ」と、言因《ことよ》し賜ひて、天降しき。

ここでは、降臨する主人公、日子番能邇々芸命は、次のように5の始めに出生が語られ、その出生自体が天孫降臨の全体の中にドラマチックに組み込まれている。

爾《しか》くして、天照大御神・高木神の命以て、太子正勝吾勝々速日天忍穂耳命に詔《のりたま》ひしく、「今、葦原中国を平げ訖りぬと白す。故、言依し賜ひし随《まにま》に、降り坐して知らせ」とのりたまひき。爾《しか》くして、其の太子正勝吾勝々速日天忍穂耳命の答へて白ししく、「僕《やつかれ》が降らむとして装束《よそ》へる間に、子、生れ出でぬ。名は天邇岐志国邇岐志天津日高日子番能邇々芸命、此の子を降《くだ》すべし」とまをしき。此の御子の、高木神の女、万幡豊秋津師比売命に御合して、生みし子、天火明命、次に、日子番能邇々芸命、二柱ぞ。

『日本書紀』では、冒頭部に次の文が続く。

然れども彼《そ》の地《つち》に、多《さは》に蛍火なす光る神と蠅声《さばへ》なす邪神《あしきかみ》と有り。復《また》、草木咸《みな》能く言語《ものいふこと》有り。

『古事記』では次のようになっている。

是に、天忍穂耳命、天の浮橋にたたして、詔はく、「豊葦原千秋長五百秋水穂国は、いたくさやぎて有りなり」と、告《の》らして、更に還り上《のぼ》りて、天照大神に請《まを》しき。

この部分は一書第一の3の後、4の冒頭にある次の一文に類似している。

既にして天照大神、思兼神の妹万幡豊秋津媛命を以ちて、正哉吾勝勝速日天忍穂耳尊に配《あは》せて妃《みめ》とし、葦原中国に降《くだ》らしめたまふ。是の時に勝速日天忍穂耳尊、天浮橋に立たして臨睨《のぞ》みて曰《のたま》はく、「彼《そ》の地は未平《さや》げり。不《い》須也《な》頗傾《かぶし》凶目《しこめ》杵《き》之《の》国か」とのたまひ、乃ち更に還登り、具に降りまさざる状《かたち》を陳《まを》したまふ。

この「凶目杵」などは、口頭語を元にして表記したものではなかろうか。『日本書紀』第五段では、「不須也凶目汚穢、此云二伊《い》儺《な》之《し》居《こ》梅《め》枳《き》枳《き》多《た》儺《な》枳《き》一」とある。天忍穂耳尊の前にその妃、万幡豊秋津媛命の名を記すのも、口頭伝承により忠実な表現かと考えられる。

もっとも、正文の表現も、すでに指摘されているように[10]、「出雲国造神賀詞」に類例があり、天孫降臨の条の一書第六にも似た詞章がある。それらとの前後関係はにわかには言えないが、それらに似た口頭表現を元に作文されたものとは言えよう。

　葦原中国は、磐根・木株・草葉も猶し能《よ》く言語《ものい》ふ。夜は煙火《ほへ》の若《もころ》に喧響《おとな》ひ、昼は五月蠅《さばへ》如《な》す沸騰る。

（一書第六）

　豊葦原の水穂の国は、昼は五月蠅《さばへ》なす水沸き、夜は火瓮《ほべ》なす光《かがや》く神あり。石《いは》ね・木立・青水沫も言問ひて荒ぶる国なり。

（出雲国造神賀詞）(11)

なお、天孫降臨の条には他にもほかの文献との類似例が見られる。冒頭部分では『古事記』の「於二天浮橋一多々志而」が一書第一の先に述べた部分の「立二于天浮橋一」をなかば読み下しかけた形となっている。伊耶那岐・伊耶那美の国生み説話の冒頭に「立二訓レ立云二多々志一。天浮橋一而」とあるのは、その中間の形と言えよう。『日本書紀』では同部分が「立二於天浮橋之上一」（正文）、「立二於天上浮橋一」（一書第二）とあり、わずかに表現を変えてある。

天孫降臨の条で、未開の国土を見てそれを表現したことばは、次の三種類に分かれる。

1　然彼地多有二蛍火光神及蝿声邪神一。復有二草木咸能言語一。　（正文）

　有二残賊強暴横悪之神者一。　（一書第一冒頭）

2　彼地未平矣。不須也頗傾凶目杵之国歟、　（一書第一前述部分）

3　豊葦原之千秋長五百秋之水穂国者、伊多久佐夜芸弖有那理、　（古事記）

1との類似例は先にもあげたが、ほかにも次のような例がある。

夫葦原中国、本自荒芒、至二及磐石・草木一咸能強暴。　（第八段一書第六）

是以、悪神之音、如二狭蝿一皆満、万物之妖、悉発。　（古事記、三貴子の分治）

於是、万神之声者、狭蝿那須満、万妖、悉発。　（古事記、天の石屋）

2には次の類例がある。

吾不レ意、到二於不須也凶目汚穢之国一矣、　（一書第六）

吾前到二於不須也凶目汚穢之処一。　（同）

吾者、到二於伊那志許米上、志許米岐穢国一而在祁理。　（古事記、黄泉の国）

3には次の類例がある。

夫葦原中国猶聞喧擾之響焉。（聞喧擾之響焉、此云二左揶霓利奈離一。）　（神武天皇即位前紀）

葦原中国者、伊多玖佐夜芸帝阿理那理。　（古事記、神武天皇）

なお、天孫降臨の条の冒頭部はこの後、「故高皇産霊尊召二集八十諸神一」（正文）、「爾、高御産巣日神・天照大御神之命以、於二天安河之河原一神二集八百万神一集而」ということになり、神々の意見を聞いて話が展開することとなる。『古事記』では、はじめに「天照大御神之命以」とあったので、ここで「高御産巣日神」が付加された形となる。これが後の付加なのか、それとも最終的な清書に近い段階で冒頭部分の冒頭が付加され、その段階において天照大御神を高御産巣日神よりも活躍させ、あるいは交替させたものなのかは、にわかには判断できない。

四、天若日子

天若日子（天稚彦）の条においては、前後二つの逸話から成っているが、正文、一書第一、記の三書ともほぼ同一の内容となっている。部分ごとに対比すると、一書第一に鳥たちによる喪屋での儀礼の記述を欠くことなどを除けば、用語や表現にわずかの違いが見られるにすぎない。次に抄出してみる。会話部分に「　」を記した。

（正）故高皇産霊尊更会二諸神一、問二当レ遣者一。僉曰、「天国玉之子天稚彦、是壮士也。宜レ試之。」

（記）是以、高御産巣日神・天照大御神、亦、問二諸神等一、「所レ遣二葦原中国一之天菩比神、久不二復奏一。亦、使二何神一之、吉。」爾、思金神答白、「可レ遣二天津国玉神之子、天若日子一。」

『古事記』では、会話の内容を地の文で述べることなく、会話のままの形で念入りに記し、つまり会話文によって出来事をくり返しをいとわずに述べておく。耳で聞いた際に、くり返すことによって解かりやすくするためであろう。類似していても『日本書紀』では目で読んだ際にわずらわしいものとなりかねない念押しは省略し、代りに「是壮士也。宜試之」のような理屈による説明が入ることは、他の部分でも見られた両文献の文体の違いである(12)。

一書第一はこの部分まで記述がなく、いきなり次の箇所から話が始まる。

一書曰、天照大神勅二天稚彦一曰、「豊葦原中国是吾児可レ王之地也。然慮、有二残賊強暴横悪之神者一。故汝先往平之。」

冒頭部分の前置きと、先に降されて大己貴神におもねってしまった天穂日命（正文ではさらにその子の武三熊之大人も）の話を省略した形となる。天穂日命は先に引用した「出雲国造神賀詞」にも現れ、「出雲臣等我遠神、天穂比命乎国体見尓遣時尓（出雲の臣等が遠つ神天穂比命を国体見に遣はしし時に）」と書かれ、この神の報告のことばが先の引用の「豊葦原の水穂の国は」云々であった。正文が出雲の伝承を取り入れたものとすれば、それをごく簡略に書いてある『古事記』は、正文か、正文の元になった文書から一部分のみ利用して書き止めたということになる。冒頭部分に限るなら、『古事記』は部分的に正文を引いた形となっている。あるいは、一書第一の国譲りの話の冒頭部分の後へ、天穂日命のことを簡単に補い、さらに正文にも一書第一にも共通する天稚彦の挿話を続けた結果となっている。次に、この三書に共通する天稚彦説話を部分部分に区切って対照させてみる。

（正）於レ是高皇産霊尊賜二天稚彦天鹿児弓及天羽羽矢一以遣之。

（一）乃賜二天鹿児弓及天真鹿児矢一遣之。

(記) 故爾、以㆓天之麻迦古弓・天之波々矢㆒賜㆓天若日子㆒而、遣。

三書はほぼ同じであるが、あえて言うなら『古事記』と正文は矢の名が一致するが、一書第一は異なる。

(正) 此神亦不㆓忠誠㆒也。来到即娶㆓顕国玉之女子下照姫㆒、〔亦名㆓高姫㆒、名㆓稚国玉㆒。〕因留住之曰、吾亦欲㆑馭㆓葦原中国㆒、遂不㆓復命㆒。

(一) 天稚彦受㆑勅来降、則多娶㆓国神女子㆒、経㆓八年㆒無㆓以報命㆒。
(記) 於是、天若日子、降㆓到其国㆒、即娶㆓大国主神之女、下照比売㆒、亦、慮㆑獲㆓其国㆒、至㆓于八年㆒不㆓復奏㆒。

正文に「吾亦欲馭葦原中国」が入るのは、『日本書紀』筆者（の一人）の説明好き、解釈好きの性向によるものか。
ここでは一書第一が、正文と『古事記』の中間の形となっている。

(正) 是時高皇産霊尊怪㆔其久不㆓来報㆒、乃遣㆓無名雉㆒伺之。
(一) 故天照大神乃召㆓思兼神㆒、問㆓其不㆑来之状㆒。時思兼神思而告曰、「宜㆓且遣㆑雉問㆒之。」於㆑是従㆓彼神謀㆒、乃使㆑雉往候之。
(記) 故爾、天照大御神・高御産巣日神、亦、問㆓諸神等㆒、「天若日子、久不㆓復奏㆒。又、遣㆓曷神㆒以問㆓天若日子之淹留所由㆒。」於是、諸神及思金神、答白、「可㆑遣㆓雉、名鳴女㆒」時、詔之、「汝、行、問㆓天若日子㆒状者、汝所㆔以使㆓葦原中国㆒者、言㆓趣和其国之荒振神等㆒之者也。何至㆓于八年㆒不㆓復奏㆒。」

ここでは『古事記』が詳しく、一書第一は正文との中間の形となっている。『日本書紀』の省略された会話の内容を想像してふくらませたのが『古事記』だとも考えられるが、しかしこれが口頭伝承されたものだとすれば、このくらい会話部分に念を入れないと、内容が聞き手の頭の中にしっかりとはいって来ず、語りのリズムに乗りにくいとも言える。文章化する際にはそれが、くどく余分なものとなるであろうから、和化漢文とはいえ、一応は記述文章である『古事記』を書くに際して、ここまで『日本書紀』の漢文をふくらます必要はなかったであろう。『日本書紀』を元に創作した語りを聞きながら文章化したなら、また別であるが、ふつうは『古事記』式の話が漢文化される際に省略されて『日本書紀』式の、簡略化された文章になったと考えられよう。ただし、『古事記』の「雉、名鳴女」が『日本書紀』で「無名雉」とあるのはなぜであろう。元は、単に「雉」（一書第一）とあったのが、語りの際のリアリティーを考えて『古事記』では名を入れたのであろうか。『日本書紀』でわざわざ「無名雉」とした理由は分からないが、もしかすると『古事記』を意識したものかも知れない。

(正) 其雉飛降、止二於天稚彦門前所一レ植植、此云二多底屢一。湯津杜木之抄一。杜木、此云二可豆邏一。

(一) 其雉飛下、居二于天稚彦門前湯津杜樹之杪一、而鳴之曰、天稚彦何故八年之間未レ有二復命一。

(記) 故爾、鳴女、自レ天降到、居二天若日子之門湯津楓上一而、言委曲、如二天神之詔命一。

ここでは、すでに前の箇所で詳しく述べたためか、『古事記』では「言委曲、如天神之詔命」とだけ記し、一書第一はそれがなかったためか、ここで「天稚彦何故八年之間未有復命」と内容が記される。『日本書紀』正文はそれが省略されていて、雉が人間ないし神のことばをしゃべるという古代性を失っている。このあたり、特に『古事記』と一書第一の類似性が注目される。

(正) 時天探女天探女、此云二阿麻能左愚謎一。見、而謂二天稚彦一曰、奇鳥来居二杜抄一。

(一) 時有二国神一、号二天探女一。見二其雉一曰、「鳴声悪鳥、在二此樹上一。可レ射之。」

(記) 爾、天佐具売、聞二此鳥言一而、語二天若日子一言、「此鳥者、其鳴音甚悪。故、可二射殺一」云進、

ここでも『古事記』は一書第一に近い。

(正) 天稚彦乃取二高皇産霊所一レ賜天鹿児弓・天羽羽矢一、射レ雉斃之。

(一) 天稚彦乃取二天神所一レ賜天鹿児弓・天真鹿児矢一、便射之。

(記) 即天若日子、持二天神所一レ賜天之波士弓・天之加久矢一、射二殺其雉一。

ここでは、三書はほぼ同じである。ただし、『古事記』では、先に天つ神から賜ったのは「天之麻迦古弓・天之波々矢」であったのが、ここで名称が変わっている。あるいは、前出の箇所では、『日本書紀』に合わせて名称を書きかえたものかも知れない。だとすれば、天照大御神に高御産巣日神が併記されるのも、『日本書紀』正文で高御産巣日神が中心となるのを読んだ上で、『古事記』の文章に補訂を加えたためかも知れないであろう。

(正)其矢洞二達雉胸一、而至二高皇産霊尊之座前一也。

(一)則矢達二雉胸一、遂至二天神所処一。

(記)爾、其矢、自二雉胸一通而、逆射上、逮下坐二天安河之河原一天照大御神・高木神之御所上。是高木神者、高御産巣日神之別名。

三書とも「雉胸」と記されているのは、成書後の影響関係を考えさせるものである。『古事記』に「高木神」が出現するが、この天若日子説話におけるこの神の活躍を考えると、ここでは元来は、天神、つまりこの話における最上神は高木神だったのではないかと考えられる。[13] 一書第一は、他の部分に合わせてそれが天照大神[14]に、正文では高皇産霊尊に置き換わったものであろう。『古事記』では高木神の名称を残したまま、それを高御産巣日神の別称として扱い、また、天照大御神の名称をも併記したのであろう。

(正)時高皇産霊尊見二其矢一曰、「是矢則昔我賜二天稚彦一之矢也。血染二其矢一。蓋与二国神一相戦而然歟。」

(一)時天神見二其矢一曰、「此昔我賜二天稚彦一之矢也。今何故来」、乃取レ矢而呪之曰、「若以二悪心一射者、則天稚彦必当レ遭レ害。若以二平心一射者、則当レ無レ恙」

(記)即示二諸神等一詔者、「或天若日子、不レ誤レ命、為レ射二悪神一之矢之至者、不レ中二天若日子一。或有二邪心一者、天若日子、於二此矢一麻賀礼」、云而、

ここでも、正文は他の二書とは少し距離がある。

（正）於レ是取レ矢還投下之。其矢落下、則中二天稚彦之胸上一。于レ時天稚彦新嘗休臥之時也。中レ矢立死。此世人所謂反矢可レ畏之縁也。

（一）因還投之。即其矢落下、中二于天稚彦之高胸一、因以立死。此世人所謂返矢可レ畏之縁也。

（記）取二其矢一、自二其矢穴一衝返下者、中下天若日子寝二朝床一之高胸坂上以、死。此、還矢之本也。

ここでは、正文と一書第一が似ており、『古事記』が少し異なる。異なるのは、『古事記』の和文としてのみごとさの要因となる一面を示す部分であろう。先の「於二此矢一麻賀礼（比の矢にまがれ）」、後の「寝二朝床一之高胸坂（朝床に寝ねたる高胸坂）」など、漢文からは生まれようのない、逆に漢文には訳しようのない、なまの口頭伝承がうかがわれるような表現が見られる。なお、『古事記』のみ、この後に次の一文が記される。

　亦、其雉、不レ還。故、於レ今、諺曰二雉之頓使一本、是也。

ただし、一書第六に「此雉降来、因見二粟田・豆田一、則留而不レ返。此世所謂雉頓使之縁也。」とあるのと諺部分は類似しており、そして、この諺にふさわしいのは、粟や豆を食べあさって帰ることを忘れた一書第六のこの雉（無名雉）であろう。考えてみると、天穂日命も天稚彦も「雉頓使《きぎしのひたつかひ》」であった。

　この後、喪屋で服喪の儀礼を行う鳥たちとその役割が述べられる。正文では川雁《かはかり》、雀が、その一云に鶏《かけ》、川雁が、別の一云に川雁、鴗《そに》、雀、鷦鷯《さざき》、鵄《とび》、烏が登場する。一書第一は鳥たちの登場はない。『古事記』では河雁《かはかり》、鷺、翠鳥《そにどり》、雀、雉が登場する。「而《しか》して八日八夜、啼哭《な》き悲しび歌ふ。」（正文）、「如此《かく》行ひ定めて、日八日夜八夜以て、遊びき。」（古事記）とあるのも類似しており、これを記した何種かの資料のあったことがうかがわれる。この後、阿遅志貴高日子根神（味耜高彦根神）が弔いに訪れて、天若日子と間違われるくだりがある。正文と一書第一が近く、『古事記』は口頭語の効果がより表わされる内容となっている。たとえば、「吾君猶在」として正文と一書第一で全くの同一の文となるところが、『古事記』では、「我子者、不レ死有祁理。我君者、不レ死坐祁理（我《あ》が子は、死なず有りけり。我が君は、死なず坐《いま》しけり)」となっていて、宣命大書体で表記されている。一文一文を対照させることは、くどくなるので省略する。

次に一書第一では次の逸話があり、正文はこれを欠く。

時に味耜高彦根神、光儀華艶《よそほひうるは》しく、二丘二谷の間に映《てりかかや》く。故、喪に会《つど》へる者歌《ひとうたよみ》して曰く、或《ある》に云はく、味耜高彦根神の妹下照媛、衆人をして、丘谷に映く者《ひと》は、是味耜高彦根神なりと知らしめむと欲《おも》ふ。故、歌《うたよみ》して曰く、

天なるや　弟織女《おとたなばた》の　頸《うな》がせる　玉の御統《みすまる》の　あな玉はや　み谷　二渡らす　味耜高彦根

といふ。

とあり、さらにもう一首、「天離《あまさか》る夷《ひな》つ女《め》の」云々と歌が記されている。『古事記』では、この二首目の歌は欠くが、類似した話が書かれ、次のように右の一首とほぼ同一の歌が記されている。

天なるや　弟棚機の　項がせる　玉の御統　御統に　足玉《あなだま》はや　み谷　二渡らす　阿治志貴高日子根の　神ぞ

『古事記』が一首だけを記しているのは、一書第一からこの一首だけを引いて他の一首を省略したとも、元の資料から一書第一は二首を、『古事記』は一首を引いたとも考えられる。『古事記』の一首の方が物語りの内容に合わせて手が加えられているようである。その段階で、物語りと直接的に結びつけにくい別の一首が省略されたとも考えられよう。一書第一が『日本書紀』では天神（最上神）が天照大神のみであり、『古事記』も天若日子説話の高木神を除く部分では、元来は天照大御神が最上神であったと見られることなど、一書第一と『古事記』の関係は強い。それに対し、正文と『古事記』では、喪屋の儀礼のように何種類かの資料が存在していて、直接に正本によらなくても、それ以前の原資料によったかも知れない部分や、天照大御神に併記される高御産巣日神、また書き換えがあったと見られる弓矢などの名称があるが、名称に手を加えることは、いったん成書化された後にでも簡単に出来る

ことである。

五、葦原中国平定と大国主の国譲り

この条では、『古事記』が最も内容が豊かで話が生き生きしている。あるいは、天孫降臨の前章に、稲羽の素兎など出雲関係の説話が豊富に収められていることと関連があるかも知れない。

『古事記』では他の書に見られない「火攢り」の祝詞などが収められているだけでなく、国譲りの文章にも延喜式祝詞などと類似する表現が見られる。『日本書紀』正文ではそれが簡略化されており、また、一書第一ではそれを欠いて代りに天照大神が皇孫へくだした勅（おほみこと）が記される。

（記）故、更に且《また》還り来て、其の大国主神を問ひしく、「汝が子等、事代主神・建御名方神の二はしらの神は、天つ神御子の命の随《またま》に違ふこと勿《な》けむと白し訖《をは》りぬ。故、汝が心は、奈何《いか》に」ととひき。爾《しか》くして、答へて白ししく、「僕《やつかれ》が子等二はしらの神が白す随に、僕は、違はじ。此の葦原中国は、命の随に既に献《たてまつ》らむ。唯《ただ》に僕が住所《すみか》のみは、天つ神御子の天津日継知らすとだる天の御巣の如くして、底津石根に宮柱ふとしり、高天原に氷木たかしりて、治め賜はば、僕は、百足《ももた》らず八十《やそ》坰手《くまで》に隠りて侍らむ。亦、僕が子等百八十の神は、即ち八重事代主神、神の御尾前と為て仕へ奉らば、違《たが》ふ神は非じ」と、如此《かく》白して、出雲国の多芸志の小浜に、天の御舎を造りて（下略）

（正）使者《つかひ》既に還り報《かへりことまを》命す。故、大己貴神、則ち其の子《みこ》の辞《こと》を以ちて、二神に白《まを》して曰《まを》さく、「我《あ》が怙《たの》めりし子、既に避去《さ》りまつりぬ。故、吾《あ》も避りまつらむ。如《も》し吾防禦《ふせ》かましかば、国内《くぬち》の諸神必ず同じく禦《ふせ》かむ。今し我避り奉《まつ》らば、誰か復敢へて順《まつろ》はぬ者有らむや」とまをしたまふ。乃ち国平《くにむ》けし時に杖《つ》けりし広矛を以ちて、二神に授けまつりて曰はく、「吾、此の矛《ほこ》を以ちて卒《つひ》に治功《をさむるいさをし》有り。天孫、若し此の矛を用ちて国を治めたまはば、必ず平安《さき》くましまさむ。今し我は百《もも》足らず八十隅《くまで》に隠《かく》去りなむ」とのたまふ。

(一)故、大己貴神、其の子の辞《ことば》を以ちて二神に報《かへりことまを》す。(中略)因りて皇孫に勅《みことのり》して曰はく、「葦原千五百秋瑞穂国は、是、吾が子孫の玉《きみ》たるべき地《つち》なり。爾《なむぢ》皇孫就《ゆ》きて治《し》らせ。行矣《さきくませ》。宝祚《あまつひつぎ》の隆《さか》えまさむこと、天壌《あめつち》と無窮《きはまりな》けむ」とのたまふ。

『古事記』の「底津石根に宮柱ふとしり、高天原に氷木たかしりて」には、「下つ磐ねに宮柱太敷き立て、高天の原に千木高知りて」(六月晦大祓祝詞)などの類例がある。

『日本書紀』に見られない『古事記』の部分については、筆者の創造によると考えるより、口頭伝承にもとづいたものと考える方が自然である。火攢りの祝詞については引用を省略するが、こうした神事にかかわる詞章を、いくら文芸的能力にすぐれた筆者とは言え、独自に創作できたとは思えない。『日本書紀』正文の、「百足らず八十隈に隠去りなむ」と、『古事記』の「百足らず八十坰手に隠りて侍らむ」は共通しているが、これらは漢文を元にしたものとは考えにくく、伝承を元にした和文の詞章が元になったものであろう。つまり、この部分においては、『古事記』と一書第一は関係が薄く、正文と関係があるとすれば、『古事記』の方が先にあったと見られるのである。あるいは、『古事記』の資料ともなった和文体(和化漢文表記か)の資料の一つが、『日本書紀』正文の資料となったと考えられるかも知れない。つまり、この部分を元に考える限りでは、漢文をふくらませて和文化したものが『古事記』であると見るより、和文をそぎ削って漢文化したものが『日本書紀』であると見る方が、おおまかな方向としては考えやすいのである。

六、天宇豆売と猿田毘古

正文ではこの話を欠いているが、まさに天孫が降臨しようとする時に、道に猿田毘古が立ちふさがっていた。これに向って応対したのが天宇豆女で、両者の対面する場面は、一書第一が具体的にえがき出している。

（一）已《すで》にして且《まさ》に降りまさむとする間《ほと》に、先駆者《さきばらひ》還りて白さく、「一神《ひとりのかみ》有り。天八達《あまのやち》之衢《また》に居り。其の鼻の長さ七咫《あた》、背《そびら》の長さ七尺《さか》余り。七尋《ひろ》と言ふべし。且《また》、口・尻、明耀《あかりて》れり。眼は八咫鏡の如くにして、絶然《てりかかやけること》赤酸醤《あかかがち》に似れり」とまをす。（中略）天鈿女乃ち其の胸乳を露にし、裳帯《もひも》を臍《ほそ》の下に抑《おした》れて、咲噱《あざわら》ひて向ひ立つ。是の時に衢神《ちまたのかみ》問ひて曰く、「天鈿女、汝為《かくす》るは何の故ぞ」といふ。対《こた》へ曰く、「天照大神の子の幸《いでま》す道路《みち》に、如此《かく》有りて居るは誰ぞ。敢へて問ふ」といふ。（下略）

『古事記』は、この話は、簡単に触れているだけで、描写は欠く。

天孫降臨の様子は、『古事記』は祝詞の詞章を思わせる重々しい和文で唱え上げており、『日本書紀』の正文、一書第一ともにこれを漢訳したものであることが見受けられる。

（記）故爾《かれしか》くして、天津日子番能邇々芸命に詔ひて、天の石位を離れ、天の八重のたな雲を押し分けて、いつのちわきちわきて、天の浮橋に、うきじまり、そりたたして、竺紫《つくし》の日向の高千穂の久士布流多気に天降り坐しき。（下略）

ちなみに、「六月晦大祓祝詞」に「天の磐座《いはくら》放れ、天の八重雲をいつの千別きて、天降し依さしまつりき。」があった。

（正）皇孫《すめみま》乃ち天磐座を離《おしはな》ち、且《また》天八重雲を排分《おしわ》け、稜威《いつ》の道別《ちわき》に道別きて、日向の襲《そ》の高千穂峰に天降ります。

（下略）

（一）皇孫、是に天磐座を脱離ち、天八重雲を排分け、稜威の道別に道別きて、天降ります。（下略）

漢訳といっても、「排二分天八重雲一、稜威之道別道別」（正文）（一書第一）など、和風傾向の強い部分があり、口頭語なり和化漢文なり、いずれにしろ和文を元にしていることがあらわである。

『古事記』には付け足しのように、猿女君の名のいわれ、猿田毘古神が海に溺れた時の様子を名称化した話、海鼠《こ》の口がさけているいわれなど、起源説話めいた逸話が収められているが、これも口頭伝承を文章化したものであろう。話の本筋から離れているので、『古事記』の筆者がこれを創作する動機はない(15)。筆者の興味によって話を採用し筆録したものであろう。

正文に猿田彦の説話を欠くのは、物語りとしての文芸的な面白さより、国書としての整合性を求めたためであろうか。さらに言うなら、「一書」という表現形式（ないし構成法）があったため、そちらへ枝葉になるエピソードを分けて収めることができたためでもあろう。一書第一に木花之開耶姫説話を欠くのは、一書は正文と異なり話の断片でもよく、物語りとしての完結性や次の章への連続性を求めなかった、つまり一書は、正文を補足するためのもの、参考資料のようなものであったためであろう。

おわりに

『日本書紀』正文・一書第一と『古事記』は同じ素材を使った部分が多く、何種類かの資料を共用した可能性もある。

『日本書紀』の各一書の中には、正文作成のための資料として集められたものばかりではなく、編集のメンバーの手によって草稿として新しく作成されながら、ついに正文としては採用に至らず、しかし何らかの理由で、捨て去るわけにもいかないといった種類の文章も含むであろう。

説明調でドラマ性を欠き、物語りとしては平板で面白くないが、編集メンバーの意思が強く現れているように見える一書第二の末尾に、『古事記』に最も近い形の木花之開耶姫説話が付記されているのは、あるいはこれを正文としようとした有力編集員のあったことを示す名残りと見ることもできるかも知れない。

『日本書紀』では、正文に補足する形で一書を併記する方法によったことで、比較的に話の本筋にそった内容のみを正文に残してまとめることができ、『古事記』はいわば正文のみであるため、話の横道にそれる内容でも、筆録者に興味のあるものはここに取り込まざるを得なかったわけである。文章表現が口頭言語にじかにつながっている点では、当然ながら和文（和化漢文）で表記された『古事記』に、内容の多様さでは正文と何種類もの一書を併せる『日本書紀』に原資料の傾向がより強く残っている（ただし、逆の場合もある）のは、すぐに知られるところである。

『日本書紀』の天孫降臨の条における二書と『古事記』の前後関係をあえて推測するなら、おおまかに言うと、複数の原資料から一書第一と『古事記』がそれぞれに成書化され、一書第一と『古事記』を元に『日本書紀』編集者の意向によって削除や付加の作業を加えた上で、正文かその元になった草稿が作られ、一方、『古事記』は後に正文に近い草稿を参照して、政治的考慮などにより、神名などの表面的なわずかの部分を補訂したものと考えられる。『日本書紀』の完成の前に、『古事記』を見て、正文の用字・表記などの修正を行った可能性について述べたことがあるが[16]、逆に『古事記』においても、現在残された形になるまでには、『日本書紀』を見ている可能性があるのである。

ただし、『日本書紀』一書第一と『古事記』の類縁性は強い。そして部分によっては例外もあろうが、全体的には、『古事記』は正文よりは先立って作成された書といえる。これは完成時期によって、当然に言えることでもあるが、『日本書紀』や『古事記』の筆録者たちの作業の場は、あるいはとなりあった工房と言えるほど近い所にあったかも知れない。

なお、『日本書紀』の各一書は、必ずしもすべてが元から漢文表記だったとは限らず、むしろ、和化漢文表記のものの方が多かったと考えられる。

たとえば、飛鳥池遺跡(17)から、「官大夫前白」で始まる文書木簡が出ている。この書き出しは、「官《つかさ》の大夫《まへつぎみ》の前《みまへ》に白《まを》す」と読む和化漢文で、藤原宮出土木簡にしばしば見られる書式であることは言うまでもないが、その後に人名が列挙されており、それも「□波田乃麻呂」「野西乃首麻呂」のように、訓字、借訓字、借音字をまじえて書いてある。「汙乃古」は借音表記、「小山乃□乃」は宣命大書体、もし「野西」が訓字だとすれば、「野西乃」も宣命大書体と認め得るものである。この木簡の年代は、「天武朝ないしそれより遡る可能性もある(18)」とされる。

また、戊申年（六四八）の紀年銘木簡の出土で驚かせた難波宮(19)からは、「支多比《きたひ》」「伊加比《いかひ》」など、借音仮名の多用が目立つ木簡がいくつも出ている。「伊加比」は藤原宮では「伊貝」、平城宮では「貽貝」と表記され(20)、時代の進むにつれ訓字化の進む好例となった。また、「王母前□□□□」の例も、構文が「――の前に申す」式文書木簡を思わせる。「委尓《わに》マ栗□□」「嶋意弥《おみ》荷□□八」など、人名の音訓交用表記も見られる。

こうした例から、時代をさかのぼるほど、表記に和風傾向の強い例の見られることが知られるのであるが、一般の文章においても、『日本書紀』各一書の元の文章が書かれた時点では、和化漢文（あるいは音訓交用文）で書かれたものが少なくなかったと考えられるのである。

注

（1）拙稿「古事記の佐久夜毘売説話と日本書記」（『古事記・日本書紀論叢』一九九九年七月）〈第二部1〉

（2）すでに尾崎知光「『神代紀』の性格」（『神田秀夫先生喜寿記念　古事記・日本書記論集』一九八九年一二月）に、『日本書紀』神代巻の正文の性格について、「余分な話はできるだけ切りすて、岐路にわたるのを避け、すっきりした形で叙述しようとしてゐる」「当時存在してゐた様々の古伝を本伝から取り除いた代りに、それらを注の形式で付加した」と指摘があった。

なお、近年では一書を正文に対する「〈注〉的本文」（青木周平『古事記研究』一九九四年一二月）ととらえる方向もある。

（3）三品彰英『日本神話論』一九七〇年など。

（4）松前健「『日本書紀』の神話」（巻一、二）（『日本書紀のすべて』一九九一年七月　五六ページ）

（5）北川和秀「古事記上巻と日本書紀神代巻との関係」（『文学』一九八〇年五月）

なお、高橋美由紀「古事記における伊勢神宮」（『古事記年報』一九八〇年一月）では、一書第一のような神話に、神宮祭神説を加上して『古事記』の天孫降臨条が成ったとする。また、西條勉「〈皇祖神＝天照大神〉の誕生と伊勢神宮」（『国文学論輯』一九九四年三月）では、同条について、一書第一と第二によりつつ、独自に伊勢神宮の起源を織り込んで両書を変形したとする。

（6）以下、『日本書紀』は小島憲之、直木孝次郎、西宮一民、蔵中進、毛利正守校注の新編日本古典文学全集（小学館）一九九四年四月による。ただし、ルビなど一部省略した。

（7）拙稿「古事記と日本書紀に共通する一本について」（『古代文学研究』甲南大学古代文学研究会、一九九九年九月）参照。〈第二部2〉

（8）注（1）に同じ。

（9）以下、『古事記』は山口佳紀、神野志隆光校注の新編日本古典文学全集（小学館）一九九七年六月による。ただし、ルビや「以音注」など一部省略した。

(10)　荻原千鶴『日本古代の神話と文学』一九九八年参照。

(11)　以下、祝詞は倉野憲司、武田祐吉校注の日本古典文学大系『古事記祝詞』による。読み下し文の一部に手を加えた。

(12)　拙著『上代文学と木簡の研究』一九九九年一月

(13)　安藤正次氏は高木神について、『古事記』が古伝の本来の面目を伝えている事実の一つとする。『安藤正次著作集』第四　一九七四年一月　八七～八九ページ

(14)　天照大御神と高御産巣日神に関しても多数の論考があるが、西條勉「皇祖アマテラス大神の生成」(『国文学研究』早稲田大学国文学会　一九八四年一〇月)によって、その概要が知られよう。

(15)　猨田正祝「『古事記』における猨田毘古神の位相」(古事記研究大系『古事記の神々』上でも、〈海溺れ神話〉について、「いうまでもなくこれは『古事記』編纂レベルでの創作とは考え難い。猨田毘古神の奉斎集団の伝承」であったと思われると書いている。二三九・二四〇ページ

(16)　注(7)に同じ。

(17)　「一九九八年出土の木簡」(『木簡研究』第二一号　一九九九年一一月)

・官大夫前白　田々連奴加　加須波□鳥麻呂
　　　　　　　久田□　　　小山乃□乃

・□波田乃麻呂　安目　汙乃古
　野西乃首麻呂　大人　□□ッ麻□□□□黒□

(18)　注(17)の二八ページ(寺崎保広氏の文による)。

(19)　以下、木簡例は一九九九年一二月四日の木簡学会における江浦洋氏の報告資料「難波宮跡北西部出土の木簡」をもとにした。

(20)　拙著『木簡と宣命の国語学的研究』一九八六年一一月　一七六ページ参照。

4　国生み・天の石屋・八俣の大蛇

一、はじめに（国生み）

ここ七、八年、『古事記』『日本書紀』の神代の巻を各説話ごとに、一文一文を対照し比較するという作業を続けて来て、ようやく見えかけて来たことがある。説話により様相は異なるが、『古事記』および『日本書紀』の正文、各一書の文章形成過程における相互の関係である。両書作成のために用意されていたいくつもの文献資料や草案が、どのように組み上げられ、どのように整えられて行ったかという筆録、編集の過程である。

たとえば国生みの条（『日本書紀』第四段・第五段）では、『日本書紀』一書第一と『古事記』が同じ話の漢文バージョンと和文バージョンと呼んでもよいほど似ている。(1) そして、この両者のどちらが元になったかというと、『古事記』であろう。両者にある「八尋之殿」（一書第一）、「八尋殿」（記）は口頭の和語を元に記されたと考えられる。ところで、一書第一よりさらに漢文化が進み、いわば漢文として純粋化されているかに見える正文では、このことばは消えている。(2)

（記）於㆓其島㆒天降坐而、見㆓立天之御柱㆒、見㆓立八尋殿㆒。

（一）二神降㆓居彼嶋㆒、化㆓作八尋之殿㆒。又化㆓竪天柱㆒。

（正）二神於レ是降二居彼嶋一、（中略）便以二磤馭慮嶋一、為二国中之柱一、

右のように対照すると、三者が関連するものであることが明白に示される。『古事記』と一書第一の前半部分、一書第一と正文の後半部分は、同一の文を元にしたと考えざるを得ないほど酷似している。

この三者の文章作成の前後関係を考えると、まず、正文から一書第一が生じることはあり得ない。漢文表記をめざしたはずの『日本書紀』作成の過程で、漢文で書かれているものを元に、わざわざ和風要素を加えることはしないであろう。とすれば、一書第一を元に、より漢文化して正文が成ったと考えざるを得ない。とすると、記→一書第一→正文と書きかえて行ったものと考えざるを得なくなる。[3]

『古事記』の「塩許々袁々呂々邇画鳴（塩こをろこをろに画《か》き鳴《な》し）」が『日本書紀』に欠けるのは、漢文化しようがなかったからであろう。『古事記』の「あなにやし、えをとこを」「あなにやし、えをとめを」が一書第一では「妍哉、可愛少男歟（あなにゑや、えをとこを）」「妍哉、可愛少女歟」となる。両書では前後を変えてもう一度唱え直されるが、正文では、はじめは「憙哉、遇二可美少男一焉（あなうれしゑや、うましをとこに遇ひぬること）」と陰神が唱えるだけで、唱え直しの場面では今度は陽神が「憙哉、遇二可美少女一焉」と唱えたことが記されているだけである。唱えごとの表記からも、くり返しを避ける表現法からも、正文が最も後に作成されたもので、記→一書第一→正文の順で書き改められたことが見られるわけである。

ただし、正文と一書第一とで大きく異なる箇所もある。最初に生まれる子供は、『古事記』と一書第一ではヒルコである。ヒルコが生れたので、唱え直しを行うわけである。ところが、正文では、婦人が先に唱えるのはよくないと、説教風の批難を書いただけで、国生み以前に唱え直しを行う。

正文ではヒルコの話は次の第五段に、神生みの箇所で、日神、月神の次、素戔嗚の前に記される。[4] これは第五段の一書第二に酷似していて、それを元にしていることが明白である。

（二）次生二蛭児一。此児年満二三歳一、脚尚不レ立。

（正）次生二蛭児一。雖二已三歳一、脚猶不レ立。

正文は、第四段ではその一書第一を元にし、第五段ではその一書第二を元にしたことになる。こうした文章編集の際の、『日本書紀』における随意性は別の所でも見られるところで、後にあらためて触れる。なお、国生みの条に関しては拙稿で述べたことがあるので、まえおきとして簡単に記した。『古事記』が『日本書紀』正文に先行する恰好の例として紹介したが、次に述べる「天の石屋《いはや》」の条では、一書を介さずに直接両者が関連している。両書の関係が説話によって異なることは言うまでもなく知られるところである。

二、天の石屋

この条は、文章表記の面で特異な印象を受ける。

借音仮名がきわめて多く、これがその第一の原因であろう。自立語にも附属語にも、ふんだんにと言っていいほど借音仮名が使われている。『延喜式』祝詞や、『続日本紀』宣命の原形を思わせる表記法で、『万葉集』のいわゆる非略体歌のある種のものに近い[5]。また、双行書きの訓注記入も少なくないが、本文中に訓注を双行で記入している例は「大殿祭祝詞」などにも見られるところである。ところが、天の石屋の話では、『日本書紀』正文も同様の割注形式を取っている。この条における正文の訓注形式についても注目される。

次に『古事記』の借音仮名表記語を示す。語としては借音仮名表記であるが、文中に置かれると、音訓交用文の借音表記部分となる。

於二勝佐備《サビ》一　営田之阿《ア》　屎麻理《マリ》散　登賀米受《トガメズ》而　我那勢《ナセ》之命　田之阿《ア》　地矣阿多良斯登許曽《アタラシトコソ》　我

那勢《ナセ》之命　刺許母理《コモリ》坐也　狭《さ》蠅那須《ナス》　天津《つ》麻羅《マラ》　五百津《つ》之御須麻流《スマル》之珠　天之波々迦《ハバカ》　令二占合
麻迦那波《マカナハ》一而　根許士爾許士《コジニコジ》而　五百津《つ》之御須麻流《スマル》之玉　白丹寸手《にきて》　青丹寸手《にきて》　布刀《フト》御幣　布刀《フト》
詔戸《と》　汙気《ウケ》　蹈登抒呂許志《トドロコシ》　番登《ホト》

以上、音仮名には片仮名のルビ、訓仮名には平仮名のルビを付した。「以音」の注記は省略した。おおむね、音訓表記といえるが、付属語のみを音仮名表記した例は、音訓交用表記の中でも宣命大書体表記と分類することができる。「勝サビ、屎《くそ》マリ散、狭蠅ナス」などがあるが、しかしこのサビ、マリ、ナスなどはまだ複合語構成部分にとどまっているとも考えることができよう。明確な宣命大書体としては、次の助詞「と」を借音仮名で記した三例があげられる。

吐散登許曾《トコソ》
為二如此一登《ト》詔雖レ直　布刀御幣登《ト》取持而

訓注は割注形式で記されているが、その部分のみを一行に書き改めて次に示す。

訓陰上云富登《ホト》　訓集云都度比《ツドヒ》　訓金云加尼《カネ》　訓八尺云八阿多《アタ》　訓垂云志殿《シデ》　訓小竹云佐々《ササ》

なお、和化漢文部分に訓注で示された右の「陰上」は、音訓交用部分では本文中に「番登」と仮名表記で書かれていて注目される。

安藤正次氏[6]は、「汙気」の「汙《う》」が全巻を通じて、他に用例のない仮名であること、「番登」の「番《ほ》」もわずかな用例しか見られないことなどから、「撰録者が特にこの字を用ゐたのではなく、本に随つて改めなかつたものと考へられる」、つまり『古事記』の最終撰録者の用字ではなく、原典の用字が残ったものと述べている。

この条の音訓交用表記には宣命大書体表記例も見られるところから、これが『古事記』最終撰録者（序文によれば安万侶）によって書かれたものである可能性が高いと一応は考えられるが、しかし最近の出土木簡例から考えて、たとえば天武朝ころに表記されたものと考えることも不可能ではない。最近に、難波宮跡から西暦六四八年をさす「戊申年」と書かれた木簡とともに、「支《き》多《た》比《ひ》」「伊《い》加《か》比《ひ》」「委《わ》尓《に》マ栗」などと記された木簡が出土した[7]。こうした借音仮名表記の存在は、文章の音訓交用表記の可能性を示すものである。

ちなみに三谷栄一氏[8]は、天の石屋の神話は天武朝に完成したとし、語りの口調を文章に残していると指摘する。この神話を「国家意識的な創作」と見るのである。

この条の文章には後述するように、祝詞や『万葉集』長歌の表現を思わせるような、律文調の部分があり、国家の祭儀が創りあげられる中で創作された可能性もあるであろうが、ここではもっぱら国語学方面からの考察に問題をしぼって、歴史学的な課題については後日に残しておきたい。

『日本書紀』正文の割注で『古事記』の割注と一致するものはないが、「和幣、此云二尼《ニ》枳《キ》底《テ》一」「覆槽、此云二于《ウ》該《ケ》一」は、『古事記』では本文中に借訓・借音仮名で記される。『古事記』の漢語助辞「而《て》、矣《を》、於《に》、者《は》、之《の》」などは、なかば借訓仮名のようにして使われており、「而」を接続助詞「て」にあてて後へ後へと文を続けて行く構文は、口頭伝承の表現法によったものであろう。きわめて和風傾向の強い文章となっており、借音仮名の多用もこのことと関係しているであろう。

次に『日本書紀』正文と『古事記』とを、部分ごとに区切って対比する。表記の相違を分かりやすくするために、借音仮名は片仮名に換え、訓注は本文の右に片仮名ルビで示す。借訓仮名は、訓仮名の右に平仮名のルビを記し、漢語助辞によるいわゆるテニヲハには、平仮名ルビを（　）に入れて示す。

（正）何則天照大神以二天狭田・長田一為二御田一。時素戔嗚尊春則重播《シキマキ》種子、且毀《ハナツ》二其畔一。秋則放二天斑駒一、使レ伏二田中一。復見下天照大神当二新嘗一時上、則陰放二屎於新宮一。

（記）因レ此言者《(は)》、「自我勝」、云而《(て)》、於《(に)》二勝サビ一、離二天照大御神之営田之《(の)》ア一、埋二其溝一、亦、其、於《(に)》下聞二看大嘗一之《(の)》

殿上屎マリ散。

出来事を説明し叙述して行く正文と、会話によって展開して行く記の特色は、記にさらに次の会話部分が付記されることにより明確になる。

故、雖《ども》二然為一、天照大御神者《は》、トガメズ而告《て》、「如レ屎、酔而吐散《て》トコソ、我ナセ之命《の》、為二如此一。又、離二田之《の》ア一、埋レ溝者《は》、地矣《を》アタラシトコソ、我ナセ之命《の》、為二如此一ト、詔雖《ども》レ直、猶其悪態、不レ止而転《て》。

「我ナセ之命、為如此（我がナセの命、如此《かく》為つらめ）」のくりかえしと、「酔《ゑ》ひて吐《は》き散《ち》らすとこそ」「地《ところ》をあたらしとこそ」の対句的表現は、祝詞や長歌の表現に近いところがある。天照大神のこの会話は『日本書紀』正文には欠くが、一方、「春」と「秋」を対照する正文の表現は『古事記』の持たないものである。この箇所ではやや違いが大きく、正文をもとに記が創作を行ったのか、記をもとに正文が文飾をほどこしたのか明確ではない。

（正）又見下天照大神方織二神衣一居中斎服殿上、則剥二天斑駒一、穿二殿甍一而投納。是時天照大神驚動、以レ梭傷レ身。

（記）天照大御神、坐二忌服屋一而、令レ織二神御衣一之時、穿二其服屋之頂一、逆二剥天斑馬一剥而、所二堕入一時、天服織女、見驚而、於レ梭衝二陰上《ホト》一而死。

この部分は、他の一書にも類似例がある。

（二）是後稚日女尊坐二于斎服殿一、而織二神之御服一也。素戔嗚尊見之、則逆二剥斑駒一、投二入之於殿内一。稚日女尊乃驚而堕レ機、以二所レ持梭一傷レ体、而神退矣。

三書は、同じ文章を見本にして引き写したかと思われるほど似ている。一書第一の「御服」「神退」などは口頭言語に影響されたものかも知れない。「之」「於」「而」などの用法についても同様のことが言え、この部分に限れば、一書第一に、原形に近い可能性がある。

正文と記の違いもわずかであるが、正文は「傷」の具体的説明と「死」を書かぬことで内容を合理化し、記は天照大神の代りに天服織女が死んだ話にして合理化したとも考えられるが、神衣を織る場面であるから、元来は天服織女が主人公であったかも知れない。記のこの部分が他と異なり漢文に近い和化漢文であるのは、成立を異にするからかも知れない。すでに成立していた文章を、ほぼそのまま利用したのか、他の音訓交用部分が文章化された後に、他の一書を資料として書き加えられたか、いずれにしろ律文化されないままに取り入れられたものであろう。律文にするような内容ではないからかも知れないが。

（正）由レ此発慍、乃入二于天石窟一、閉二磐戸一而幽居焉。故六合之内常闇、而不レ知二昼夜之相代一。

（記）故於是、天照大御神、見畏、開二天石屋戸一而《て》、刺コモリ坐也。爾、高天原皆暗、葦原中国悉闇。因レ此而常夜往。於是、万神之《の》声者《は》、狭《さ》蝿ナス満、万妖、悉発。

正文の「発慍」は、『日本書紀』にしばしば見られる筆者の解説ぐせである。「六合之内」と「高天原・葦原中国」とでは、後者の方が原典に近いであろう。「万神之声者」云々の箇所は正文には欠くが、律文めいた表現である。「多《さは》に蛍火なす光る神と蝿声《さばへ》なす邪神と有り。」（『日本書紀』第九段正文）、「昼は五月蝿《さばへ》なす水沸き、夜は火瓮《ほべ》なす光《かかや》く神あり。」（出雲国造神賀詞[9]）など、慣用的表現を取り入れたものであろう。

（正）于レ時八十万神会二合於天安河辺一、計二其可レ禱之方一。故思兼神深謀遠慮、遂聚二常世之長鳴鳥一、使二互長鳴一
　而

（記）是以、八百万神、於《に》二天安之河原一神集《ツドヒ》々而、高御産巣日神之子、思金《カネ》神令レ思而、集二常世長鳴鳥一、令レ鳴

正文に「可禱之方」「深謀遠慮」が入るのは筆者の説明ぐせで、記の「神集々而」は祝詞の同語反復表現[10]と同じである。

このすぐ後に、正文では「亦以二手力雄神一立二磐戸之側一」があるが、話の展開においては出番がはやすぎ、耳で聞いた場合などでは忘れてしまうであろう。記のように天宇受売命の登場の直前に置く方が口承文芸ならふさわ

しい。

これに続く『古事記』の部分は、正文にはなく、一書第一がやや近い。

(記) 取二天安河之《(の)》河上之《(の)》天堅石一、取二天金山之《(の)》鉄一而《(て)》、求二鍛人天津《つ》マラ一而《(て)》、科二イシコリドメ命一、令レ作レ鏡、科二玉祖命一、令レ作二八尺勾璁之《(の)》五百津《つ》之《(の)》御スマル之《(の)》珠一而、召二天児屋命・フト玉命一而《(て)》、内二抜天香山之《(の)》真男鹿之《(の)》肩一抜而《(て)》、取二天香山之《(の)》天之ハハカ一而、令二占合マカナハ一而《(て)》

(一) 宜下図二造彼神之象一、而奉中招禱上也。故即以二石凝姥《イシコリドメ》一為二治工一、採二天香山之金一以作二日矛一。又全《ウツ》二剝《ハキ》真名鹿之皮一以作二天羽鞴一。用レ此奉レ造之神、是即紀伊国所レ坐日前神也。

伝承として見れば、祭具に「天津麻羅」を求める『古事記』の方が、「神之象」を造る一書第一より古いと言えよう。「全剝《ウツハキ》」（一書第一）と「内抜《ウツヌキ》……抜《ヌキ》而」（記）を対比すると、後者に同語繰返しの表現のあるところは、当然のことながら、なまの祭儀のことばに近い。「まかなふ」のような古語も、この詞章の古さを感じさせるものである。

(正) 而中臣連遠祖天児屋命、忌部遠祖太玉命、掘二天香山之五百箇真坂樹一

(記) 天香山之《(の)》五百津《つ》真賢木矣《(を)》、根コジニコジ而《(て)》

『古事記』に「天児屋命・太玉命」が記されていないのは、すでに前の部分に「召二天児屋命・布刀玉命一」と記してあるからである。正文に「中臣連遠祖」「忌部遠祖」と説明のあるのは、二神についての注記にあたり、成書の際に書き加えられたものであろう。記の「根コジニコジテ」は祝詞調で、口頭伝承の詞章をそのまま表記したものであろう。

(正) 而上枝懸二八坂瓊之五百箇御統一、中枝懸二八咫鏡一、一云、真経津鏡。下枝懸二青和幣《ニキテ》・白和幣一、

(記) 於二上枝一取二著八尺勾璁之《(の)》五百津《つ》之《(の)》御スマル之《(の)》玉一、於二中枝一取二繫八尺鏡一、於二下枝一取二垂《シテ》白丹寸手《にきて》・青丹寸《にき》手《て》一而

この部分は、ほとんど同一の文章と言える。

瑞《みづ》の八尺瓊の御吹の五百つ御統の玉に、明る和幣《ニキテ》・曜《て》る和幣を附けて　（大殿祭祝詞）

隠り処《く》の　泊瀬《はつせ》の河の　上つ瀬に　斎杙《いくひ》を打ち　下つ瀬に　真杙を打ち　斎杙には　鏡を懸け　真杙には　真玉を懸け（下略）　（記、下巻、允恭天皇）

これらの例を考えると類似の詞章が、おそらく口頭伝承において慣用されていたかと思われる。「丹寸手《にきて》」は借訓仮名表記であるが、同様に借訓仮名を使ったものに「末押縻魚簀《なす》」（記、下巻、清寧天皇）、「五十《い》橿《かし》御世」（大殿祭祝詞）があり、呪的詞章の表記に古くより使われていたものかと考えられる。[11]

（正）相与致二其祈禱一焉。

（記）此種々物者、フト玉命、フト御幣登取持而（て）、天児屋命、フト詔戸（と）言禱白而（て）、

一書第二では「時中臣遠祖天児屋命、即以神祝《カムホサキ》祝《ホサキキ》之。」と、祝詞ふうの同語反復が見られる。口頭伝承の語句を反映したものであろう。正文は、記の対句的表現を要約した形となっている。

なお、「布刀」「登」に「……以レ音」形式の、いわゆる以音注が施されていない。「布刀」はすでに、「布刀玉命布刀二字以レ音。下効レ此。」の例があったからであろうが、「登」は「為二如此一登、此一字以レ音」があったが、そこに「下効此」を欠いていた。後で出てくる「裳緒忍二垂於番登一也」の「番登」も以音注を欠いており、これは元来の文章では以音注が書かれていなかったことを示すものであろう。

（記）天手力男神、隠二立戸掖一而

これは、正文では、天香山の五百箇真坂樹を掘って玉や鏡を飾る場面より前に書かれていた。あるいは、真坂樹を掘る詞章が後に加えられたものである可能性も考えられる。あるいは、記ではイシコリドメ命などの部分が加えられたため、天手力男神が後へ送られた可能性もある。しかし、手力男は次の箇所、天照大神が天の石屋から出る時

に活躍する登場者で、もともと『古事記』の記す所より前へは送れないはずである。恐らく正文では、元来は「而中臣連遠祖天児屋命……相与致二其祈禱一焉」の部分は記載されていなかったのを、『古事記』にならってここに挿入したため、このようなずれが起きたのであろう。

(正) 又猨女君遠祖天鈿女命、則手持二茅纏之矟一、立二於天石窟戸之前一、巧作二俳優一。亦以二天香山之真坂樹一為レ鬘、以レ蘿《ヒカゲ》為二手繦《タスキ》一、而火処焼、覆槽《ウケ》置顕神明之憑《カムガカリ》談。

(記) 天ウズメ命、手次繋二天香山之《(の)》天之《(の)》日影一而《(て)》、為レ縵二天之《(の)》真析一而《(て)》、手草結二天香山之《(の)》小竹《ササ》葉一而、於《(に)》二天之《(の)》石屋戸一伏二ウケ一而《(て)》、蹈トドロコシ、為二神懸一而《(て)》、掛二出胸乳一、裳緒忍二垂於《(に)》ホト一也。爾、高天原動而《(て)》、八百万神共咲。

正文の「巧作俳優」は例によって『日本書紀』筆者の解説ぐせが出たものであるが、『古事記』の「蹈トドロコシ」以下の具体描写を避けて要約して済ませたことにもなる。

正文の「火処（庭火）」は同音異義の「ホト（陰部）」からの音による連想か。「顕神明之憑談」は「神懸」を漢文らしい文飾を加えて訳したものか。

(正) 是時天照大神聞之而曰、「吾比閉二居石窟一、謂レ当三豊葦原中国必為二長夜一、云何天鈿女命嘘二楽如此一者乎、」乃以二御手一細開二磐戸一窺之。時手刀雄神則奉レ承二天照大神之手一引而奉レ出。於レ是中臣神・忌部神、則界レ以二端出之縄《シリクメナハ》一。乃請曰、「勿二復還幸一。」

(記) 於是、天照大御神、以二為怪一、細二開天石屋戸一而《(て)》、内告者《(は)》、「因二吾隠坐一而《(て)》、以二為天原自闇、亦、葦原中国皆闇一矣、何由以、天ウズメ者《(は)》為レ楽、亦、八百万神諸咲。」爾、天ウズメ白言、「益二汝命一而《(て)》貴神坐故、歓喜咲楽」、如此言之間、天児屋命・フト玉命、指二出其鏡一、示二奉天照大御神一之時、天照大御神、逾思レ奇而《(て)》、稍自レ戸出而《(て)》、臨坐之時、其所二隠立一之天手力男神、取二其御手一引出、即フト玉命、以二尻クメ縄一控二度其御後方一、

白言、「従レ此以内不レ得二還入一。」故、天照大御神出坐之時、高天原及葦原中国、自得二照明一。

ここでは、『古事記』は漢文に近い和化漢文で表記されている。「之時」の用法などから考え、先の天服織女の死んだ場面と同じ表記法で、同じ筆者によるものであろう。正文は、記の部分を省略しつつ要約した形となっている。「御手」「奉レ承」「奉レ出」など敬語表現に念が入っていて、和風傾向がおのずから現れている。天ウズメの返答と「鏡」をめぐる話が省略されている。また、記で「尻クメ縄」を扱うのは「布刀玉命」となっているが、正文では「中臣神・忌部神」で、中臣氏をたてている。民族名ではなく神名を示す『古事記』の方が、より古いであろう。

天のウズメの神がかりの様を描写せずに要約して説明しているところ、中臣・忌部の氏族を強調しているところなど、正文の方が新しい。これだけ酷似している両書であるから、どちらかが原典になったとすれば、それは明らかに『古事記』の方であろう。正文にしろ他の各一書と比べれば、はるかに叙事性、ドラマ性に富んでいる。文芸性のこのような飛躍は、正文が『古事記』をならうことによって、はじめて可能になったものであろう。

三、八俣の大蛇

「天の石屋《いはや》」および「八俣の大蛇《をろち》退治」の条にあっては、話の内容が、根幹において、『古事記』と『日本書紀』正文が最も近いことは、すでに北川和秀氏[12]にも指摘があった。それでは、「八俣の大蛇退治」についても、「天の石屋」と同様に『古事記』が元になり、正文がそれにならった、あるいはその影響を受けたものであることが言えるかどうか、次にあわせて検討しておきたい。

この一書を見るに、たとえば一書第四では、「一書曰、素戔嗚尊所行無状。故諸神科以二千座置戸一、而遂逐之」云々と、他の一書では前段（第七段）の末尾に置かれている内容が、この段（第八段）の冒頭に記されている。他の末尾部分が、この一書に限り冒頭部分になっているわけである。もとは前段のどれかの一書につづいていたのが、恣意的に切断されたので、このようなずれが起きたのであろうか。

『古事記』は、表記法などは部分によって異なり、統一がとれていない印象を受けるものの、全体としては、一貫した書き手の意志のもとに話がまとめられているかのようであるが、『日本書紀』は表記は純漢文を志向していて、それほどの不統一は感じられないが、話のつながりにおいては、まるでノリとハサミで幾種類かの資料や草稿を削ったりつないだりしながら、何人かによる討議と妥協のもとに、不充分で不完全な編集を進めたかのような印象を受ける。

さて、一書第四の続きは、「到㆓出雲国簸川上所㆑在鳥上之峰㆒。時彼処有㆓呑㆑人大蛇㆒。」云々とあって、奇稲田姫とその父母、脚摩乳・手摩乳の話を全く欠いている。

一書第二では、母親について「此神正在㆓妊身㆒」とあって、娘はまだ登場以前の胎児の状況にある。娘、櫛名田比売（奇稲田姫）が登場するのは正文と『古事記』であり、説話が成長した結果と言えるかも知れない。ちなみに、一書第一では「女子号㆓稲田媛㆒、乃於㆓奇御戸㆒為㆑起而生㆑児」、一書第三では「素戔嗚尊欲㆑幸㆓奇稲田媛㆒而乞之。」とある。木村龍司氏[13]は各書を詳しく比較した上で、原典に最も近い伝承は一書第三とする。三宅和朗氏[14]は、諸先学の説を整理しつつ、各書に二系統あることを論じる。これに関して論じた論考は少なくないであろうが[15]、ここでは、神話学、民俗学、文化人類学の伝承研究とは異なり、現存のテキストを一文ずつ対照するという方法で各書を比較した。すると、正文と『古事記』が酷似しており、しかも説話の最も成熟した段階にあることが知られたのである。

（正）故尋㆑声覓往者、有㆔一老公与㆓老婆㆒、中間置㆓一少女㆒、撫而哭之。

（記）尋覓上往者、老夫与老女、二人在而、童女置㆑中而泣。

(正) 故素戔鳴尊立化二奇稲田姫一為二湯津爪櫛一、而挿二於御髻一。

(記) 爾、速須佐之男命、乃於二湯津爪櫛一取二成其童女一而、刺二御美豆良一、

右のように、この二書は、伝承段階ではなく、成書時点で影響関係があったと考えられるほど似ている。そして、この部分は、他の一書には見られないものである。

記述の長いこともあって、正文と記の両者はきわだってドラマ性、叙事性の高いものとなっており、しかもその二書が、きわめて似ているのである。それでは、この二書のどちらが先に書かれ、どちらがそれをまねたのであろう。次に話の発端を対比させてみる。

(正) 是時素戔鳴尊自レ天而降二到於出雲国簸之川上一。時聞三川上有二啼哭之声一。

(記) 故、所二避追一而、降二出雲国之肥上河上、名鳥髪地一。此時、箸、従二其河一流下。於是、須佐之男命、以三為人有二其河上一而、

『古事記』は前段の話を受けついで語りはじめ、川上から箸の流れて来たのを見て、人の居ることを知る挿話が入るなど、やや詳しい。正文の漢文による表現をふくらませて和文化したとも考えられるが、逆に正文の方が、話の本筋からは余計な脇にそれる挿話をはぶき、話を合理化したとも考えられる。

この後、記ではスサノヲが「汝等者、誰」と問い、老夫(父親)が自己紹介をし、再びスサノヲが「汝哭由者、何」と泣いている理由を問いかけ、再び老夫が答え、次にスサノヲがヲロチの姿かたちを問いかけるというように、スサノヲと老夫の問答によって話が展開して行く。それに対し正文では、スサノヲは「汝等誰也。何為哭二之如此一耶」と一度に二つの問いを発し、それに脚摩乳(父親)が答える。ヲロチの姿については、後まわしにして、それが登場してから、地の文で説明するというように、問答が続く場合はそれらをひとまとめにして記したり、地の文で説明したりして、文の構成を書記文章にふさわしいように合理化している。[16] 眼で読む文章としてはふさわしいが、

耳で聞いた場合には分かりにくくなったであろう。記の方は、眼で読むとくどく、話にむだがあったり順序だっていなかったりするかも知れないが、耳で聞いた場合には、伏線を敷いたり念を押したりしながら話されないと、逆に分かりにくくなるであろう。たとえば、ヲロチに飲ませるために酒樽を八個用意することなどは、先にヲロチについて聞いていないと混乱するだろうし、一方、眼で読む場合には分からなくとも、先へ読み進める楽しみが出るかも知れない。

記のように問答によって話が進められる例は、『論語』をはじめ漢籍、仏典にも見られることであるから、漢文によって先に説話が書かれていても不思議はないが、この話の両書の部分を対照比較する限り、記を元にして、それを漢文化したのが正文だと考えざるを得ない。

もっとも『古事記』の「八俣の大蛇退治」の条は、「天の石屋」とは異なり、和文として読み上げやすいものではあるにしろ、おしなべて和化漢文で書かれ、訓注はなく、借音仮名も多くはなく、宣命大書体表記などは見られない。いわば一般的な『古事記』表記法で書かれており、漢文化しやすいものと言えよう。このことは、別の課題として後日に考察したい。

おわりに

以上、『古事記』が『日本書紀』の正文に先だって書かれ、正文の筆者は『古事記』にならったと見られる三つの説話について述べた。特に「天の石屋」において顕著に表れているが、それまでの各書を参考に、あるいは資料にして、口頭言語としてこの達意の和文を創造した者、そしてそれを音訓交用体表記、あるいは和化漢文体表記によるこなれた文章に書きとめた者、その両者の才能があい俟ってこの書記文章としての和文の成立があったのであろう。

もし、仮に『古事記』序文によってそれを推測するなら、それは稗田阿礼と太安万侶ということになろうか。西宮一民氏[17]は、安万侶は「帝紀・旧辞」を資料として採用したが、文字については稗田阿礼が誦習したところを、安万侶が日本語文として「書下ろし」たとされる。ただし、この問題については諸先学の多数の論考を検証した上で、あらためて考察しなければなるまい。大きな課題であり、ここではそこまで分析を進めることはできなかった。別の機会をまつことにさせていただく。

なお、記紀の他の説話については、また別の事情があるであろう。たとえば「天孫降臨」の条などは、『古事記』とともに紀の一書を合せ、正文の資料としたとも考えられる[18]。一概には言えぬところである。

また、各一書についても、中には始めから漢文で記されたかと見られるものもあるが、あるいは元は和化漢文などの和文で書かれていたかと見られるものもあり、『日本書紀』の成立について、さらに検討が必要である。『日本書紀』神代巻の完成は、『古事記』の作成を見てはじめて可能となったとも考えられ、逆に『古事記』の成立が先行したがために、『日本書紀』の原案が大幅に手直しされ、結局のところ、現在あるように、正文に各一書をそえた形の、充分には統一の取れないものになってしまったとも考えられる。さらに『日本書紀』の各一書に渡る詳しい分析をまちたい[19]。

注

（1）拙稿「古事記と日本書紀に共通する一本について―国生み、黄泉の国、須佐之男昇天―」（『古代文学研究』甲南大学古代文学研究会　一九九九年九月）参照。〈第二部2〉

（2）以下、『日本書紀』は、小島憲之、直木孝次郎、西宮一民、蔵中進、毛利正守校注の新編日本古典文学全集（小学

館）一九九四年四月に、『古事記』は、山口佳紀、神野志隆光校注の新編日本古典文学全集（小学館）一九九七年六月による。ただし、ルビや以音注など一部省略し、『古事記』については手を加えた部分もある。会話部分には「　」を補記した。

（3）梅沢伊勢三『記紀批判』（一九六二年五月）では、記紀二書は資料を共通にしており、資料たる古文献は漢文だったとする。

（4）神田典城「ヒルコの出現位置」（『神田秀夫先生喜寿記念　古事記・日本書紀論集』一九八九年一二月所収）にもヒルコに関する『日本書紀』各書の比較があった。

（5）森重敏『文体の論理』（一九六七年三月）では、「人麻呂歌集の和歌の表記法が、古事記と同種の変体漢文であったという以上に、実はより細部にわたって相通ずる点をもつ」（三四一ページ）として、両者に共通する例をあげていて、その中には、天の石屋の条の「矣」なども示されている。

（6）安藤正次著作集第四巻『記・紀・万葉集論考』一九七四年一月

（7）一九九九年一二月四日の木簡学会の江浦洋氏報告資料「難波宮跡北西部出土の木簡」による。なお、西條勉氏の、訓注の分析などによって、『古事記』の本文は天武朝に書かれたであろうと推定する注目すべき論がある（『古事記の文字法』一九九八年六月）。

（8）三谷栄一「古事記の成立」（『解釈と鑑賞』一九七一年六月）、「対談　古事記の成立とその性格」（『日本古代文化の探究・古事記』一九七四年一月）など。

（9）以下、祝詞は倉野憲司、武田祐吉校注の日本古典文学大系（岩波書店）『古事記祝詞』一九五八年六月による。ただし、読みくだし文の一部に手を加えた。

（10）拙稿「宣命・祝詞の表記と語彙」（『上代文学と木簡の研究』一九九九年一月）参照。

（11）拙稿「記紀の神名と寿詞の表記」（『上代文学と木簡の研究』）参照。

（12）北川和秀「古事記上巻と日本書紀神代巻との関係」（『文学』一九八〇年五月）

（13）木村龍司『記紀論攷』一九七七年一月

（14）三宅和朗『記紀神話の成立』一九八四年三月

（15）たとえば広畑輔雄氏は、これを中国の六朝文学によるものとし、「この神話は天武朝の頃にできて、同時に文章化された」とする。また、一書第四を初期的なもの、『古事記』を最も後期的なものと見る（「大蛇退治神話の成立」『国語国文』一九七三年一〇月）。

（16）拙著『上代文学と木簡の研究』参照。

（17）西宮一民「太安萬侶の撰進の考察」（『古事記の研究』一九九三年一〇月、第三章）

（18）拙稿「古事記の天孫降臨説話と日本書紀」（『甲南大学紀要（文学編）』二〇〇〇年三月参照）〈第二部3〉

（19）なお、尾崎知光氏の論考では、神代紀の正文を、『日本書紀』作成の最終的な段階で書かれたものと見ている（「『神代紀』の性格―日本書紀の成立過程と関連して―」『神田秀夫先生喜寿記念　古事記・日本書紀論集』一九八九年一二月所収）。

5　神武・崇神・垂仁（古事記中巻）

はじめに

『古事記』上巻と『日本書紀』神代巻に共通する一本に関して、北川和秀氏は神名をもとにした分析などによって、次のようにまとめている。[1]

日本書紀神代巻は、当時存在したⓐ系ⓑ系の写本群を広く集め、それぞれの文献を段に分かち、その中から適当と思われるものを段毎に正文と定め、他を一書と定める、という形で成立したものであろう。

これに対し、古事記上巻は、ⓐ系の一本だけを選び出、それを底本と定めて、その上にⓑ系その他の文献から異伝を追加して成立したものであろう。（以下省略）

つまり、ⓐ系一本とは『古事記』と『日本書紀』に共通する一本であり、しかも『古事記』の底本として使われた一本であることから、この拙稿では仮に「原古事記」と呼ぶことにする。結果としては、「原古事記」がばらばらの状態で『日本書紀』の正文や各一書に収められたこととなるであろう。

『日本書紀』一書の中には、この「原古事記」よりさらに古いもの、あるいはその元になったのではないかと思われる話も散見するが、ⓐ系一本として想定される一本を元にした部分では、いくつかの拙稿[2]によって考えた限りでは、『日本書紀』より『古事記』の方がこの一本に近いようであった。このことからも、この一本を便宜的に「原古事記」と呼ぶことが許されるであろう。

『古事記』にあって『日本書紀』にない説話もある。その最も大きなものは、いわゆる出雲系神話である。これに相当する部分は、「もともと無かったとも考えられる」とは北川和秀氏の推測(3)であるが、それらの説話がないと、次に来る「国譲り」の部分が、話の流れから浮いてしまい、不自然なストーリーとなってしまう。

神野志隆光氏(4)は『日本書紀』第九段の正文について、「オホナムチについて語ることのないまま、第九段の降臨の話においては、そのオホナムチが「葦原中国」の主神として交渉の主役的な存在となってあらわれる」と書くが、正文のストーリを追う限り、このとおりの事態となっているのである。

つまり、出雲系神話の、少なくともその主要部分の存在がなければ、オホナムチなりオホクニヌシなりが国譲りを行うのは唐突で必然性が弱いと言える。

『日本書紀』第八段の各一書の最後に一書第六があり、これが唯一、『古事記』にいささかなりとも類似した出雲系神話を収めている。『日本書紀』第九段における「国譲り」は、これを前提として、あるいはこれを踏まえて読まないと、物語りとしての流れがうまく続かず盛り上がりを欠くことになってしまう。前段の最後の一書を踏まえて、後段の正文が成り立っているというのも不自然なようだが、一面では不完全とも言えるが一面では柔軟とも言える構造を取って、神代紀は組み立てられているのであろう。

従って、元来は無かった出雲系神話が、『古事記』成書化の過程で付け加えられたのではなく、「原古事記」にすでに少なくともその一部は存在していた出雲系神話を、『日本書紀』正文でははぶき、全く省略してしまうとストーリーがうまく続かなくなるので、わずかに一書第六に残したのであろう。

ただし、「原古事記」がまとまった一本として『日本書紀』の編集者たちの前にあったかどうかは、疑問とせねばならない。平田俊春氏[5]は、木村春太郎氏[6]の「古事記が日本書紀の主要なる参考資料として、取扱はれたであらう」とする説を引いて、「思うに古事記は日本書紀の材料とされないまでも参考とされたであろう」と述べている。まだばらばらの段階の「原古事記」があって、そしてまとまった段階の『古事記』があれば、前者を材料に後者を参考にして、さらに先に北川和秀氏の論考からの引用にあったⓑ系一本（これもまたばらばらの状態であったかも知れない）を材料として、『日本書紀』が成立したということも考えられるであろう。

もちろん、『古事記』上巻のすべてに渡って、詳細に検討したわけではないので、残された課題はあるが、ここ二、三年の間に発表してきたいくつかの拙稿をあわせて考えると、おおまかな傾向として、以上のようなことが見えてきたのである。

ところで、言うまでもないが、『古事記』は上巻だけで成りたっているのではなく、中巻、下巻とセットになっている。上巻において、『日本書紀』との間に強い影響関係があるとすれば、中巻、下巻においてはどうかということが次の課題となろう。

一、神　武

神武紀の神武東征伝説の成立については、津田左右吉[7]、西郷信綱[8]をはじめとする諸氏の、多くの論考がある。しかし、ここでは、『古事記』と『日本書紀』の表記された文章の字句を対照することによって、その影響関係や編集・創作の過程を見ようとするものであり、国文学、神話学、歴史学などの分野の研究とは目的や、特に方法において違いがあるので、それらの論考については述べない。

『日本書紀』の神武東征の条では、天皇がまず速吸之門に着いたとき、一人の漁師が小舟に乗って近づいてくる。[9]

天皇招之、因問曰、「汝誰也。」対曰、「臣是国神、名曰二珍彦一。釣二魚於曲浦一、聞二天神子来一、故即奉レ迎。」又問之曰、「汝能為レ我導耶。」対曰、「導之矣。」天皇勅授二漁人椎檣末一令レ執、而牽二納於皇舟一以為二海導者一、乃特賜レ名、為二椎根津彦一。椎、此云二辞毘一。此即倭直部始祖也。

『古事記』では、亀の背に乗って釣りをしている人物に、速吸門で出会う。

爾、喚帰問之、「汝者、誰也、」答曰、「僕者、国神。」又、問、「汝者、知二海道一乎、」答曰、「能知。」又、問、「従而仕奉乎、」答曰、「仕奉。」故爾、指二渡槁機一、引二入其御船一、即賜レ名号二槁根津日子一。此者、倭国造等之祖。

読み下し文をすべて引用することにすると、今後の引用が長大なものとなる恐れがあるので、会話文だけを引用して対比させておく。

（紀）……「汝《なむぢ》は誰《た》そ」……「臣《やつかれ》は是国神《くにつかみ》、（名は珍彦《うづひこ》と曰《まを》す。曲浦《わだのうら》に釣魚《つり》し、天神《あまつかみ》の子《みこ》来《い》でますと聞《うけたまは》り、故《ことさら》に即ち迎《むか》へ奉《まつ》る）」……「汝、能《よ》く我《あ》が為に導きつかまつらむや」……「導きつかまつらむ」……

（記）……「汝《なむち》は、誰ぞ」「僕《やつかれ》は、国つ神ぞ」……「汝は、海道を知れりや」……「能《よ》く知れり」……「従ひて仕《つか》へ奉《まつ》らむや」……「仕へ奉らむ」……

『古事記』では一問一答式の問答で、単文によって具体的に話が進行するのに対し、『日本書紀』では説明調で多言を用いるところ、両書の文体の違いをよく表わしている。しかし、「汝は誰ぞ」と問い、「我は国つ神ぞ」と答え、「我に仕へ奉らむや」と問い、「仕へ奉らむ」と答えるという文脈の骨格部分は同じである。この対話の後に続く二、三行は、

（紀）天皇勅して、漁人《あま》に椎檣《しひさを》が末を授《さしわた》し執《と》らしめて、皇舟《みふね》に牽納《ひきい》れて海導者《わたのみちびき》とし、乃ち特《こと》に名を賜ひて、椎《しひ》根津彦《ねつひこ》としたまふ。椎、此には辞毘《しひ》と云ふ。此即ち倭直部が始祖なり。

（記）故爾くして、槁機《さを》を指し渡し、其の御船に引き入れて、即ち名を賜ひて槁根津日子《さをねつひこ》と号《なづ》けき此は、倭国造等が祖ぞ。

このように、酷似しており、ほぼ同一の文を、それぞれの文体で書き表したに等しい。口頭伝承からそれぞれが直接に文章化したとすれば、ここまで似通った文章はできない。すでに文章化されてあった伝承を元に、あるいはそこから別々に伝写されたものを元に、それぞれの文章を書き上げたものと考えざるを得ない。つまり、両者の源には、共通した文章の存在があったと認められるのである。

熊野での高倉下に関する話なども似通っている。ただし、文章はそっくりだと言うほどではなく、それぞれの独自のものとして翻案したと言える程度のものなので、主要部分の読み下し文だけを引用しておく。

(紀)時に彼処に人有り、号《なづ》けて熊野の高倉下《たかくらじ》と曰ふ。忽に夜夢みらく、天照大神、武甕雷神に謂《かた》りて曰《のたま》はく、「夫《そ》れ葦原中国は、猶し聞喧擾之響焉。聞喧擾之響焉、此には左揶霓利奈離《さやげりなり》と云ふ。汝《いまし》、更往きて征《う》て」とのたまふ。武甕雷神対《こた》へて曰さく、「予行《われまか》らずと雖《いふと》も、予《わ》が平国子《くにむけし》剣《つるぎ》を下さば、国自《おの》づからに平《む》きなむ」とまをす。

(記)故、天つ神御子、其の横刀《たち》を獲《え》し所由《ゆゑ》を問ひしに、高倉下が答へて曰《い》ひしく、「己《おの》が夢みつらく、『天照大神・高木神の二柱の神の命以て、建御雷神を召して詔《のりたま》はく、「葦原中国は、いたくさやぎてありなり。我が御子等、平らかならず坐すらし。其の葦原中国は、専ら汝が言向けたる国ぞ。故、汝建御雷神、降るべし」とのりたまふ。爾《しか》くして、答へて白さく、「僕《やつかれ》は降らずとも、専ら其の国を平らげし横刀《たち》有り。是の刀《たち》を降すべし。

(下略)」』」

『古事記』では、高倉下が自分の見た夢の内容を語るという構成になっているので、高倉下の会話の中に天照大神・高木神や建御雷神の会話が引用されるという形になっている。『日本書紀』では、高倉下の見た夢を筆録者が述べているので、構成は相対的に単純になっている。最上神の命令のことばは、ここでは『古事記』の方が多弁で説得調である。

この後、『古事記』では、建御雷神の最上神(天照大神・高木神)への返答の続きが「「此の刀を降さむ状《かたち》は、高倉下が倉の項を穿《うか》ちて、其《そこ》より堕し入れむ」とまをす。」とあって、いきなり高倉下への命令のことばがあり、「『「故《かれ》、あさめよく、汝、取り持ちて天つ神の御子に献《たてまつ》れ」といふ』といめみつ。故、夢の教《をしへ》の如く、旦《あした》に己が倉を見れば、信《まこと》に横刀有り。故、是の横刀を以て献りつらくのみ」まで、高倉下の語りが続いている。最上神への返答が、いきなり高倉下への命令に切り変わるところ、いかにも夢の中のできごとのようではあるが、文脈としては整わない。

『日本書紀』では、武甕雷神の返答に対して、「天照大神の曰《のたま》はく、「諾《うべ》なり」とのたまふ」と、最上神（天照大神）の返答があり、それを受けて次に、高倉下への命令「予《わ》が剣（中略）今し汝が庫《くら》の裏《うち》に置かむ。取りて天孫《あめみま》に献《たてまつ》れ」が述べられる。こちらの方が文脈も整い、内容も合理的になっているが、しかし、『古事記』の高倉下の語りの中に神々の問答があり、また建御雷神が倉の上から横刀を落し入れるという乱暴な行動をする話の方が、神話らしいと言える。その『古事記』に古層の神とも見られている「高木神」の名前があることも、この方がより古い伝承を残しているのではないかと考えさせるところである。

『古事記』における最上神の、建御雷神に対する説得調の部分「其の葦原中国は、専ら汝が言向《ことむ》けたる国ぞ」は上巻の天孫降臨の条を受けたものであるが、『日本書紀』の編集者には書きたくはない内容であったかも知れない。『古事記』の借音仮名表記部分の「伊多玖佐夜芸帝阿理那理《いたくさやぎてありなり》」「阿佐米余玖《あさめよく》」は、口頭伝承のことばをそのまま文字化したようで、一方、『日本書紀』の「聞喧擾之響焉」はいかにも苦しい翻訳である。このようなことから、文章化されてからの影響関係は明確ではないとしても、少なくとも『古事記』の方が、口頭伝承の原話により近いものとは言えよう。

兄宇迦斯・弟宇迦斯の条についても、同様のことが言えるであろう。一部分を示す。

（紀）時に道臣命、審《つまびらか》に賊害之心《あたなふこころ》有ることを知りて、大きに怒り詰《たけ》び嘖《ころ》ひて曰く、「虜《あた》、爾《い》が造れる屋には、爾《おれ》自ら居《いりゐ》よ」といふ。爾、此には飫例《おれ》と云ふ。因りて、剣案《つるぎのたかみとりしば》り弓彎《ゆみひきまかな》ひて、逼めて催し入れむ。兄猾《えうかし》罪を天《あめ》に獲《え》て、事辞《いな》ぶる所無く、乃ち自ら機《おし》を蹈《ふ》みて圧《おされし》死にき。時に其の屍を陳《ひきいだ》して斬る。流るる血踝《つぶなぎ》を没る。故、其の地《ところ》を号けて菟田《うだ》の血原と曰ふ。

（記）爾くして、大伴連等が祖道臣命・久米直等が祖大久米命の二人、兄宇迦斯を召して、罵詈《の》りて云はく、「いが作り仕へ奉る大殿の内には、おれ、先《ま》づ入りて、其の将に仕へ奉らむと為る状《かたち》を明かし白せ」といひて、即ち横刀の手上《たかみ》を握り、矛《ほこ》ゆけ、矢刺して、追ひ入れし時に、乃ち己が作れる押に打たえて死にき。爾くして、即ち控き出して斬り散しき。故、其地《そこ》は、宇陀の血原と謂ふ。

『日本書紀』の次の部分、

　虜爾所レ造屋、爾自居之。爾、此云二飫例一。

は、『古事記』では

　伊賀所二作仕奉一於二大殿内一者、意礼、先入、

となっている。『日本書紀』に「爾、此云飫例」の訓注があるとはいうものの、二つの「爾」字を「いが」「おれ」の二様に読み分けるのは困難で、こうした苦しい表記となったのも、あるいは『古事記』のような原文があって、それを漢訳したためとも考えられる。当然のことながら、『古事記』は口頭語的要素の大きい文章となっており、口読したときにはなめらかなリズムの感じられるものである。

『日本書紀』ではこのあとに、土蜘蛛平定の挿話が続くが、『古事記』ではこれは、宇陀の兄宇迦斯・弟宇迦斯の話の前にあった。話の順序が逆になっているのは、東征の道順がこの個所では逆になっている、もしくは逆にしたためであろう。

（紀）至二吉野時、有レ人出レ自二井中一。光而有レ尾。（a1）

天皇問之曰、「汝何人。」（a2）
対曰、臣是国神。名為二井光一。（a3）
此則吉野首部始祖也。（a4）

更少進、亦有レ尾而披二磐石一而出者。（b1）
天皇問之曰、「汝何人。」（b2）
対曰、「臣是磐排別之子。」排別、此云二飫時和句一。（b3）
此則吉野国樔部始祖也。（b4）

及二縁レ水西行一、亦有二作レ梁取魚者一。梁、此云二揶奈一。（c1）
天皇問之。（c2）
対曰、臣是苞苴担之子。苞苴担、此云二珥倍毛菟一。（c3）
此則阿太養鸕部始祖也。（c4）

（記）到二吉野河之河尻一時、作レ筌有二取レ魚人一。（c'1）
爾、天神御子問、「汝者、誰也、」（c'2）
答白、僕者、国神、名謂二贄持之子一。（c'3）
此者、阿陀之鵜養之祖。（c'4）

従二其地一幸行者、生レ尾人、自レ井出来。其井有レ光。（a'1）
爾、問、「汝者、誰也。」（a'2）
答白、「僕者、国神、名謂二井氷鹿一。」（a'3）
此者、吉野首等祖也。（a'4）

即、入二其山一之、亦、遇二生レ尾人一。此人、押二分巌一而出来。（b'1）
爾、問、「汝者、誰也」（b'2）
答白、「僕者、国神、名謂二石押分之子一。（b'3）
今、聞二天神御子幸行一故、参向耳」
此者、吉野国巣之祖。（b'4）

『日本書紀』ではa→b→cの順序で話が進行するが、『古事記』では、c'→a'→b'の順序で話が進む。道順を変えたためか、あるいはあまりにも話が似ているのを意図的に違えたためか。にもかかわらず、aとa'、bとb'、cとc'は実によく似ている。同じ話を同時に聞いてそれぞれに記載したのでなければ、同一の原文から分かれてそれぞれの記事となったものであろう。別々の口頭伝承から出たものなら、順序を違えながら三話ともに酷似しているのは不自然である。『古事記』と『日本書紀』の材料となった文献が同一のものであったか、あるいは同一の資料を源とする可能性が高い。同一の資料の元にさらに同一の伝承があったとすれば、「吉野」の地なら『古事記』にあるように、川から始まって山に向かうのが自然なように思われるが、いかがであろう。

以上、神武紀では、『古事記』との間に、同一の話を元にそれぞれに作り直したと見られる部分や、同一の文献を元にそれぞれの文体で表記しなおしたと見られる部分がいくつかあった。どちらがその元の話に近いかというと、会話部分を中心とした文章全体の口頭語的な要素から考え、『古事記』の方がより元の形に近いと言わねばなるまい。ただし、『古事記』の表記法や文体については、印象批判的なとらえかたではなく、もっと具体的事実にそった詳しい分析が必要であるから、別稿で改めて述べることにしたい。『日本書紀』の神代巻などにおいても、各一書の表記はかならずしも一様ではなく、同様の分析が必要であろう。

二、崇　神

この項では、まず三輪山伝説に関連する大田田根子（意富多々泥古）の話に類似した所があるが、それぞれの作品にかなった文体によって、大きく作り変えられているかのようで、一句ずつを付き合わせて対照比較を行うほどの個所は少ない。

（紀）天下に布告《しきの》らして大田田根子を求《ま》ぎたまふに、即ち茅渟県《ちぬのあがた》の陶邑《すゑのむら》に大田田根子を得て貢《たてまつ》る。天皇、即ち親《みづか》ら神浅茅原に臨《いでま》し、諸王卿と八十諸部とを会《めしつど》へて、大田田根子に問ひて曰《のたま》はく、「汝《いまし》は其れ誰《た》が子ぞ」とのたまふ。

（記）是を以て、駅使《はゆまづかひ》を四方《よも》に班《あか》ちて、意富多々泥古と謂ふ人を求めし時に、河内の美努村に、其の人を見得て、貢進《たてまつ》りき。爾《しか》くして、天皇の問ひ賜はく、「汝は、誰が子ぞ」ととひたまふに、

このように、内容や一部の語句に類似性はあっても、もはやそれぞれの志向する所に従った独自の文章となっていると考えられる。

ただ、津波邇安王の反逆の条で、大彦命（大毘古命）が坂のあたりで出会った少女から謡歌（わざうた）を聞く

場面では文章に酷似した所があるので引用しておく。

（紀）壬子に、大彦命、和珥坂の上《へ》に到る。時に少女有り、歌《うたよみ》して曰く、一《ある》に云はく、大彦命、山背《やましろ》の平坂に到る。時に道の側《ほとり》に童女有り、歌して曰く、といふ。

御間城入彦はや　己《おの》が命《を》を　弑《し》せむと　窃《ぬす》まく知らに　姫遊《ひめなそ》びすも 一に云はく、大き門《と》より　窺《うかが》ひて　殺《ころ》さむと　すらくを知らに　姫遊びすも

といふ。是に大彦命異《あや》しびて、童女に問ひて曰く、「汝が言ひつるは何の辞《こと》ぞ」といふ。対《こた》へて曰く、「言はず。唯歌ひつるのみ」といふ。乃ち重ねて先の歌を詠《うた》ひ、忽に見えずなりぬ。大彦乃ち還りて具《つぶさ》に状《あるかたち》を以ちて奏《まを》す。

（記）故、大毘古命、高志国に罷り往きし時に、腰裳《こしも》を服《き》たる少女、山代の幣羅坂に立ちて、歌ひて曰はく、

御真木入日子はや　御真木入日子はや　己が緒《を》を　盗み殺《し》せむと　後《しり》つ戸よ　い行き違ひ　前つ戸よ　い行き違ひ　窺《うかか》はく　知らにと　御真木入日子はや

是に、大毘古命、怪しと思ひて、馬を返し、其の少女を問ひて曰《い》ひしく、「汝が謂《い》へる言《こと》は、何の言ぞ」といひき。爾《しか》くして、少女が答へて曰はく、「吾《あれ》は、言ふこと勿《な》し。唯に歌を詠はむと為つらくのみ」といひて、即ち其の所如《ゆくへ》も見えずして、忽ちに失せにき。

故、大毘古命、更に還り参ゐ上《のぼ》りて、天皇に請《まを》しし時に、

読み下し文にしてしまうと、違いが大きくなるが、歌のあとの二、三行が特に酷似している。

（紀）於㆑是大彦命異之、問㆓童女㆒曰、汝言何辞。対曰、勿㆑言也。唯歌耳。乃重詠㆓先歌㆒、忽不㆑見矣。

（記）於是、大毘古命、思㆑怪、返㆑馬、問㆓其少女㆒曰、汝所㆑謂之言、何言。爾、少女答曰、吾、勿㆑言。唯為㆑詠㆑歌耳、即不㆑見㆓其所如㆒而、忽失。

右の傍線部分がほぼ一致している。この部分などは、元の資料に同様の文章があったものと考えられよう。

すでに宮岡薫氏[10]が、「この段は、記紀共に歌物語的な構成方法が採られており、物語の展開もきわめて類似している」と指摘され、歌われる場所の記紀、および紀の「一云」の三者における相違について、「これは明らかに本来の伝承に改変が加えられた結果であって、ここにも氏族相互の消長関係が濃厚に影響している」と述べているとおりであろうが、その伝承の改変は、すでに記述されていた文献に対して行われた場合もあったとも考えられるのではなかろうか。

三、垂仁

この項では、沙本毘古・沙本毘売の条が似通っている。それぞれに文体的な特徴を表す潤色を加えた形となっているが、骨格となる会話部分は次のようである。

（紀）……「汝《いまし》、兄《いろせ》と夫《をひと》と孰《いづれ》か愛《うつく》しき」……「兄ぞ愛しき」……「（夫れ色《かほ》を以ちて人に事《つか》へば、色衰へて寵《めぐみ》緩《ゆる》ふ。今し天下に佳人多《さは》なり。各《おのもおのも》遞《たがひ》に進みて寵を求む。豈《あに》永《とこしへ》に色を恃《たの》むこと得むや。是を以ちて、冀《ねが》はくは吾鴻祚《あまつひつぎ》登《し》らさむ。）必ず汝と天下に照臨《てりのぞ》まば、（枕を高くして永に百年を終へむこと、亦快からずや。）願はくは我が為に天皇を弑《し》せまつれ」……「是の匕首を裀《ころも》の中《うち》に佩《お》び、天皇の寝まさむときに当り、廼《すなは》ち頸を刺して弑《し》せまつれ」……「朕《われ》、今日夢みらく、錦色の小蛇、朕が頸に繞《まつは》る。復大雨狭穂より発《おこ》り来て面《おもて》を濡《ぬ》す。是何の祥ならむ」……

（記）……「夫《をせ》と兄《せ》と孰れか愛《うるは》しみする」……「兄を愛しみす」……「汝、寔《まこと》に我を愛しと思はば、吾と汝と天の下を治めむ」……「此の小刀を以て天皇の寝ねたるを刺し殺せ」……「吾、異《け》しき夢を見つ。沙本の方より

暴雨《はやさめ》零《ふ》り来て、急《には》かに吾が面を沾《ぬら》しき。又、錦の色の小さき蛇、我が頸に纏繞《まつは》りき。如此《かく》夢みつるは、是何の
表にか有らむ」……

『日本書紀』に、いかにも説教好き、演説好きの筆者の文飾癖があらわであるが、それを除けば、類似の文脈が見えてこよう。地の文にも類似の個所がある。

（紀）仍取二匕首一、授二皇后一曰、
（記）即作二八塩折之紐小刀一、授二其妹一曰、
（紀）時天皇枕二皇后膝一而昼寝。
（記）故、天皇（中略）枕二其后之御膝一、為二御寝一坐也。
（紀）即眼涙流之落二帝面一。天皇則寤之、語二皇后一曰、
（記）泣涙、落二溢於御面一。乃天皇、驚起、問二其后一曰、

右は漢文表記と和化漢文表記の表記法の違いから生じる文体の違い、表現の違いなどはあるものの、それを除けばほぼ同一の文章と言えるほどである。特に『日本書紀』に漢文式の文飾がはなはだしいが、内容を見ればストーリーとしてはほぼ同様の話とも言えるであろう。ただし、この後のストーリーは、かならずしも一致しない。また、この部分の『古事記』の表記は漢文に近い。この沙本毘売伝説は、言われているように[11]、漢訳仏典等で潤色している。あるいは、『日本書紀』との共通する資料が、漢文で書かれていた可能性もあるであろう。

ほか、田道間守（多遅麿毛理）の伝説など、記紀に類似した内容の話があり、用語の一部にも類似のものが見られる。これは『古事記』がもとになったものであろうと考えられるが、これについては別稿で述べる[12]。

まとめ

以上、『古事記』中巻の前半において、まとまった説話部分の見られる三天皇の項を見て来た。『古事記』と『日本書紀』を対照比較するに、特に神武東征伝説にいくつかの酷似した条があった。

廣畑輔雄氏[13]が、神武東征は「降臨神話の一応の完結部にあたる」と論じているように、ここは『古事記』上巻のすぐ後にあって、連続性の見られる部分であって、そのことから神代巻の傾向を引きつぐ一面があったものと考えられるであろう。

しかし、神武東征の条を除くと、『古事記』上巻と神代紀におけるほどには密度の濃い類似関係は、限られた部分を除けば見られないようである。

とはいえ、記紀の成書化に際しては、すでにそれ以前に諸種の文献があって、それらをそれぞれの形で材料として取り入れ、あるいは、それらを元に、独自に創作の手を加えたであろうことがうかがわれた。記紀の類似性が神代巻ほどあらわでないのは、特に『日本書紀』において、原典からの相違が大きくなるほどに、表現なり内容なりが独自化し、そのため『古事記』と『日本書紀』の違いが大きくなったのであろう。

一方、神代巻について改めて考えるなら、尾崎知光氏[14]に、神代紀は『日本書紀』の他の巻が成書となったあとで、いわば一冊の本の序文がそうであるように、最後の段階で加えられたものであろうとする見解がある。そうだとすれば、神代紀は他の巻より急いで編集されたかも知れず、しかも正文のほかに多数の一書が並べて記載されるという形式を取り、不完全とも柔軟とも取れる方法でストーリーが組み立てられる所もあることなどから、部分部分に『古事記』とも共通する原資料が、比較的に元のままに近い形で書かれたため、類似性があらわな個所が多くなったのであろう。さらに『古事記』中巻の後半以降について、『日本書紀』との比較を行い実情を調べる必要がある。

注

(1) 北川和秀「古事記上巻と日本書紀神代巻との関係」(『文学』一九八〇年五月)
(2) 拙稿「古事記と日本書紀に共通する一本について―国生み、黄泉の国、須佐之男昇天―」(『古代文学研究』5 一九九九年九月)、「古事記の天孫降臨説話と日本書紀」(『甲南大学紀要(文学編)』二〇〇〇年三月)、「古事記・日本書紀の表記と成立過程―国生み、天の石屋、八俣の大蛇―」(『上代語と表記』二〇〇〇年一〇月など)〈第二部2・3・4〉
(3) 注(1)に同じ。
(4) 神野志隆光「宝剣出現」(『国文学』一九八八年七月　一〇一ページ)
(5) 平田俊春「古事記の成立と日本書紀」(『日本古典の成立の研究』一九五九年一〇月)
(6) 木村春太郎「古事記の実質と撰録の事情」(『史学雑誌』一九二四年一二月)
(7) 津田左右吉『日本古典の研究』一九四八年八月
(8) 西郷信綱『古事記研究』一九七三年七月
(9) 以下、『古事記』は新編日本古典文学全集(小学館)山口佳紀・神野志隆光、一九九七年六月、『日本書紀』は同、小島憲之、直木孝次郎、西宮一民、蔵中進、毛利正守、平成六年四月による。ただし、ルビの一部、以音注などを省略、会話に記号(「　」)を補入するなどの補足を行っている。
(10) 宮岡薫「タケハニヤスの謀反伝承と歌謡」(『古代歌謡の構造』一九八七年一〇月　二〇一ページ)
(11) 瀬間正之「垂仁記と漢訳仏典」(『記紀の文字表現と漢訳仏典』一九九四年一〇月)に詳しい。
(12) 拙稿「古事記の形成と文体―漢文的傾向と和文的傾向―」(『甲南大学紀要(文学編)』二〇〇一年三月)〈第二部6〉
(13) 廣畑輔雄「神武伝説の成立」(『史林』一九八四年五月)
(14) 尾崎知光「『神代紀』の性格―日本書紀の成立過程と関連して―」(『古事記・日本書紀論集』一九八九年一二月)

6　古事記の形成と文体

はじめに

『古事記』の表記は、おおむね和化漢文（変体漢文）でなされている。和化漢文といっても文献によって、ひとくくりにしては扱えない差違があるが、いちおう、『古事記』は『古事記』なりの和化漢文表記で書かれていると言える。

ところで、この『古事記』を詳しく調べると、少なくとも傾向の異なる表記法が共存していることに気づく。すでにこのことは言われているところではある(1)が、私なりにこれについて述べるなら、一つは和風傾向（和文的傾向）が強く、本文中に借音仮名、まれには借訓仮名までまじえ、さながら一種の音訓交用表記とさえ言える表記法を取っている部分である。文と文の接続には、接続助詞「て」にあてられた「而」字が多用され、文頭に書かれる「爾」「故」などの接続詞相当の語句が少ない。文章の組み立てにおいて、「大殿祭祝詞」などを思わせる一面がある。口頭伝承の伝統を引き継ぎ(2)、それを記載文章として発展させた表記法とも考えられるものである。

その一方では、本文中における借音仮名表記はわずかで、前記の和語を主体とする表記に対して、漢字を主体とする語彙表記がなされ、つまりは相対的なものではあるが、漢語の意味用法を背景にした正用漢字主体表記とでもいうべき傾向の部分がある。文と文の接続に「爾」「故」が多用され、これに「於是」「如此」など漢語を元にした接続語がまじり、相対的に「而」の使用が少なくなる。これは漢文の翻訳翻案文として位置づけられる宣命の文章構成法に似通うところがある（ただし、宣命では「爾」は使われず、「是以」「如是」などが多用されるが、叙事の『古事記』、説得の宣命というべき、文章内答からする相違に一つの原因があるか）。

『古事記』の用語や用字について考察する場合も、すべての部分を等しく扱うようなことはせず、こうした二種の文体を考慮し、これに基づく相違などにも注意をはらわなければならないであろう。その前に、どうしてこのような相違する表記法が一つの作品に共存、あるいは混在しているのか、この事実と『古事記』の形成がどのように関連しているのか考えておきたい。

一、接続語および音仮名表記

和文的傾向の強い個所として、その典型的な様相の見られる「天の石屋」の条を先に拙稿で取りあげたが、(3) この傾向は実は、「天照大御神と須佐之男命」の神話の始まりあたりから続く傾向であった。次にその一部分を、音訓交用の状態を明確にするため、音仮名・訓仮名を片仮名に改め、漢語助辞には右に平仮名でルビを付して示す。訓注があれば片仮名のルビで示し、いわゆる以音注は省略する。

即解二御髪一、纏二御ミヅラ一而《（て）》、乃於《（に）》二左右御ミヅラ一、亦於《（に）》二御縵一、亦於《（に）》二左右御手一、各纏二持八尺勾璁之《（の）》五百津之《（の）》ミスマル之《（の）》珠一而、ソビラニ者《（は）》、負二チ入《ノリ》之《（の）》靫一、ヒラニ者《（は）》、附二五百入之《（の）》靫一、亦所レ取二佩イツ之《（の）》竹鞆一而《（て）》、弓腹振立而《（て）》、堅庭者《（は）》、於《（に）》二向股一蹈ナヅミ、如二沫雪一蹶散而、イツ之《（の）》男建《タケブ》。蹈建而、待問、何故上来。

列挙式表現や対句的表現による律文調の文章となっており、祝詞などの表現にもつながるところがある。しかし、ここから「天の石屋」へと続くすべての部分が音訓交用表記でなされているわけでなく、和化漢文表記の部分もまざることは別稿で述べたとおりである。

これに対し、須佐之男だけが主人公となる後半部分、つまり彼が追放されて出雲に下ったあたりから和化漢文の傾向が強くなり、「故」「爾」「於是」などの接続語の使用が多くなる。

故、所二避追一而《て》、降二出雲国之《の》肥上河上、名鳥髪地一。此時、箸、従《より》二其河一流下。於是、須佐之男命、以三為人有二其河上一而《て》、尋覓上往者《ば》、老夫与《と》老女、二人在而《て》、童女置レ中而《て》泣。爾、問賜之、汝等者《は》、誰。故、其老夫答言、僕者《は》、国神、大山上津見神之《の》子焉。

この「八俣大蛇退治」の条では、ヲロチ、カガチ、イロセ、ミヅラ、サズキ、クミドニなどの名詞（および名詞＋助詞）の例が見られるものの、仮名表記語彙は「天の石屋」の条ほどは多様ではなく、数もわずかである。

右の音訓交用主体の個所と、和化漢文主体の個所の文章構造を対比すると、祝詞と宣命の対比に似た面があるので、試みに次に祝詞・宣命の一部分を対比させて、読み下し文を示しておく。主要接続語に傍線を付す。

今奥山の大峡《おほかひ》・小峡《をかひ》に立てる木を、斎部《いみべ》の斎斧《いみをの》をもちて伐《き》り採りて、本末をば山の神に祭りて、中間《なから》を持ち出で来て、斎鉏《いみすき》をもちて斎柱《いみばしら》立てて、（以下略）（『延喜式』大殿祭祝詞(4)）

是を以ちて天地《あめつち》の神の顕《あらは》し奉《まつ》れる瑞《しるし》の宝に依りて御世の年号改め賜ひ換へ賜はくと詔《のたま》ふ命《おほみこと》を衆《もろもろ》聞きたまへと宣ふ。故慶雲五年を改めて和銅元年として御世の年号と定め賜ふ。是を以ちて天の下に慶《よろこ》びの命詔はく、冠位上げ賜ふべき人々治め賜ふ。（以下略）（『続日本紀』宣命第四詔(5)）

なお、『古事記』(6)の次のような部分は、「八俣大蛇退治」の前述の部分よりさらに漢文体傾向が強い。

爾、海神之女豊玉毘売之従婢、持二玉器一将レ酌レ水之時、於レ井有レ光。仰見者、有二麗壮夫《ヲトコ》一。以二為甚異奇一。爾、火遠理命、見二其婢一、乞レ欲レ得レ水。婢、乃酌レ水、入二玉器一貢進。爾、不レ飲レ水、解二御頸之璵一、含レ口唾二入其玉器一。於是、其璵、著レ器、婢、不レ得レ離レ璵。故、璵任レ著以、進二豊玉毘売命一。（爾《しか》くして、海の神の女《むすめ》豊玉毘売の従婢《つかひめ》、玉器《たまもひ》を持ちて水を酌《く》まむとする時に、井《ゐ》に光有り。仰ぎ見れば、麗しき壮夫《をとこ》有り。甚《いと》異《あや》奇しと以為《おも》ひき。爾くして、火遠理命、其の婢《つかひめ》を見て、「水を得むと欲《おも》ふ」と乞ひき。婢、乃《すなは》ち水を酌み、玉器に入れて貢進《たてまつ》りき。爾くして、水を飲まずして、御頸の璵《たま》を解き、口に含《ふふ》みて其の玉器に唾《は》き入れき。是に、其の璵、器《もひ》に著《つ》きて、婢、璵を離《はな》つこと得ず。故、璵を著け任《なが》ら、豊玉毘売命に進《たてまつ》りき）

この海幸山幸の説話については、漢訳仏典との類似が言われており、瀬間正之氏(7)によって『経律異相』との表記の一致個所について、詳しい対応関係が調べられている。「於是、泣患、暫、虚空、婢、昼夜、然後、不忍」などが一致しており、両書の直接的な関係はともかく、『古事記』のこれらの語句が漢語の翻訳によっているものであろうことが推定される。かつて梅沢伊勢三氏(8)等によって、『古事記』の文章が漢文を元にしていることが論じられたが、漢文を和文に翻訳することによって成りたったであろう語や文の例がここに見られるわけである。(9)もっとも、これは特に漢文的要素の多い部分について言えることで、たとえば海幸山幸説話の全体については、さらに別の検討も必要であろう。

二、沙本毘売伝説

同様に漢訳仏典との影響関係が言われてきた沙本毘売伝説（垂仁紀、沙本毘古と沙本毘売の条）は、『経律異相』などによって潤色されていることが指摘(10)されているが、これはさらに漢文的傾向が顕著で、『日本書紀』の同じ条に酷似した部分が少なくない。すでに別稿でも述べた(11)が、この両者を対比すると、『日本書紀』式の純漢文表記と、『古事記』式の和化漢文表記の最も接近したケースの相似と相異が知られるであろう。

（紀）皇后母兄狭穂彦王謀反欲レ危二社稷一。因伺二皇后之燕居一而語之曰、「汝孰二愛兄与レ夫焉。」於レ是皇后不レ知二所レ問之意趣一、輙対曰、「愛レ兄也。」

（皇后《きさき》の母兄《いろえ》狭穂彦王、謀反《みかどかたぶけむとはか》りて社稷《くに》を危《あやぶ》めむと欲《おも》ふ。因りて皇后の燕居《えんきょ》ましますを伺ひて、語りて曰く、「汝《いまし》、兄《いろせ》と夫《をひと》と孰《いづれ》か愛《うつくし》き」といふ。是に皇后、問へる意趣《みこころ》を知らずして、輙《すなは》ち対《こた》へて曰く、「兄ぞ愛しき」といふ。）

（記）此天皇、以二沙本毘売一為レ后之時、沙本毘売命之兄、沙本毘古王、問二其伊呂妹一曰、「孰二愛夫与兄一歟、」答曰、「愛レ兄。」

（此の天皇、沙本毘売を以て后《きさき》と為《せ》し時に、沙本毘売命の兄、沙本毘古王、其のいろ妹を問ひて曰はく、「夫《を》と兄《せ》と孰《いづ》れか愛しみする」といふに、答へて曰ひしく、「兄を愛しみす」といひき。）

ここから『日本書紀』に特有の、筆癖とも言える過剰な説明部分を除くと、次のように対比することができる。

（紀）語之曰、「汝孰二愛兄与レ夫焉」

（記）問二其伊呂妹一曰、「孰二愛夫与兄一歟」

（紀）輙対曰、「愛レ兄也」

（記）答曰、「愛レ兄」

地の文では『古事記』に漢語訳の困難な和語「伊呂」が仮名表記されているが、会話部分では右のように両者はほとんど一致する。

（紀）仍取二匕首一、授二皇后一曰、是匕首佩二于裀中一、当二天皇之寝一、廼刺レ頸而弑焉。

（仍《よ》りて匕首《ひもかたな》を取り、皇后に授けて曰く、「是の匕首を裀《ころも》の中に佩《お》び、天皇の寝《みね》まさむときに当り、廼《すなは》ち頸を刺して弑《し》せまつれ」といふ。）

（記）故、当レ殺二天皇一、云而、作二八塩折之紐小刀一、授レ妾。

（「故、天皇を殺すべし」と、云ひて、八塩折りの紐小刀を作り、妾《あれ》に授けき。）

『日本書紀』がいくぶん説明調で、『古事記』に和文的傾向がやや見られるなど、冒頭部に比べるとそれぞれの独自性が現れているが、内容はほぼ同じである。さらに次のような酷似部分が見られる。


（紀）即眼涙流之落二帝面一。

（記）泣涙、落二溢於御面一。

（紀）天皇則寤之、語二皇后一曰、

（記）乃天皇、驚起、問二其后一曰、

（紀）朕今日夢矣、錦色小蛇繞二于朕頸一。復大雨従二狭穂一発而来之濡レ面。是何祥也。

（記）吾見二異夢一。従二沙本方一暴雨零来、急沾二吾面一。又、錦色小蛇、纏二繞我頸一。如此之夢、是有二何表一也。


記紀を対比させると他の条でも見られたように、語の順序や用字をわずかに違えたり、敬語の表記などに相違がおのずから生じたりするが、どちらかがどちらかを元にしたか、あるいは両者が同一の資料を元にしたかでなければ、これほどの相似は得られないと考えられよう。

さらにこれに続く皇后（沙本毘売）の弁解部分に、（紀）「従レ袖溢之沾二帝面一」「大雨忽発則妾眼涙也」（記）「泣涙、落二沾於御面一」とあって、同じ用語、用字をずらして使ってはいるが、同一の書を元にしていることは明白である。その原本は、『日本書紀』そのままであったかどうかは不明で、『日本書紀』に特有の筆癖の見られるところからすれば、恐らくこちらにも手が加えられていることと考えられるが、いずれにせよ漢文表記でなされていた可能性がある。『経律異相』などによって潤色しているとの指摘は妥当なものであろう。『古事記』はこれに和文としての効果を加えて補正したものであろうが、漢文にきわめて近い文章のまま表記されており、読み上げれば漢文訓読式の、直訳に近いものとなったであろう。

『日本書紀』の「匕首」が『古事記』では「八塩折之紐小刀」となり、また「其の后、紐小刀を以て其の天皇の御頸を刺さむと為て、三度挙《ふ》りて、哀しき情《こころ》に忍へず」「御頸を刺さむと欲《おも》ひて、三度挙れども、哀しき情忽ちに起《おこ》りて」と、「三度」という語やその繰り返し使用など、口頭言語として語るときの効果を考えた表現が見られる。もっとも、『日本書紀』の相当する個所では、「是に皇后、既に事を成すこと無くして、空しく思はく、兄王《えのきみ》の謀るは適《まさ》しに是の時なりとおもひき。即ち眼涙流れて、帝《みかど》の面《みおもて》に落つ」と、心情描写によって状況の転換をはかっているが、『古事記』のように行動によって転換が起きるより、文章表現としては高度なもので、効果が大きいと思われる。発話によってストーリーを進める『古事記』より、地の文によってストーリーを進める『日本書紀』の方により高い文学的効果の生じたまれな例の一つかと思われるのである。

用語用字について簡単に触れるなら、『古事記』では自称語を表記する訓字として「我」「吾」「僕」「妾」などの用字があるが、沙本毘売伝説では「妾」に統一されていることが、戸谷高明氏の論考(12)によって知られる。たとえば、木花之佐久夜毘売の自称表現では多様の用字が使われているが、和語のワレ（アレ）を元にして漢字をあてるなら、「僕」と書こうが「妾」と書こうが同じである。しかし漢語としての意味を厳密に考えて使いわけるなら、つまり漢文を元にした話の中でなら、場面によりワレ（アレ）の用字は「妾」に限定される場合があるであろう。

一方、和語を元にした場合には、それを表す的確な漢字を欠く場合もある。「イガ作り仕へ奉れる大殿の内には、オレ先《ま》づ入りて（伊賀所㆓作仕奉㆒於㆓大殿内㆒者、意礼、先入）」（神武天皇、兄宇迦斯と弟宇迦斯の条）のイガ、オレのような語は、「汝」や「爾」では表記しきれず、音仮名で表記せざるを得ない。

本文中の音仮名表記の語（多くの場合、以音注を伴う）は、言われているように(13)、その和語を表す訓字がまだ固定していないために音仮名による表記にたよったという場合が少なくないであろう。その和語を表記する訓字がすでに用意されていても、その文脈では語の意味がずれたり、独特のニュアンスで使われる場合には、訓字をさけて音仮名表記がなされるといった例もあろう。それにしても、要するに元になる文章は和文であって、漢文ではなかったために、語彙体系の違いにより、そのような必要が生じたと見なされる。

漢文が土台にある場合には、和語では表せないニュアンスを訓字によって表現し、訓は同じだが用字によって意味を区別するという事態も生じる。逆に和文が土台にある場合には、訓字では表せないニュアンスを音仮名表記によって表現することになるわけで、おのずから音訓交用文の様相を現すこととなる。

三、多遅摩毛理伝説

沙本毘売伝説に続く本牟智和気御子の物語の条は、ストーリーとしては続いているが、内容にも文体にも記紀の違いが大きい。『古事記』では「真事トハズ」「為㆓アギトヒ㆒」「真事トハム」「フトマニニ占相而」「令㆓ウケヒ白㆒」「ウケヒ落」「ウケヒ活」「令㆓ウケヒ枯㆒」「令㆓ウケヒ生㆒」「以イツク之祝」「自㆓山タワ㆒」など、音仮名表記語が散見され、この物語がたとえ、着想を漢文資料から得ていたとしても、すでに和文的傾向の強い独自の文章になっていると言えよう。

さて、垂仁記に挿話ふうに記入されている多遅摩毛理の話についてはどうであろうか。

又、天皇、以㆓三宅連等之祖、名多遅摩毛理㆒、遣㆓常世国㆒、令㆑求㆓登岐士玖能迦玖能木実㆒。故、多遅摩毛理、遂到㆓其国㆒、採㆓其木実㆒以、縵八縵・矛八矛将来之間、天皇、既崩。爾、多遅摩毛理、分㆓縵四縵・矛四矛㆒、献㆓于大后㆒、以㆓縵四縵・矛四矛㆒、献㆓置天皇之御陵戸㆒而、擎㆓其木実㆒、叫哭以白、「常世国之登岐士玖能迦玖能木実持、参上侍、」遂叫哭死也。其登岐士玖能迦玖能木実者、是今橘者也。

此天皇御年、壱佰伍拾参歳。御陵、在㆓菅原之御立野中㆒也。(下略)

右のように、人名の「タジマモリ」と橘の異名としての「トキジクノカクノ木実」以外はもっぱら訓字が使われている。「又、……故、……爾、……也。其……者也。」と、漢文の訓読から来た接続語、漢文式文末辞などによって文が組み立てられているのは、沙本毘売伝説から続き、垂仁記全体に渡って見られる漢文調の傾向の上にある、というより、上巻の一部に見られたような極端な和文調の傾向は、ここには見られないと言うべきであろう。

『日本書紀』では田道間守の話は、垂仁紀の末尾に付記するかのような形で記されている。

九十年春二月庚子朔、天皇命二田道間守一遣二常世国一、令レ求二非時香菓一。香菓、此云二箇俱能未一。今謂レ橘是也。

九十九年秋七月戊午朔、天皇崩二於纏向宮一。時年百四十歳。冬十二月癸卯朔壬子、葬二於菅原伏見陵一。

明年春三月辛未朔壬午、田道間守至レ自二常世国一。則齎物也、非時香菓八竿八縵焉。田道間守於レ是泣悲歎之曰、「受二命天朝一、遠往二絶域一、万里蹈レ浪、遥度二弱水一。是常世国則神仙秘区、俗非レ所レ臻。是以往来之間、自経二十年一。豈期、独凌二峻瀾一、更向二本土一乎。然頼二聖帝之神霊一、僅得二還来一。今天皇既崩、不レ得二復命一。臣雖レ生之、亦何益矣。」乃向二天皇之陵一叫哭、而自死之。群臣聞皆流レ涙也。田道間守是三宅連之始祖也。

これを部分に分けて対比させると、次のような酷似個所がある。

（紀）天皇命二田道間守一遣二常世国一、令レ求二非時香菓一。香菓、此云二箇俱能未一。今謂レ橘是也。

（記）又、天皇、以二三宅連等之祖、名多遅摩毛理一、遣二常世国一、令レ求二登岐士玖能迦玖能木実一。……其登岐士玖能迦玖能木実者、是今橘者也。

「天皇がタジマモリを遣わしてトキジクノカクノ木の実を求めさせた。トキジクノカクノ木の実とは、今の橘のことである」という内容はほとんど同一のものであるが、意図的にか語の出現する個所を違えている。記の「三宅連等之祖、名多遅摩毛理」は、紀では「田道間守是三宅連之始祖也」と話の末尾に送っている。どちらか、いわばカンニングした方が、カンニングが分からないように、構成を変え同一語句の出現個所をはくらかしたのであろう。どちらがカンニングしたかと言うと、「常世国」など、和語ふうの用語が、なまで漢文にふくまれている『日本書紀』の方であろう。「香菓」に訓注を付けざるを得なかったのも、和語に固定していない訓字を強引に結びつけて漢語化したためであろう。

（紀）則齎物也、非時香菓八竿八縵焉。

（記）採二其木実一以、縵八縵・矛八矛将来之間、

漢語漢文の影響も当然考えられるが、「八竿八縵」など、和語を元にした用語がある。
言われるように[14]、中国の徐福伝説がモチーフの源にあるにしろ、すでに和化漢文として形成されたものであろう。

（紀）於レ是泣悲歎之曰、……而自死之。

（記）叫哭以白、……遂叫哭死也。

同じような構文であるが、この中略部分に引用されているタジマモリのセリフが大きく異なっているのである。記では「常世国のときじくのかくの木実を持ちて、参ゐ上りて侍り」と、経過を一行で報告しているだけであるが、紀では「命を天朝に受《うけたまは》りて遠く絶域に往り」云々と、演説好きの編集者の一人が、自分の文章に酔いながら長々と弁舌をふるっている。この『日本書紀』独特の説明部分ははじめから漢文で記された（多分、漢籍から借用して構成したのであろう）と考えられるが、全体を総合的に見るなら、『日本書紀』のこの説話は、『古事記』を利用し、その構成を組み変えて成ったものである。もっとも、『古事記』のこの部分も変体漢文で表記され、つまりは漢文の骨格を借りて応用したような構造となっており、いわば漢文的要素と和文的要素の混合のような様相にあると見ることもできる。

四、音仮名表記と以音注

『古事記』では本文中の音仮名は、いわゆる以音注によって音仮名であることが示される。たとえば「愛上比売一、此三字以レ音。下効レ此也。」（国生みの条）のように書かれている。では、音仮名には必ずこの注記が付されているかというと、そうでない場合もある。以音注については、つとに毛利正守氏(15)によって、詳しい調べに基づく穏当な見解が示されているが、私の気づいたことをあえて付記するならたとえば、景行記の熊曾建の条では、「大帯日子淤斯呂和気《おしろわけ》天皇」「意礼《おれ》」に以音注がない。それぞれ、垂仁記、神武記の同じものにすでに以音注が記されているから省略したのであろうか。垂仁記はともかく、神武記にすでに出ていたから景行記の同一の例の以音注は省略するというのは、あまりにも整理されすぎているのではなかろうか。もし、筆録者自身が本文を書きながら、同時に以音注を付していったのなら、この景行記のオレも以音注を付したであろう。少なくとも本文を書いていた段階では、以音注は書かれていなかったか。そうでなければ、同一の仮名表記語について、あちらでもこちらでも以音注が付されるといった重複が今見られる以上にもっとしばしば起きたであろう。

この以音注は、初出の「仮名書き語(16)」に付されることは、すでに言われているところであるが、十や二十の数ならともかく、おびただしい借音仮名表記語の初出を後々にまで覚えておれるものではなく、仮名表記の出現のつど初出を確認していたら、本文の筆が進まなくなる。たとえば神武記のオレは「意礼、此二字以レ音。」（すでに上巻の大国主の条にも同様の例があったので、厳密には初出ではない）とだけ書かれているが、葦原中国の平定の個所のケリは「我子者、不レ死有祁理。此二字以レ音。下効レ此。我君者、不レ死坐祁理」とあって、「下効此」が書かれている。これにならうなら、先のオレにも「下効此」が付されてもよさそうである。もっと多くの以音注について調べねば結論は出せないが、自然な手順を考えるなら、この以音注は本文を書きあげた後に加えられた可能性が高いであろう。

ちなみに毛利正守氏[17]の論考では、地名・人名について、「既に原古事記に音仮名となつていたところには安万侶が音注を付してゐない」「中・下巻で仮名書きの人名に音注を付してゐない個所が多いのも、安万侶があへて音仮名に書きかへた個所でなくして、すでに原古事記がそのやうになつてゐたからだと考へる」とされ、以音注は『古事記』に独特のもので、安万侶が自分の筆録した所の仮名表記に付したものと見ているかのようである。

ところで音仮名表記の語は訓字表記が困難であった語であり、つまり漢語に置き換えること、漢語に翻訳することが困難であった語である。また、翻訳してしまうと意味にずれが起きる場合もあろう。つまり、多くの場合は漢文にはなじみにくく、漢語の和訳語としてはあり得ない語である。ところが、周知のように『古事記』では、目的語が述語の後に記される倒置表記が徹底しているので、目的語の前に置かれた述語が音仮名で記されている場合が生じる。

倒置表記の例外としては、わずかに次のような例があることはある。

老夫与老女、二人在而、童女置レ中而泣。　（「八俣の大蛇退治」）

（老夫《おきな》と老女《おみな》と、二人在りて、童女《をとめ》を中に置きて泣けり。）

我御世之事、能許曾此二字以レ音。神習。又、宇都志岐青人草習乎、不レ償二其物一。　（「応神記」）

（我が御世の事は、能くこそ神を習はめ。又、うつしき青人草を習へか、其の物を償《つくの》はぬ。）

しかし、これとてもあるいは「童女を」「神を」「青人草を」ではなく、「を」を欠く提示語のようなものであったかも知れない。もし、「を」があったとすれば、例外として扱うべきものであろう。こうした例をわずかな例外とすれば、あとは漢文式倒置表記が全巻を通じて徹底されているのが見られる。

このことが、『古事記』の表記法の一貫性を示し、統一性を保っていて、そのため、漢文的傾向の個所も、和文的傾向の個所も一連の和化漢文の文章の中に、さほど違和感を持たせないで混在させ、一つの作品として読ませる一因となっている。音訓交用表記も漢文表記も、抵抗感なしに一つの作品内に取り込む方法としては、この倒置表記は非常にうまい表記法であり、また、一方では倒置表記することによって、主語と目的語の区別がしやすくなり、『古事記』を和文として読み上げることのできるものとしている。

しかし、この倒置表記を徹底したために、述語の仮名表記において、次のようにいささか読むのに抵抗を覚える個所が生じている。

猶阿二蘇婆勢其大御琴一　（「仲哀記」）
（猶其の大御琴をアソバセ）

宇二羅宜是所レ献之大御酒一而　（「応神記」）
（是の献れる大御酒にウラゲて）

能見二志米岐其老所一レ在　（「顕宗記」）
（能く其の老《おきな》の在りし所を見シメキ）

これらは、漢文からは遠い音訓交用表記の和文であっても全体の統一性のために、強引に語順を漢文式に変えたものではなかろうか。

ともかくも、本文の成った時期には、わずかながらも「天の石屋」の条に「天香山之五百津《いほつ》真賢木《まさかき》矣《を》、根許士爾《ねこじに》許士而《こじて》」の例が見られるように、すでに和文の語順に従って文字を並べる方法もあったはずであるが、『古事記』全体を通してほぼ一貫して倒置表記が行われているのは、原資料にたとえ和文の語順で記されたものがあった場合にも、それを修正したためであろう。あるいは以音注などの記入も、全体の文章に対するそうした整理修正の作業をした際に、あわせて行われたものかと考えるのである。

おわりに

『古事記』は、きわめて漢文的傾向の強い部分、きわめて和文的傾向の強い部分、その中間の様子を示す部分と、表記の不統一な原資料を集めて、いわばパッチワークのようにしてそれらを組み上げたものであるが、それを組み上げた段階で、和化漢文ながら漢文式倒置表記を一貫させたために、全体的に統一性のあるものとして、部分部分の表記のずれに違和感を持たずに読み通せるものになったのであろう。以音注なども、こうした段階で記入された可能性が考えられる。

それでは訓注はいつ加えられたのか、筆録者を自称する太安万侶は、『古事記』の作成の、どの段階でどのような面に、どのように参画したのか、残された課題は大きい。

注

（1）たとえば西宮一民氏はこれについて、次のように述べていた。「接続助詞テにおいて、古事記では文体上、「而」が連続して用いられる箇所と、ほとんど現れない箇所とがある。前者は口誦的な内容に多い。（中略）後者は漢文体に近い文体で叙事的な内容に多い。」（西宮一民編『古事記』凡例　一九七四年　新訂版一五ページ）

（2）山口佳紀「日本神話の文体―『古事記』に即して―」（『国文学』一九八八年七月）参照。

（3）拙稿「古事記・日本書紀の表記と成立過程―国生み、天の石屋、八俣の大蛇―」（『上代語と表記』二〇〇〇年一〇月）〈第二部4〉

（4）倉野憲司・武田祐吉『古事記祝詞』（日本古典文学大系）一九五八年六月による。ただし字体などは変更している。

（5）北川和秀『続日本紀宣命　校本・総索引』一九八二年一〇月をもとにして読み下し文を作成した。

（6）以下、『古事記』およびその読み下し文は、山口佳紀・神野志隆光、『日本書紀』は、小島憲之、直木孝次郎、西宮一民、蔵中進、毛利正守の新編日本古典文学全集（小学館）による。ただし以音注やルビの多くを省略し、一部補修している。

（7）瀬間正之『記紀の文字表現と漢訳仏典』一九九四年一〇月

（8）梅沢伊勢三『記紀批判』一九六二年五月

（9）拙稿「古事記の佐久夜毘売説話と日本書紀」（『古事記・日本書紀論叢』一九九九年七月）〈第二部1〉において、『古事記』では一般的に和語を元にそれにあてはまる漢字を選んだかのように書いたが、漢文の翻訳によって訳語式に和語が選ばれる場合もあるであろう。漢籍や仏典を元にした文章の場合などは、あるいは呉哲男「古事記の成立―日本書紀との関連から見た表現の問題―」（古事記研究大系1『古事記の成立』一九九七年三月）などの述べているところに近くなるかも知れないが、漢語による表記から和語表記の確立への流れを考えるのが妥当となる。

（10）注（7）に同じ。

（11）拙稿「古事記中巻と日本書紀―神武・崇神・垂仁―」（『古代文学研究』甲南大学古代文学研究会　二〇〇一年三月）〈第二部5〉

（12）戸谷高明「「妾」の用法」（『古事記の表現論的研究』二〇〇〇年三月）

（13）たとえば山口佳紀「古事記の仮名表記と訓読」（『記紀と漢文学』一九九三年三月）など。なお、金岡孝「古事記の万葉仮名表記箇所（歌謡・固有名詞を除く）について」（『松村教授還暦記念　国語学と国語史』一九七七年二月　二〇〇ページ）に、「古事記に撰録者が万葉仮名で表記しようとした世界は、それを漢字や漢語に置換えたとき（中略）イメージがそこなわれてしまう場合がある。」と述べている。

（14）及川智早「タヂマモリの「非時の香の木実」探求譚について」（『古代研究』一九八四年一一月）など。

（15）毛利正守「『古事記』音注について」上・下（『芸林』一九六七年二月、四月）

（16）西宮一民「古事記の成立―「序文」に関して―」（古事記研究大系1『古事記の成立』一九九七年三月）二五ページ

（17）注（15）の下。八〇・八二ページ

7　古事記の筆録と和風表記

はじめに

「国語史から見た古事記の成立」という課題をめぐって、ここ十年ほど研究を進めてきた。結論にはまだ至らない。元来、私の場合は、事実が示すままに、その示す所までを言うということを原則として研究してきたが、作品の成立過程など、創作日記でもなければ、作者自身でさえ明確には言えないのではなかろうか。まして、千年以上も前に書かれた作品の成立過程など、結論は出ないだろうとはじめから考えていたので、なおさら結論に至らない。ただ、ようやく可能性の範囲がしぼりこまれ、結論に近づいてきたようには思っている。

『古事記』の成立を考えようとするとき、『日本書紀』との関係が問題となる。両者の関係は、状況を考えたなら、太田善麿氏の次のようなまとめが(1)、穏当なところであろう。

『古事記』は書紀の撰修過程をよく知っていて企画・実現されたものであるが、また『日本書紀』が古事記の成立を知っていて完成されたものであることも、疑いない事実であろう。古事記は、『日本書紀』の編纂終功の段階において、その有力な参考資料として成就せしめられたのである。（中略）従来は、古事記は書紀に素材的に役立てられたろうという単純な推測で、両者を関係づけようとする傾きが強かった。しかしそういう関係においてではない、もっと緊密な成立関係が両者をそれぞれ独自なものとしてあらしめているのが真相なのであろう。書紀の編修過程のある段階の現実が『古事記』の成立の契機をなし、また古事記成立の現実が最終的な『日本書紀』の成立の契機をなしているという関係である。

記紀を外側から状況によって見て、両者の関係を考えれば、このような結論となろうが、記紀を内側から見たら、これでは何も言っていないのに近いような気もする。具体的に、両者のどのような部分、どのような面が、どのように関係しているか、国語学研究の立場からすれば、その分析こそが求められるのである。

さて、『古事記』の作成については、西宮一民氏(2)等の安万侶によって書き下されたとする見方と、西條勉氏等の多段階を経て成ったとする多元成立説とでも呼ぶべき見方とがある。

西條氏(3)は、「安萬侶は撰定した資料をそのまま書き写しつつ、それに音注と訓注を施していった」「本文の表記史的位相は天武朝の時点まで遡らせねばならない」とする。つまり、『古事記』の本文は天武朝に書かれ、音註と訓注は安万侶が元明朝に付したものということに、おおむねはなるであろうか。なお、「安万侶書き下し説」と「多元成立説」をめぐる諸先学の論説については、西條氏の著書に述べられているので、ここでは研究史的な研究は、はぶかせていただく。

『古事記』について、私の今までに分析した所(4)から概観するなら、その部分部分を見ると、漢文的傾向の強い個所、和文的傾向の強い個所と、表記に偏りがあって、全巻を一人の人物が一気に書き下したものとは考えにくいのである。しかし、全体的に見るなら、和文的傾向と漢文的傾向の中間的な表記法を取る部分が大きく、原資料と別の原資料をつなぐ役割をするような部分なども、おおよそはこの中間的な表記法を取っているようである。用字においても、たとえば漢語助辞利用の「而、者、之、也、於」などの用法も、全体的に似通っていて、いわゆる漢文式倒置法も、ほぼ完全に一貫していることなど、一人の人物による書き下しに近いように感じられる。書き下しでなければ、徹底した文章整合のための作業も想定されそうである。

ここでは、国語史研究の立場から、『古事記』本文の筆録時期について、特に天武朝成立説をめぐり、さらなる検証を行いたい。

なお、神野志隆光氏[5]等により、次のように『古事記』と『日本書紀』は別々のものとして扱うべしということが主張されている。

『古事記』と『日本書紀』という二つのテキストを一つの神話の二つのテキストとしてでなく、二つの神話として捉える方向をそこではっきりとさせるところにきたのではないでしょうか。

今まで私は、『古事記』と『日本書紀』の一文一文を付き合わせて比較するという方法で分析を進めてきた。しかし、これは、神野志氏等とは、いわば研究の土俵が違っているのであって、対立するものではないと思っている。極端な例を使って具合が悪いかも知れないが、たとえばカーテンを切って座布団カバーを作ったとする。製品を論じるなら、両者は全く別のものであるが、素材を論じるなら、両者は全く同じものである。どこを、どうとらえるかによって、逆の結論となるが、一見矛盾しているようで、どこも矛盾していない……ということも、場合によってはある。

一、古事記の漢文風表記

『古事記』の成立に関して、梅沢伊勢三氏[6]の、記紀二書は資料を共通にしており、その資料たる古文献は漢文だったとする説がある。図示すると、次のようになるであろうか。

「原日本書紀」→『日本書紀』
　　　　　　　→『古事記』

しかし、『古事記』には和文傾向（和風）の強い部分もあり、全体的には漢文資料ばかりを元にしたとは考え難いというのが、ここ数年来、私の述べてきたところである。これもごく単純化して図示すると、次のようになる。

「原古事記」→『古事記』
　　　　　　→『日本書紀』

ただし、『日本書紀』の神代巻は、「原古事記」とひとまとめにしては言えない多くの資料を集めてなったものであるとも考えられ、また以降の巻は記紀の違いが大きく、右の図は直ちには当てはまらない。また、『古事記』においても、表記その他、漢文的傾向（漢文風）の強い部分もまじり、元の資料は漢文だったかと考えられる例もある。すでに述べた(7)ことがあるが、垂仁天皇の条の狭穂彦の謀反を記した個所は、その代表的なものである。

ただし、『日本書紀』のこの条にも、次のようにその作成の際に書き加えられたかと考えられる部分もあり、一概に『古事記』よりこちらの方が原資料に近いとは言えない。

則誂二皇后一曰、夫以レ色事レ人、色衰寵緩。今天下多二佳人一。各遞進求レ寵。豈永得レ恃レ色乎。是以冀吾登二鴻祚一。必与レ汝照二臨天下一、則高レ枕而永終二百年一、亦不レ快乎。願為レ我弑二天皇一。

『日本書紀』のこの後のストーリーから考え、皇后にはすでに王子があったのであるから、このような説教は無意味でこっけいでさえあるが、つい編集者の演説癖が出てしまったのであろう。『古事記』は単に、

曰、吾与汝、共治二天下一。故、当レ殺二天皇一、云而、

（曰はく、『吾と汝と、共に天の下を治めむ。故、天皇を殺すべし』と、云ひて）

となっていて、こちらの方が原文に近いかと思われる（もっとも、原資料に王子が存在しなかったという可能性がない

でもない）。

『日本書紀』におけるこうした理屈を垂れる部分は、文学作品として見るなら、文芸的な価値をそこなうもので、お説教癖、ペダンティズムなどと私の述べてきたところだが、しかし『日本書紀』作成の目的が、文芸的価値にあるわけではなく、ある種の儒教的な思想や天皇主義というべきものの布教にあるとその一面を考えるなら、むしろこのよけいな理屈部分にこそ、述べたいところがあったので、文芸性などその宣伝のための手段か、せいぜい副産物ていどのものだったかもしれぬ。

二、天武朝金石文の和風表記

序文によれば、元明天皇の命のあった和銅四年九月から、和銅五年（七一二）正月にかけての間に筆録されたことになる。これをめぐり、『古事記』は稗田阿礼が誦習してきたったところを、太安万侶が日本語文として書き下したとする、いわゆる太安万侶書き下し説がある。西宮一民氏によって代表されるものであるが、これに対し、前述したように、西條勉氏の『古事記』本文天武朝成立説とでもいうべき論が展開された。西條氏[8]は、その裏付けとして、藤原宮出土木簡に見る和風表記例などを使っている。現在は、木簡の和風表記例はさらに増え、飛鳥池遺跡出土木簡例などにより、さらに古い時代の例も得られている。

さて、木簡資料のほかに、法隆寺幡銘なども、天武朝の和風表記資料として注目したい。天武十一年（六八二）の次の幡銘[9]は、文字順のままで和文として読み下せ、しかも借訓仮名による普通名詞の表記「者田《はた》」が見られる。

壬午年二月飽波書刀自入奉者田也

（壬午年二月、飽波《あくなみ》の書刀自《ふみとじ》の入れ奉《まつ》る者田《はた》（也））

天武朝に、すでにこのように、和文の語順に従って書かれ、しかも仮名まで交じえた表記がなされていたことは特記せねばなるまい。

天智二年（六六三）の次の幡銘なども、「為」字が和文の語順に従って記されていて、これが和文として読まれたことが推測される。

癸亥年山部五十戸婦為命過願造幡之[10]

（癸亥年、山部の五十戸《さと》の婦の為に命過に願ひて造れる幡（之））

後の和銅七年（七一四）の一点などは、かえって「為」字が漢文の語順に従って転倒表記され、「大窪」の訓字表記（別の幡銘に「於冨久菩乃《おほくぼの》」とある）もあいまって、漢文帰りとでもいうべき表記がなされているが、同様の現象は、木簡資料においても見られるところである。

大窪史阿古為親父誓願幡和銅七年十二月

（大窪史阿古《あこ》、親父の為に誓願する幡、和銅七年十二月）

金石文では天武十年（六八一）の「山ノ上碑」が有名で、知られているように和文の語順に従って漢字が並べられている。「長利僧母為記定文也」（長利僧、母の為に記し定むる文也）の部分では、「為」字が和文の語順となっていて、幡銘との類似性が見られる。これらは、天武朝において、『古事記』の表記がすでになし得た、いや、それよりもさらに和文的傾向の強い表記でさえ書き得たことを示すものである。

三、古事記の和風表記

これもすでに述べた[11]ことがあるが、『古事記』の「天の石屋」の条は借音仮名表記の個所が多く、きわだって和風傾向が強いと言える。中には次のような借訓仮名部分も見られる。

取二垂白丹寸手・青丹寸手一而、訓レ垂云二志殿一。

（白にき手・青にき手を取り垂《し》で而《て》）

「丹寸」と訓仮名を使っている理由について、「白―手」「青―手」と訓字にはさまれているためと説かれており、(12)それはそのとおりではあるが、それならなぜ「手」を音仮名にしなかったかという疑問が生じる。ニキテ全体を音仮名で表記する方法もあったのに、それをしていない。「五百津之御須麻流之珠」のように、訓字「御――之珠」にはさまれながら音仮名「須麻流」が使われている個所もある。やはり清寧天皇条の寿詞や、大殿祭祝詞にも見られるように、古くはこのように訓仮名がまじえられる表記法があり、その痕跡が残ったのであろう。(13)

前節で述べた天武十一年の法隆寺幡銘の「者田《はた》」のように、訓字中に訓仮名がまじえられたり、あるいは天武朝頃のものと見られる飛鳥池遺跡木簡例に(14)「止求止佐田目手《さだめて》」とあるように、音仮名と訓仮名がまじえて表記されることも、七世紀には広く行われたものと考えられる。

純漢文の詔勅の和文化によって生まれ、すぐれた文字意識によって整えられた宣命のように、仮名はほとんどを音仮名で統一し（「津《つ》」は例外）、訓字と仮名の混同による読み誤りが起きないようにしている文章が一方では作成され、中臣氏のになう多くの祝詞はこれをならって整えられたものであろう。しかし、忌部民の伝えた大殿祭祝詞にはなお、古くからの訓仮名交じりの表記法が痕跡として残ったものと考えられる。

『古事記』の「天の石屋」の条では、「即布刀玉命、以二尻久米縄一控二度其御後方一」（即ち布刀玉命、尻くめ縄を以て其の御後方に控《ひ》き度《わた》して）となっていて、この個所では忌部氏の祖である布刀玉命が一人活躍するが、『日本書紀』では「於レ是中臣神・忌部神、則界レ以二端出之縄一」となって、忌部神の先に中臣神が記されている。つまり、『古事記』の方が忌部氏の祖先神が活躍していて、中臣氏は『日本書紀』において、ここに割り込んできている形となっている。

「天の石屋」条と大殿祭祝詞を結びつけるキーワード、ないしキー・パーソンとして忌部氏を考えることができる。あるいは「天の石屋」条の詞章のにない手として忌部氏を想定することもできるのではなかろうか。これについては、神話学の方面の研究を見なければならないであろうが、とりあえずは、右の個所から、この可能性が考えられたのである。

ところで、『古事記』のこの条は、音訓交用体表記を取りながら、漢文式の倒置表記を取っているため、祝詞などと比べ読みにくい。もし、倒置表記のうち、祝詞・宣命でも倒置表記されやすい漢語助辞の類を除いたものを和文の語順にして表記しなおすなら、たとえば次のようになる。

なお、平仮名で助詞の（を）（に）を補うこととする。もし、和文の語順で書かれたものを倒置表記にした場合、原資料にこれらの助詞が表記されていたとしても、それを省略せざるを得なかったであろうものである。

鍛人天津麻羅（を）求而、伊斯許理度売命（に）科《おほせ》、鏡（を）令レ作、玉祖命（に）科、八尺勾璁之五百津之御須麻流之珠（を）令レ作而、天児屋命・布刀玉命（を）召而、天香山之真男鹿之肩（を）内抜抜而、天香山之天之波々迦木名（を）取而、占合麻迦那波令《しめ》而、天香山之五百津真賢木矣、根許士爾許士而、於二上枝一、八尺勾璁之五百津之御須麻流之玉（を）取著、於二中枝一、八尺鏡（を）取繋一、於二下枝一、白丹寸手・青丹寸手取垂訓レ垂云二志殿一。

而、此種々物者、布刀玉命、布刀御幣登取持而

右のように表記すると、ヲとニの送り仮名を欠くといささか読みづらいのに気づく。「矣《を》」「於《に》」も部分的に使用されているのが見られるので、右の（を）（に）にもこれが代用されていたか、あるいは（乎）や（爾）が表記されていたのが、漢文式倒置表記に改めたときに必然的に省略されたとでも考えない限りなりたちにくく、和文の語順で表記されていたと断定するには論拠が足りないかも知れないが、その可能性は言えよう。「山ノ上碑」（天武十年

山名村碑文）や森ノ内遺跡木簡例など、（を）（に）が無表記で、なおかつ和文の語順で表記されているものもある。

次に『延喜式』の大殿祭祝詞の部分を、そのままで引用してみる。

詞別白久、大宮売命登御名乎申事波、皇御孫命乃同殿能裏爾塞《さやり》坐弖、参入罷出入能選比所レ知志、神等能伊須呂許比阿礼比坐乎、言直志和志古語云二夜波志一坐弖、皇御孫命、朝乃御膳《みけ》・夕能御膳供奉流、比礼懸伴緒、襁《たすき》懸伴緒乎、手躓・足躓古語云二麻我比一不レ令レ為弖、

『古事記』なら「矣、於、之、者、而」で表記されるところを、小字音仮名の「乎、爾、乃（能）、波、弖」で表記し、動詞活用語尾をも音仮名で送っているなどの違いはあるが、似通うところがあるとは言えるであろう。

もっとも、七世紀半ばのもので、やはり和文の語順で記されていることで有名な次の金石文などの例は、『古事記』を和文の語順に直したものにさらに似ている。

山口大口費上而次
木閛二人作□□也
（山口大口費《あたひ》を上《かみ》とし而《て》、次の木閛《きまた》の二人と作る□□也）　（法隆寺金堂木造広目天造像記）

薬師徳保上而
鉄師𠛃古二人作也
（薬師徳保を上とし而《て》、鉄師《かねし》の𠛃古《まろこ》と二人作る也）　（法隆寺金堂木造多聞天造像記）

岡崎敬氏の読みを参考に手を加えたが、(15) あるいはさらに別の読みができるかも知れない。記録が目的の文だとすれば、さほど厳密な読みを求めず、意味が通じればよしとした可能性もあるが、こうした表記法や、天武十年「山ノ上碑」のような表記法を取る資料が、もし『古事記』の原資料にあったとしたら、それはこれらの金石文から一歩、祝詞に近づいたような表記、先に『古事記』の字順を変更して示したような文章になるわけである。

なお、この「天の石屋」条には、「如レ屎、酔而吐散登許曾此三字以音。我那勢之命、為二如此一」（屎《くそ》の如きは、酔《ゑ》ひて吐き散らすトコソ、我がナセの命、如此《かく》為つらめ）の「吐散登許曾」のように宣命大書体表記がすでに見えているが、もし、元明朝にこれが表記されていたら、こうした表記法がこの条の全体に及ぼされていたであろう。後にも述べるが、こうしたことからも、この部分が、さかのぼる時代に書かれた資料を元にしていることが、推測されるのである。

なお、乾善彦氏(16)は、次のように『古事記』の「部分的宣命書き」について論じている。

> 当時の人々が、日本語を漢字で書き記そうとしたとき、漢文に対するのは、いわゆる変体漢文ではなく、仮名書きである。「以音注」とは、まさにその漢文に対する仮名書きを文中に取り入れることの、あからさまな意志表示であったともいえる。宣命書きの小書きもそれと揆を一にする。文中の借音仮名表記全体からすればほんのわずかではあるが、部分的に宣命書きが可能な部分においてもそれがなされなかったのは、「以音注」がそれと同等の役割を果たしていたからに他ならない。

つまり、「古事記の場合、小書き双行の注形式は、宣命書き以外の方法として利用されており、宣命書きを採用する環境にはなかった」のも理由の一つとなって、宣命書き（宣命体小書双行表記）は採用せず、「以音注」がその役割をなしたとするのである。

乾氏の論法を見ると、たとえば「選択」という概念をまず設定して、その概念のもとに論を立てるといった方法を取るかのように印象される。

七世紀から八世紀はじめの日本語表記の基層に和風漢文があり、これを補完する形で宣命体や仮名文が併存していたとの指摘が東野治之氏によってなされている(17)が、何種かの表記法が存在すれば、その内のどの表記法で書くかは、多かれ少なかれ筆録者の意志が働くのであって、まったくの行きあたりばったりに書かれることはないであろう。その意志の働きに「選択」ということばを与え、その概念をもとに表記のされ方を見るということから、どれほどのオリジナリティーが生じるのかは分からないが、それによって、たとえばフィルターを使って写真をとる場合のように、物事のある一面が鮮明に見通されるということはあるであろう。その代り、フィルターを通らない、雑多な、あいまいであったり矛盾したりして整理しにくい方面については、一種の思考停止におちいる恐れがある。

この場合について言えば、後のものではあるが、大殿祭祝詞では、小字双行書きによる注記が取られているにもかかわらず、送り仮名部分の小書きも併用されていること、また、「以音注」は『古事記』の本文作成とは別に、後の段階でなされたもので、それも本文の筆録者とは別の手でなされたと見る有力な説があること[18]など、あるいは氏の理論上は排除すべきものなのかも知れないが、いくつかの矛盾をきたして断り書きを要すであろうものごとが切り捨てられてしまっている。もちろん、氏はそのことも計算に入れた上で、それは別に検討することとして、一つの観点として「選択」というキーワードの提示をもとに分析しているのであろうが、氏の論を読む側では、分かりやすく割り切って論じられているように印象されて、いわば快刀乱麻を断つがごときオールマイティーな論と受け取る恐れがないわけではない。ことばのひとり歩き[19]を恐れる。

四、古事記本文の筆録時期

『古事記』本文は天武朝に書き得た。

ただし、「書けた」から「書いた」とは限らない。天武朝に書き得たということは、持統朝にも、あるいは奈良時代においても書くことが可能だったかもしれぬ。

天武朝に稗田阿礼が青年期で、その時に『古事記』式の表記法を修得したとして、しかし、その時には書かず、老年期になってから昔に修得した表記法を使って書くという可能性もないわけではない。ただ、大宝律令によって公文章の規範が作られてから後の時代なら、もっと整っていて、かつ漢文訓読調の傾向の強い文章が大きな部分をしめるようになっていたのではないかと思うが、しかしこれも、今は主観的な印象による推測にすぎない。

国語学の研究対象としてではなく、もし、文学的に考えるなら、『古事記』という作品は、少女期に「強語《しひかたり》」（『万葉集』巻三・二三六）を好んで育った持統天皇にとっては、一面として、いわゆる「癒しの文学」として有用なものとなったであろう。母親が黄泉の国へ去った須佐之男、母親が海神の宮へ帰った鵜葺草葺不合命（初代天皇神武の父）、伝説に母親が登場しない倭建命など、幼時に母を失った重要人物が目立つ。古代であれば、幼くして母親を失うことも、珍しくはなかったかもしれぬが、持統は幼年期に、母親が、その親（持統の祖父）の謀反事件ののちに非業の死をとげている。垂仁記の謀反人の妹、沙本毘売が残した口のきけない御子は、持統の、口のきけない八歳でなくなった弟の建皇子[20]や、天皇位につかずに死んだ息子の草壁皇子を連想させる。もっとも、癒しになったというのは、『古事記』のある一面に限っての結果論的な推測になるかも知れぬか。

なお、三谷栄一氏[21]は、古事記は持統天皇を中心とする後宮において成立してきたとし、「天武天皇の壬申の乱に従った女孺、後宮の「宮人」達によって支えられたものであり、それを統御したのが鸕野皇后（持統天皇）であるといい得るのではなかろうか」とする。ただし、「天武・持統両天皇の計画した古事記は誦習に限っていて、撰録し記録化することを目的としていなかった」とし、元明朝に阿礼が老年になって誦習が困難になってきたので、文字化の作業に踏み切ったものと考えている。

『万葉集』の天智挽歌群にうかがわれるように、天武朝頃に後宮の女性たちの文学的エネルギーが高まったとすれば、天武朝あるいはそれに続く持統朝に、『古事記』が大体の成立を見ていたことは、充分に考えられるであろう。木簡や前述の金石文の例などから、天武朝においても『古事記』は書けたであろうことが言える。

持統朝なら、人麻呂作歌、あるいは人麻呂歌集の表記と『古事記』の音訓交用体部分との類似性が注目されよう。人麻呂歌集と『古事記』とに共通する用字・表記のあることについては、次のように森重敏氏[22]に指摘があった。

人麻呂歌集の特殊な用字・表記法のうち、特に助詞「矣」「於」や敬語「御」などが、人麻呂歌集と同様かならずしもそれを表記しないという原則の古事記にあらわれることは、両者の間のなんらかの連繋を推測させるであろう。

天武朝、持統朝には書けたと言えるが、ではいつから書けなくなったか、あるいは書かなくなったかということの考証は難しい。今後の課題としたい。

なお、工藤力男氏[23]が、「古事記は天武朝以前の表記を伝えていると考えられる」「古事記の表記は人麻呂歌集のそれに後れたわけではないのである」として、西條勉説について肯定的に検証している。また、すでに川副武胤氏にも、本文の天武朝成立を強く説く論考のあったこと[24]を述べておく。

おわりに

たとえば『古事記』の「天の石屋」の条のような、極端に和文的傾向の強い部分や、「沙本毘売」の条のような極端に漢文的傾向の強い部分が、原資料として天武朝ころには書かれていたであろうことは言えるであろう。それらの原資料をまとめて補修し、『古事記』の総体を書きあげたのも、天武朝ないし持統朝だと思われるが、国語学的な基準からいえば、明確な論証にはまだ至っていない。さらに詳細に及ぶ分析が必要であろう。

安万侶、ないし安万侶を代表とする人たちが、『古事記』成立の最終段階で行なった作業についてはどうであろう。四か月では、全体を一から書き上げるのは無理であろうが、かといって、以音注や訓注の補入だけとも思われない。あるいは本文に及ぶ補修作業があったかもしれない。元明天皇の命令の詔が下りる以前に、すでに作業が始まっていた可能性もないではなく、これについても、さらに分析が必要である。

注

（1）太田善磨「記紀成立論」（『講座日本文学―上代編―』一九六八年一一月）
（2）西宮一民「太安萬侶の撰進の考察」（『古事記の研究』一九九三年一〇月）
（3）西條勉『古事記の文字法』一九九八年六月　九〇・九一ページ
（4）拙稿「古事記・日本書紀の表記と成立過程―国生み、天の石屋、八俣の大蛇―」（『上代語と表記』二〇〇〇年一〇月）〈第二部4〉、「古事記の形成と文体―漢文的傾向と和文的傾向―」（『甲南大学紀要（文学編）』二〇〇一年三月）〈第二部6〉など。
（5）神野志隆光「「記紀神話」論からの脱却」（『論集『日本書紀』「神代」』一九九三年一二月）
（6）梅沢伊勢三『記紀批判』一九六二年五月
（7）拙稿「古事記中巻と日本書紀―神武・崇神・垂仁―」（『古代文学研究』甲南大学古代文学研究会　二〇〇一年三月）〈第二部5〉
（8）西條勉『古事記の文字法』一九九八年
（9）狩野久「法隆寺幡の年代について」（『伊珂留我』一九八四年一〇月）、東野治之「法隆寺献納宝物の銘文」（『法隆寺献納宝物銘文集成』一九九九年二月）、拙稿「文章史から見た法隆寺幡銘と薬師像光背銘―七世紀金石文の作成年代に関して―」（『書くことの文学』二〇〇一年六月）〈第一部3〉参照。
（10）東野治之「法隆寺伝来の幡墨書銘―追善行事との関連にふれて―」（『日本古代の葬制と社会関係の基礎的研究』一九九五年三月）参照。
（11）注（4）に同じ。
（12）山口佳紀「古事記における訓仮名の役割」（『萬葉』一九九三年七月）

(13)　拙稿「記紀の神名と寿詞の表記」(『上代文学と木簡の研究』一九九九年一月)「古事記・日本書紀の表記と成立過程」(『上代語と表記』二〇〇〇年一〇月)〈第二部4〉

(14)　拙著『上代文学と木簡の研究』参照。

(15)　岡崎敬「日本の古代金石文」(『古代の日本』9　一九七一年一〇月)。なお、稲岡耕二『人麻呂の表現世界—古体歌から新体歌へ—』四・五ページをも参照。

(16)　乾善彦「古事記の書き様と部分的宣命書き」(『上代語と表記』)

(17)　東野治之『長屋王家木簡の研究』一九九六年一一月

(18)　木田章義「古事記そのものが語る古事記の成書過程—「以音注」を手かかりに—」(『萬葉』一九八三年一〇月)では「古事記の編纂のために集めた文献には、もともと「以昔注」は付していなかったはずである」(四六ページ)とする。

西條勉『古事記の文字法』では、「安萬侶は撰定した資料の文章をそのまま書き写しつつ、それに音注と訓注を施していった」(九〇ページ)とする。

(19)　山口明穂氏は、文法に関して論じた著書の中で次のように書いている。「名前がことの実態を正確に捉えているならば、名づけることの意味は大きい。しかし、実際は、名前はことの一面だけを捉えて付けられることが多く、ことの全体を過不足なく捉えていることなどは極めて少ないといってよい。ことの一部分を捉えただけのその名前が、あたかも、そのこと全体の真の姿であるかのごとく理解されるようになることがある。そのとき、名前の意味する内容は、ことの真の姿とは程遠い。いわゆる、名前の独り歩きである。」(『日本語を考える——移りかわる言葉の機構』二〇〇〇年九月　二三九・二四〇ページ)

(20)　吉井巌氏の、建王の鎮魂のために語られた伝承が本牟智和気御子物語にとり入れられたとする説(『天皇の系譜と神話』二　一九七六年)をふまえ、荻原千鶴氏は、中大兄が「遺児建王に注ぐ眼差しには格別のものがあったと想像される」とし、持統の父、中大兄の心情に関係づけてこの物語の形成を考えているかのようである(『日本古代の神話と文学』一九九八年一月)。

（21）三谷栄一「古事記の成立」（『解釈と鑑賞』一九六八年六月）

（22）森重敏『文体の論理』一九六七年三月　三四三ページ

（23）工藤力男「古事記は人麻呂歌集に後れたか―古代の日本語表記史の問題―」（『書くことの文学』）

（24）川副武胤氏は、安万侶の持ち時間は六、七十日に過ぎないとして、その短さを理由に、「『古事記』の本文は天武朝のうちにでき上つてをり、その後、安萬侶は訓みの注を加へただけで、天武朝の『古事記』をそのまま今日に残してくれたのである」と述べる（『古事記考証』一九九三年二月　三八七ページ）。

※　テキストは、新編日本古典文学全集『古事記』『日本書紀』（小学館）、日本古典文学大系『古事記祝詞』（岩波書店）などを元にし、私意を加えた。〈「注」の拙稿は本書に収めた〉

8　仁徳・允恭・安康（古事記下巻）

はじめに

この十年ほど、一文一文をつきあわせて『古事記』と『日本書紀』の比較を行うという方法で、国語学的立場から『古事記』の成立過程を考察してきた。しかし、この方法は上巻には有効であっても、中巻以降はあまり有効ではない。すでに中巻の前半部分に関して述べた[1]ように、『古事記』と『日本書紀』がそれぞれに、それぞれの目的にそって創造性を発揮していて、両書に共通する類似性の強く見られる部分は、ごく限られた短い個所に限られてしまうのである。

中巻の後半部分について言えば、例えば景行天皇の巻における倭建伝説において、記紀に内容の似ている話はいくつかあるが、文章が酷似しているとまで言えそうな個所はというと、おおよそ次のような部分に限られる[2]。

（紀）悉集㆓親族㆒而欲㆑宴。於㆑是日本武尊解㆑髪作㆓童女姿㆒、以密伺㆓川上梟帥之宴時㆒。仍佩㆓剣裀裏㆒、入㆓於川上梟帥之宴室㆒、居㆓女人之中㆒。川上梟帥感㆓其童女之容姿㆒、則携㆑手同㆑席、挙㆑坏令㆑飲而戯弄。于㆑時也更深人闌。川上梟帥且被酒。於㆑是日本武尊抽㆓裀中之剣㆒、刺㆓川上梟帥之胸㆒。未㆓及之死㆒、川上梟帥叩頭曰、且待之。吾有㆑所㆑言。時日本武尊留㆑剣待之。川上梟帥啓之曰、汝尊誰人也。対曰、吾是大足彦天皇之子也。名曰㆓日本童男㆒

也。川上梟帥亦啓之曰、吾是国中之強力者也。是以当時諸人不レ勝二我之威力一、而無二不レ従者一。吾多遇二武力一矣、未レ有下若二皇子一者上。是以賤賊陋口以奉二尊号一。若聴乎。曰、聴之。即啓曰、自レ今以後号二皇子一応レ称二日本武皇子一。言訖力通レ胸而殺之。故至二于今一、称曰二日本武尊一、是其縁也。然後遣二弟彦等一、悉斬二其党類一、無二餘噍一。既而従二海路一還レ倭、到二吉備一以渡二穴海一。其処有二悪神一。則殺之。亦比レ至二難波一、殺二柏済之悪神一。済、此云二和多利一。

（記）於是、言三動為二御室楽一、設二備食物一。故、遊二行其傍一、待二其楽日一。

爾、臨二其楽日一、如二童女之髪一、梳二垂其結御髪一、服二其姨之御衣・御裳一、即成二童女之姿一、交二立女人之中一、入二坐其室内一。爾、熊曾建兄弟二人、見二咸其嬢子一、坐二於己中一而、盛楽。故、臨二其酣時一、自レ懐出レ剣、取二熊曾之衣衿一、剣自二其胸一刺通之時、其弟建、見畏逃出。乃、追二至其室之椅本一、取二其背皮一、剣自レ尻刺通。爾、其熊曾建白言、莫レ動二其刀一。僕、有二白言一。爾、暫許押伏。於是、白言、汝命者、誰。爾、詔、吾者、坐二纏向之日代宮一所レ知二大八島国一、大帯日子淤斯呂和気天皇之御子、名、倭男具那王者也。意礼熊曾建二人、不レ伏無レ礼聞看而、取二殺意礼一詔而、遣。爾、其熊曾建白、信然也。於二西方一、除二吾二人一、無二建強人一。然、於二大倭国一、益二吾二人一而、建男者、坐祁理。是以、吾、献二御名一。自レ今以後、応レ称二倭建御子一。是事白訖、即如二熟瓜一振析而、殺也。故、自二其時一称二御名一、謂二倭建命一。然而、還上之時、山神・河神及穴戸神皆言向和而、参上。

倭建（日本武）の敵役が、『日本書紀』では一人であるのに対し、『古事記』では他の説話でもまま見られるように兄弟二人の対であること（ドラマ的な効果をねらっているのであろう）がまず目立つ違いである。書いた文章による表現と、口頭伝承による表現の違いがもたらしたものであろう。

『古事記』の次の個所など、原文では「意礼」「祁理」などと借音仮名表記の部分があって、『日本書紀』と並べると、いかにも口頭言語が文字化されたように表記されていたことが分かるであろう。

（紀）川上梟帥《たける》が啓《まを》して曰《まを》さく、「汝尊《いましみこと》は誰人《たれ》ぞ」とまをす。対《こた》へて曰《のたま》はく、「吾《われ》は是大足彦天皇の子《みこ》なり。名は日本童男《やまとをぐな》と曰《い》ふ」とのたまふ。川上梟帥が亦啓して曰さく、「吾は是国中《くぬち》の強力者《ちからひと》なり。是を以ちて、当時《いまのよ》の諸人、我が威力に勝《た》へずして、従はずといふ者無し。吾多《さは》に武力《たけきひと》に遇ひしかども、未だ皇子の若《ごと》き者《ひと》有らず。是を以ちて、賤《いや》しき賊《やっこ》が陋《いや》しき口を以ちて尊号を奉らむ。若《けだ》し聴《ゆる》したまひなむや」とまをす。

（記）是に、白《まを》して言《い》ひしく、「汝《な》が命《みこと》は、誰《たれ》ぞ」といひき。爾《しか》くして、詔《のりたま》ひしく、「吾《あれ》は、纏向《まきむく》の日代宮《ひしろのみや》に坐《いま》して大八島国を知らす、大帯日子淤斯呂和気天皇の御子、名は、倭男具那王《やまとをぐなのみこ》ぞ。おれ熊曾建二人、伏《したが》はず礼無《ゐやな》しと聞《きこ》し看《め》して、おれを取り殺せと詔ひて、遣せり」とのりたまひき。爾くして、其の熊曾建が白ししく、「信《まこと》に然《しか》あらむ。西の方に、吾二人を除《お》きて、建《たけ》く強《こは》き人無し。然れども、大倭国に、吾二人に益して、建き男《を》は、坐《いま》しけり。是を以て、吾、御名を献《たてまつ》らむ。今より以後《のち》は、倭建御子と称《い》ふべし」とまをしき。

「熟瓜《ほそち》の如く振り析きて、殺しき」とリアルな比喩を使ったり、「其の室の椅《はし》の本に追ひ至り、其の背の皮を取りて、剣を尻より刺し通しき」のように具体的な描写によって臨場感を出しているのも『古事記』らしい特徴と言える。

一方の『日本書紀』では、主語の明示が多いこと、天皇を尊敬し熊曾を侮辱するためのもったいぶった表現が会話にあること、日本武の帰途の地名が具体的にあげられていること、などの特徴があり、詳細に見れば、さらにそれぞれに表現を工夫しているのが分析されよう。しかし、文脈の骨格はほぼ同じであり、どちらかが他方を見て書いたか、あるいは両者が同じ共通する資料によって創作したかであろう。しかし、もはやそれぞれの作品の文章となりきっていて、この部分からだけでは、どちらが元になったとは言いがたく、単純に比較するのは困難である。

なお、倭建伝説の成立については、吉井巌氏、松前健氏(3)をはじめ、国文学、歴史学などの分野における研究は多いが、ここでは、この伝説の限られた章について、国語学的見地から比較を試みたにすぎない。

尾崎知光氏[4]は次のように書いている。

『日本書紀』の成立過程は、一、二回の修史事業によって簡単に説明できるやうなものではなく、種々複雑な経過の結果であらうと察せられる。（中略）体裁の完備した三十巻の堂々たる『日本書紀』は、かなり長期の修史営為の結果でないと、とても生じえないのではなからうか。

だとすれば、『日本書紀』の神代の巻に比べ完成度の高い後の巻々においては、そう簡単に『古事記』との影響関係は見えてこないであろう。

前述したように、いくつかの拙稿において、『古事記』『日本書紀』の文章の酷似部分を抜き出して分析することで、両書の親近性を調べてきた。ここでは、一応、同様の方法によって、これを検証してみたい。

かつて、梅沢伊勢三氏が[5]、『日本書紀』巻三、巻五、巻六と、『古事記』中巻の原文を対比して、用字の異同と親近性を調べることで、両書が様々な相違を示しながらも、かなり親しい関係にあることを論証した。この二書が「文字化（文献化）という段階（あるいは側面）において、極めて近い関係にあった」と述べている。

また、前記の拙稿で、垂仁天皇の条の多遅麻毛理（田道間守）伝説において、『日本書紀』が『古事記』をカンニングしたのであろうと書いたが、今回調べると、すでに藤井信男氏がこの個所について、昭和三十二年に[6]「書紀の文は、古事記の（あるいは古事記的な）文をもとに作成されたものと、推定してもよいのではなからうか」と指摘しているのを知った。

氏は、応神天皇の条でも、『日本書紀』が「古事記の文（必ずしも現在のものを指すとは限らない。古事記の中に、素材として、まとめられる以前のものが考へられる。しかし、さうであつても、両者はほぼ同じものであらう。）に基いてゐるものと思はれる」部分を見出している。そして、他にいくつかの個所について調べた上で、次のように書く。

古事記上巻は、主として書紀の本書および一書の統合の上になりたつてゐる（もちろん、書紀以外のものもあることは言ふまでもない)。
古事記中・下巻に関しては、一部分からの推定ではあるが、むしろ書紀の本書が古事記および紀の一書(もちろん、これら以外のものもある。)の統合の上になりたつてゐると言ひ得よう。(中略)要するに、古事記と書紀との成立に関する比較は、上巻と中下巻とに分けて、それぞれが事情を異にしてゐるといふことが推定される。

いくつかの拙稿で調べてきたところでは、『日本書紀』の正文(本書)がむしろ、『古事記』上巻や『日本書紀』各一書の統合の上になりたっている場合があり、先後関係をいうなら、『古事記』上巻より『日本書紀』正文の方が後と一般的には言えるようであった。右に氏の書いている『古事記』中・下巻の状況と、同じことが上巻についても考えられたのである。かえって、中巻において、右のような状況が言えるのは、限られたいくつかの特別の部分に過ぎなかったが、それでは下巻はどうかというのが、このたびの目的ともいえる。

つまり、ここでは、『古事記』下巻から、『日本書紀』との類似性のうかがわれる条のうち、仁徳天皇、石之日売、允恭天皇、軽太子などの伝説について、部分的に近似性に関して検討することで、『古事記』『日本書紀』の文献的な親近性が検証できるかどうか試みようとするのである。

一、仁徳伝説

「伝説」といっても、これの書かれた時点では「物語」であって、後世にそれを読むものが「伝説」として受け取るというべきか。伝説と物語の差は微妙であるが、神話は物語とはあまりいわないので、それに対応させてとりあえず仁徳伝説と呼んでおく。『日本書紀』と『古事記』の類似部分につき、順次、対比させて検討してみる。

（紀）詔㆓群臣㆒曰、朕登㆓高台㆒以遠望之、烟気不㆑起㆓於域中㆒。以為、百姓既貧、而家無㆓炊者㆒。

（群臣《まへつきみたち》に詔《みことのり》して曰《のたま》はく、「朕《われ》、高台《たかどの》に登りて遠く望むに、烟気《けぶり》、域中《くぬち》に起《た》たず。以為《おも》ふに、百姓《おほみたから》既に貧しくして、家に炊《いひかしくひと》者無きか。」）

（記）於是、天皇、登㆓高山㆒見㆓四方之国㆒、詔之、於㆓国中㆒、烟、不㆑発、国、皆貧窮。

（是に、天皇、高き山に登りて、四方《よも》の国を見て、詔《のりたま》ひしく、「国の中《うち》に、烟《けぶり》、発《た》たず、国、皆貧窮《まづ》し。」）

（紀）詔曰、自㆑今之後、至于三載㆒、悉除㆓課役㆒、息㆓百姓之苦㆒。

（詔して曰《のたま》はく、「今より後、三載《みとせ》に至るまでに、悉《ことごとく》に課役《えつき》を除《や》めて、百姓の苦《たしなみ》を息《いこ》へ」）

（記）故、自㆑今至㆓三年㆒、悉除㆓人民之課役㆒。

（「故《かれ》、今より三年《みとせ》に至るまで、悉《ことごと》く人民《おほみたから》の課役《えつき》を除《お》け」）


例によって、読み下し文は研究者による違いが大きくなるが、原文を比べると、「登高台」と「登高山」、「遠望」と「見㆓四方之国㆒」、「烟気不㆑起」と「烟、不㆑発」、「於域中」と「於国中」のように、意図的に書き替えたのかわずかな違いはあるが、元は同じ文章の漢文版と変体漢文版であったことが見えるであろう。『古事記』のこの部分は漢文的傾向が強く、ちょうど漢文の詔勅を和訳したような文章となっている。


（紀）是以宮垣崩而不㆑造、茅茨壊以不㆑葺。風雨入㆑隙、而沾㆓衣・被㆒。星辰漏㆑壊、而露㆓床・蓐㆒。

（是《ここ》を以ちて、宮垣崩《くづ》るれども造らず、茅茨《かや》壊《こほ》るれども葺《ふ》かず。風雨隙《ひま》より入りて、衣《おほみそ》・被《おほふすま》を沾《うるほ》す。星辰《ほしのひかり》壊《やれま》より漏りて、床・蓐《みまし》を露《あらは》にす。）

（記）是以、大殿、破壊、悉雖㆓雨漏㆒、都勿㆓修理㆒。以㆑械、受㆓其漏雨㆒、遷㆓避于不㆑漏処㆒。

（是を以て、大殿、破れ壊《こほ》れて、悉く雨漏れども、都《かつ》て修理《つくろ》ふこと勿《な》し。械《はこ》を以て、其の漏る雨を受けて、漏らぬ処《ところ》に遷り避《さ》りき。）

『古事記』は『日本書紀』を要約して示した部分に、逸話を加えて興味を引いた形となっている。逆に言えば、『日本書紀』は『古事記』に漢文的文飾を加えて、延々と筆をふるっている形となっている。

(紀) 烟気満レ国。百姓自富歟。

(烟気、国に満てり。百姓自《おの》づからに富めるか。)

(記) 後、見二国中一、於レ国満レ烟。故、為二人民富一、今科二課役一。

(後に、国の中《うち》を見るに、国に烟満ちき。故、人民富めりと為ひて、今は課役を科《おほ》せき。)

ほぼ同じ内容で、用語もそうであるが、それぞれ漢文と変体漢文とで表記している。

なお、『日本書紀』には天皇の詔、つまり長い演説があるが、例によって筆録者の説教好きによるもので、筆癖とも言うべきものである。読み手を教化すべく文飾をこらしたのであろうが、とすれば、原資料は漢文であったとしても、内容は『古事記』に近く、『日本書紀』はそれに思想的政治的内容を盛り込んだのであろう。あるいは、初めから漢文の翻訳文としての変体漢文で書かれていた可能性もないではない。

二、石之日売伝説

同じく仁徳天皇にまつわる物語ではあるが、皇后の石之日売の嫉妬が主要なモチーフともいえる後半部分である。仁徳天皇を軸に考えれば、彼の求婚(失敗)譚とも言える。[7]

この求婚譚のおおまかな荒筋は、『古事記』では次のようである。

①　黒日売への求婚と皇后の嫉妬

②　a八田若郎女への求婚と皇后の嫉妬

③a使者口子臣に関する挿話
③b三種に変わる虫の挿話
②b八田若郎女への求婚
④　女鳥王への求婚失敗とその後日譚

これに対応させて『日本書紀』の荒筋を考えると、次のようである。

①　玖賀媛に関する挿話
②a八田皇女との婚姻と皇后の嫉妬
③　使者口持（子）臣に関する挿話
②b八田皇女との婚姻と皇后の死
②c八田皇女の立后
④　雌鳥皇女への求婚失敗とその後日譚

総体的な印象としては、『古事記』の方が女性が主体的であり、『日本書紀』の方が天皇中心の傾向が強い。『日本書紀』に儒教思想が強力なためと言えるが、読者を考えると、『古事記』は女性読者向きで、『日本書紀』は男性読者向きとも言えよう。こうした傾向は、三輪山伝説における丹塗矢伝説（古事記）と箸墓伝説（日本書紀）の結末の違いなどに顕著であるが、ここでもその傾向は見られる。

三谷栄一氏に、[8]『古事記』は後宮において、皇后鸕野（持統天皇）のもとで作成されたとする説があるが、このような事実からも納得できるところである。

別の面からこれを見ると、『古事記』は文芸的なおもしろさが大きく、『日本書紀』は作成の目的が儒教思想や天皇主義の布教にあるのかと思えるほど、思想性政治性が大きい。あくまでも相対的にだが、『日本書紀』を基に考えれば『古事記』は文芸的部分に多弁であり、逆に『古事記』を基に考えれば、『日本書紀』は思想的部分に多弁である。つまり文芸的部分において『古事記』がより多弁であっても、必ずしも「原日本書紀」にそれを加えたとばかりは言えず、逆に『日本書紀』において、「原古事記」の内容を簡略にし、文脈を改変した場合などもあると考えられる。そして、もちろん思想的政治的目的にそって、紀の思想的部分などの書き加えは多かったであろう。

以上、文学的、また思想的側面について、印象批判的に述べてみたが、国語学の領域外のことであり、国文学、歴史学などの方面で参照すべき多くの論考に触れていないであろうことをお断りする。

次に、具体的に、『日本書紀』と『古事記』の文章をつき合わせて検討してみる。漢文を基に変体漢文を見た方が分かりやすいかと考えて紀を先に示すが、もちろん、完成の時期は記の方が先である。

②

（紀）皇后遊二行紀国一到二熊野岬一、即取二其処之御綱葉一葉此云二箇始婆一。而還。於二是日一、天皇伺二皇后不在一、而娶二八田皇女一納二於宮中一。

（記）大后、為レ将二豊楽一而、於レ採二御綱柏一、幸二行木国一之間、天皇、婚二八田若郎女一。

「皇后」と「大后」、「遊行」と「幸行」、「取」と「採」、「御綱葉」と「御綱柏」、「紀国」と「木国」、「娶」と「婚」など用字を違え、それぞれ独自のものとなるよう文章が工夫されてはいるが、ほぼ同じ内容であること、神代巻などにも見られたところである。

このあと『古事記』には倉人女の告げ口があって話を盛りたてるが、『日本書紀』ではその挿話は省略されている。

（紀）大恨之。則某所レ採御綱葉投二於海一、

（記）大恨怒、載二其御船一之御綱柏者、悉投二棄於海一。

ほぼ同じ文章である。このあと、いくつかの歌謡を元に、似た話がつづく。

③

（紀）時口持臣沾二雪雨一以経二日夜一、伏二于皇后殿前一而不レ避。

（記）故、是口子臣、白二此御歌一之時、大雨。爾、不レ避二其雨一、参二伏前殿戸一者、

このあと、『古事記』ではドラマ仕立てになっていて、状況の描写が具体的で詳しい。あるいは演劇をなぞって『古事記』が書かれたのかと思うほどだが、(9)『日本書紀』では、そこは簡略である。

（紀）時皇后謂二国依媛一曰、何爾泣之。対言、今伏レ庭請謁者妾兄也。沾レ雨不レ避。猶伏将レ謁。是以泣悲耳。時皇后謂之曰、告二汝兄一令二速還一。吾遂不レ返焉。

（記）爾、大后、問二其所由一之時、答白、僕之兄、口子臣也。

ここでの対話は、『日本書紀』の方が詳しく、これによって話を盛り上げようとしたのかも知れないが、例によって内容が理論的説明的で、つまり理屈っぽい。筆録者の筆癖が出てしまっている。

④

（紀）納二雌鳥皇女一欲レ為レ妃、以二隼別皇子一為レ媒。時隼別皇子密親娶、而久之不二復命一。

（記）亦、天皇、以二其弟速総別王一為レ媒而、乞二庶妹女鳥王一。爾、女鳥王、語二速総別王一曰、因二大后之強一、不レ治二賜八田若郎女一。故、思レ不二仕奉一。吾、為二汝命之妻一。即相婚。是以、速総別王、不二復奏一。

ここでは『古事記』は、女鳥王の会話を入れて、彼女の主体的な性格(10)を表している。『日本書紀』では、隼別皇子が一方的に悪者とされてしまっている。

（紀）天皇聞二是歌一、而勃然大怒之曰、朕以二私恨一、不レ欲レ失レ親、忍之也。何釁矣、私事将レ及二于社稷一、則欲レ殺二隼別皇子一。

（記）天皇、聞二此歌一、即興レ軍、欲レ殺

『日本書紀』では天皇が、もったいぶった理屈を言って自己正当化している。天皇の正当化は他の条でも見られるところで、それによって物語をおもしろくなくしてしまうが、話のおもしろさよりも天皇崇拝の方が『日本書紀』の筆録者にとっては大切だったのである。

以上、記紀のどちらかがどちらかを読んでいること（あるいは、どちらもがお互いを読んでいること）は、いくつもの類似個所によって知られるが、意識的にそれぞれの独自性を競っているかのようで、意図的に用字、用語、文脈などを工夫し、お互いに同一の文となることをさけているようである。全体的に内容から考えて、天皇主義のため話のおもしろさを損ねた『日本書紀』が先に成立したとは考えられず、読者（あるいは聴き手、または観客）の興味を引くよう工夫された『古事記』がまず享受者に受け入れられて成立したものであろう。しかし、文章の部分部分をつき合わせるという方法では、両者の先後関係は見えにくくなっている。たとえば紀の「御綱葉《みつなかしは》」などの用字用語は、和文（変体漢文）から取ってきて強引に漢文の中に入れたことは明らかであるが、固有名詞式に和語の強引な取り込みを行ったものと見ればそれまでである。こうした、意図的な書き違えとでも言うべき状況は、神代巻にも見られたところであるが、中巻、下巻では、さらにそれぞれの独自性が強くなっていて、それぞれの文体によって自在に表記されているかの感がある。

三、允恭即位と軽皇子伝説

允恭天皇の即位の条は、内容は似ているにしろ、『日本書紀』は非常に詳しく、それに比べれば『古事記』はあまりに簡単である。

（紀）我不天、久離二篤疾一、不レ能二歩行一。且我既欲レ除レ病、独非二奏言一、而密破レ身治レ病、猶勿レ差。由レ是先皇責之曰、汝患レ病縦破レ身。不孝孰甚二於茲一矣。其長生之、遂不レ得二継業一。亦我兄二天皇、愚レ我而軽之、群卿共所レ知。夫天下者大器也。帝位者鴻業也。且民之父母、斯則聖賢之職。豈下愚之任乎。更選二賢王一宜レ立矣。

（下略）

（記）我者、有二一長病一。不レ得レ所レ知二日継一。

『日本書紀』は帝位につくまでのいきさつを延々と述べて、天皇たる器量について演説しているが、もしこれを読み上げれば、話のおもしろさを期待している聴き手なら眠ってしまうであろう。

（紀）医至レ自二新羅一。則令レ治二天皇病一。未レ経二幾時一、病已差也。天皇歓之、厚賞レ医以帰二于国一。

（記）此時、新良国王、貢二進御調八十一艘一。爾、御調之大使、名云二金波鎮漢紀武一、此人、深知二薬方一。故、治二差帝皇之御病一。

こうした短いエピソードの記述にも、『古事記』の語りのうまさは示されている。

（紀）詔曰、群卿・百寮及諸国造等皆各言、或帝皇之裔、或異之天降。然三才顕分以来、多歴二万歳一。是以一氏蕃息、更為二万姓一、難レ知二其実一。故諸氏姓人等沐浴斎戒、各為二盟神探湯一。則於二味橿丘之辞禍戸碑一坐二探湯瓮一、而引二諸人一令レ赴曰、得レ実則全、偽者必害。（下略）

（記）於是、天皇、愁二天下氏々名々人等之氏姓忤過一而、於二味白檮之言八十禍津日前一、居二玖訶瓮一而、玖訶二字以レ音。定二賜天下之八十友緒氏姓一也。

『日本書紀』では詔勅によって政治的意図を説明している。全体的に『日本書紀』がずいぶん詳しい。允恭の時代にこのままの詔勅が書かれたとは考えにくく、それが残されたとは考えられないので、これらは『日本書紀』作成時の創作であろうと思われる。

さて、木梨之軽太子の物語は、『日本書紀』では允恭紀と安康紀に分かれるが、『古事記』では允恭記にまとめられている。『日本書紀』では、軽皇子が「容姿佳麗」で、同母妹の軽大娘皇女もまた「艶妙」であったことから始めて、軽皇子が「窃《ひそか》に通《たは》け」るに至ったことの説明がある。『古事記』では、「未だ位に即《つ》かぬ間に、其《そ》のいろ妹《も》、軽大郎女を姦《をか》して、歌ひて曰はく」とあって、ずばりと歌謡物語りに入って行く。『日本書紀』のもったいづけは、筆者にとっては創意をこらした得意の所であろうが、物語としては説明しすぎではなかろうか。

恋愛歌謡のあとに「是を以て、百官と天の下の人等と、軽太子を背きて、穴穂の御子に帰《よ》りき」と『古事記』は続ける。允恭天皇の死去を書いたあとで「是の時に、太子、暴虐を行ひ、婦女に淫《たは》けたまふ。国人謗《そし》り、群臣従はずして、悉に穴穂皇子に隷《つ》きまつる」と改めて説明する『日本書紀』を比べると、後者は不自然で、紀の形成の際に、歌謡物語を歴年によるこの書の中に組み直して、この形になったものであろう。すでに阿部誠氏の論考[11]に、安康紀（即位前紀）では即位前紀の掲載法に基づいて軽太子歌謡を異物とし、允恭紀へ移行させたとしていた。『日本書紀』では、軽太子は大前宿禰の家で死に、その後に「一云、流㆓伊予国㆒」と割注がある。『古事記』では軽太子は大前宿禰に捕えられ、歌謡物語の進行の中で「流㆓於伊余湯㆒也」と書かれる。先の、『日本書紀』中の「一云」は、まさに「古事記云」であったかも知れない。『古事記』またはその原資料にあった悲恋物語の抒情性は、『日本書紀』には歓迎されず、切り捨てられてしまったものであろう。すでに金子スズ子氏[12]は、この「一云」の背後に記紀共通の資料となった歌謡を含む説話の存在が確かめられると論じていた。

允恭紀の二十四年に、占によって兄妹相姦が発覚し、軽太子を罰することはできないため、妹の軽大娘皇女が伊予に流されたことになっている。ところが、その時の歌が、「大君を島に放《はぶ》り」云々とあって、王を追放するという内容になり、説明と矛盾するのである。[13]『日本書紀』の編集の都合や、政治思想によって、物語としては不自然になってしまうこのような改変が行われたと考えられよう。

ただし、『日本書紀』の伝える伝承が発展して『古事記』の物語になったとする見方[14]もあり、伝承文学面での分析は、ここでは困難で、後の課題としておきたい。今はもっぱら、書かれた文章表記をめぐって述べておいた。

おわりに

仁徳伝説の一部分のように、『古事記』と『日本書紀』に共通する資料のあったことが顕になっている個所もあるが、それは歌謡のあるものなどと同様、たまたま原資料の存在が露呈したものと思われ、多くの部分にあっては、もはや両書はそれぞれの文体で書かれた独自の作品となっている。親近性は確かであるが、それは両書の内容から部分的にうかがうものとなっている。そうした部分においては、すでに言われてもいるように、『古事記』の方がより原資料に近いといえるのである。

状況からおおまかに考えるなら、天武朝ころに成立した原資料を元に、相互に影響されつつ、それぞれが独自なものとして形成されていったとも見られよう。

もし、『古事記』天武朝成立説[15]によるなら、『古事記』を重要な資料として『日本書紀』は形成されたということになろう。

もし、元明朝において、太安万侶が筆録を行った[16]とするなら、天武朝の原資料を元に、記紀が別々に形成されて行った可能性が高くなる。その場合でも、『日本書紀』は成立の最終段階までに『古事記』を参考にしたであろう。

ここまでが、現段階において、私の言えるところである。

注

（1）拙稿「古事記中巻と日本書記―神武・崇神・垂仁―」（『古代文学研究』第六号　二〇〇一年三月）〈第二部5〉

（2）以下、原文および読下し文とも新編日本古典文学全集『古事記』（小学館）山口佳紀・神野志隆光校注　一九九七年六月、『日本書紀』①②（同）小島憲之・直木孝次郎・西宮一民・蔵中進・毛利正守校注　一九九四年四月、一九九六年一〇月による。

（3）吉井巌「ヤマトタケル物語形成に関する一試案」（『天皇の系譜と神話』1　一九七九年）、松前健「ヤマトタケル伝承の成立」（『大和国家と神話伝承』一九八六年）ほか多数。

（4）尾崎知光「日本書紀の成立過程についての一仮説」（『古事記考説』一九八九年六月　九〇ページ）

（5）梅沢伊勢三「『記・紀』両書の文献としての関係―『記・紀』両書の資料的親近性の検証―」（『古事記と日本書紀の成立』一九八八年二月）

（6）藤井信男「古事記（中下巻）と書紀の比較に関する一考察」（『古事記年報』（四）一九五七年六月）

（7）三浦佑之「聖帝への道――大雀から仁徳へ」（『神話と歴史叙述』一九九八年六月）参照。

（8）三谷栄一「古事記の成立」（『解釈と鑑賞』一九六八年六月）

（9）尾畑喜一郎氏は、「雌鳥皇女物語には、演劇の台本とでも名づくべきものが材料になってゐるところも存すると見て、必ずしも不可はないやうに思はれる。また今の場合記紀のいづれが、より劇的な要素を蔵してゐるかと云ふと、その点では物語を詳細克明に伝へる紀の方に比し、記は遥かに及ばないもののやうである。」と書いている（「記紀における歌物語―雌鳥皇女をめぐって―」『古事記大成（神話民俗篇）』一九五八年二月　二四ページ）。しかし私には、劇としては『古事記』の方がおもしろく、また、演劇的部分は、雌鳥皇女物語のみならず『古事記』全体に散見するところと思われる。

（10）荻原千鶴氏は、「『古事記』の女鳥王は、主体性を貫き通す異色の女性として描かれているが、『日本書紀』では全く趣きを異にする。記紀いずれが本来の形に近いかといえば、『古事記』の方だろう。（中略）『日本書紀』のメトリは、編者の女性観によって、みずから意志や判断力を剝奪された姿でしかない」とする（「女鳥王―説話の発展とその周辺―」（『国語と国文学』一九八二年一一月　一二三ページ）。ただし阿部誠氏はこれを否定し、「おそらく伝承本来の趣旨は、むしろ『日本書紀』により近いものであったと思われる」とする（「皇位継承の物語と王権―古事記・下巻の構想と理念―」　古事記大系3『古事記の構想』一九九四年一二月　一〇一ページ）。

(11) 阿部誠「安康即位物語試論」（『国学院大学大学院紀要』第17輯　一九八六年三月）

(12) 金子スズ子「日本書紀『一云』の資料的性格―古事記との近似例を中心として―」（『国学院大学大学院紀要』第22輯　一九九一年三月）

(13) 阿部誠氏も、「これは『日本書紀』の方が配流者を改変したために、歌謡との矛盾を生じたもの」と考えている。（「皇位継承の物語と王権」　古事記大系3『古事記の構想』一九九四年一二月　一二七ページ）

(14) 山崎正之「古事記説話成立の一過程」（『文芸と批評』一九六三年九月）などの説につき、楠木千尋「木梨之軽太子と軽大郎女の歌謡物語」（『国文学』一九九一年七月）に紹介されている。

(15) 川副武胤『古事記考証』一九九三年二月、西條勉『古事記の文字法』一九九八年六月など。

(16) 西宮一民『古事記の研究』一九九三年一〇月など多数。なお、西條勉『古事記の文字法』、拙稿「古事記の筆録と和風表記―天武朝成立説をめぐって―」（『古代文学研究』第七号　二〇〇二年三月）〈第二部7〉参照。

9　〔書評〕西條勉『古事記の文字法』

ここにおさめられた西條氏の諸論文は、学術研究のあり方に、一つの模範を示すものかと思われる。

たとえば、第一章の「古事記は、だれが書いたか」では、はじめに亀井孝の論考をとりあげ、「古事記は、よめるか」という問題から「古事記はよめるかどうかの不安が、古事記が文字化されるときの不安、ひいては和語が漢字と出会うときの不安に根ざすものであった」と追求を深めながら、やがて、「安萬侶書き下ろし説」に対する疑問へと読み手を導いてゆく。津田左右吉や倉野憲司の主張した過去の説を分析し読み解いた上で、現在において課題とすべき事項が、ずばり切り出され、あるいは焦点を絞った中に浮かび上がらされてくる。

こうして「問い」を明確にしたところで、その考察のための具体的な材料、ここでは訓注の「風木津別之忍男神訓風云加耶訓木以音」「八尺鏡訓八尺云八阿多」「於梭衝陰上而死訓陰上云富登」など、問題となる例を取りあげ、本居宣長、小松英雄などの論考を引きながら、本文と施注者の関係へと論を展開してゆく。そこから、『古事記』本文の書き手と、本文の施注者とを分離分析する方向へと解明を進めてゆく。堅実な堂々とした論の押し進め方である。

読み手は、はじめは論理の箇所で読みよどむが、二度三度と読み返すうち、論じ方のみごとさに息をのむ思いがし、そこでとらえられた課題や、提示された資料の魅力についつりこまれ、こちらも様々に考えさせられる。論理的な手がたい追究によって魅了しながら、しかもこちらの研究心をも刺激してやまないところ、私はふと、この論文の中での論考の対象ともなっている亀井孝や小松英雄の論法との比較を行ってみたい思いにもなった。それは私の手には余ることではあるが、ともあれ、いずれも論究の深さにおいて、日本的な一般の論文には見られない、ある種の魅力ある論文を書かれている方々ではある。

さて、本書は次の章立てによって構成されている。

第一章　古事記は、だれが書いたか
第二章　阿礼誦習本の系統
第三章　記紀・誦習・撰録
第四章　偽書説後の上表文
第五章　本文と訓注
第六章　本文と訓注・続
第七章　和語表現としての助字法
第八章　「以」と「而」の書き分け
第九章　［～（之）時］の構文と、その文体的位相
第十章　［於～］の構文と、その表記史的位相
第十一章　文字構文の方法
第十二章　書かれた世界の由来について

右の第一章で全体的な課題が提起され、第二章～第四章で「古事記生成論の前提」がまず考察される。稗田阿礼が誦習したとされる「帝皇日継及先代旧辞」（誦習本）などの資料系統について論じ、『古事記』は天武紀十年三月条に記定される「帝紀及上古諸事」（記定本）が誦習本へ発展し、誦習本が古事記上表文に記されている「撰録」の作業を経て最終的に成立したとする、三段階のテクスト生成の過程を説かれている。

第四章は、『古事記』偽書説をめぐって論じることにより、氏の三段階成立論をさらに深め、確かなものとしているかのようである。

第五章、第六章は第一章においてすでに提示していた『古事記』訓注に関する分析をさらに詳しくし、「〈本文と注とのずれ〉」について念をおした上で、その背後にある『古事記』本文の「〈文字法〉」という大きな問題を提示している。

第七章〜第十章は、「古事記の助字法」の具体的な追究により、「和語を書くことの文字法」をとらえようとしたもので、この部分は章ごとに綿密な調査による実証的研究がなされており、国語学的な立場からは、あるいは最も好まれる論文群と言えるかも知れない。

ただし、事実の指摘だけに終わらず、意味や語法の微妙な所にまで考察の及んでいるところ、西條氏独特の論理的追究が見られると言えよう。たとえば、次のように。

> そこで、以の用法に特徴的なふたつの傾向に戻って考えてみると、まず「欲在妣国以哭」のように原因理由で用いられるときは、「ハハノクニニユカムトオモヒテ、ナク」という和語構文においてテの意味がより細かく検討され、その機能に即した漢字が選択されていると言える。しかしながら、それは漢字で書くということを前提とするわけではないので、単純に正訓の用法とするよりも、和語のテをいったん形態素として取り出したうえで、その含意を分析するというかなり綿密な作業の結果とみた方がよい。（第八章、二一三ページ）

第十一章は、既発表のものによらない、本書の新稿で、前章までの助字表記をめぐる考察を総合しつつ、文字列、構文、ひいては「古事記の全体を貫くその巧みな文字法」へと論を展開させてゆく。

第十二章では、以上の実証的な分析によりいちだんと深められた考証の上に、再び、「〈和語を――漢字で――書く〉」ということの大きな課題へと、『古事記』の文字法について理論を深めている。

さて、この重力感のある研究書に、あえて杞憂のごときを述べるなら、逆説的になるが、その論考の背景に見られる明晰さといったようなものであろうか。

もちろん、何かを論じるとき、明晰さは大きな長所で、望まれるもの、というより必要なものでさえあるが、しかし、ほんの一、二の所で、事実は理論ほど明晰ではなかったかも知れないと、ふと感じたことがあった。

たとえば、第一章の「風木」の訓注に関する問題にしても、次のようにみごと明確に分析しおおせているところに感心しつつも、そこにかえって、いちまつの懸念のようなものを感じないでもなかった。

ことばと文字表記のあいだには、語構成上のずれがある。「訓木以音」という注は、このずれを埋め合わせるために施されたものであろう。「風木津別」をカザモツワケと訓みつつ、「風木―津―別」の語構成に合わせるには、字音でモに宛てられる「木」の字に意味のふくみが暗示されねばならない。そのようなところから、「訓木（以音）」という注形式が借用されているのであろうと思うのである。（第一章、二六ページ）

ところで、「訓風云加耶訓木以音」に「訓八尺云八阿多」の例を並べて考えると、前者は元来、「訓風木云加耶木」であったのを、後の転写者のさかしらによって「以音」などの余計なものが加えられた、そうした一種の誤写部分である可能性はないだろうか。もっとも、こうした書評における批判は、おうおうにして批判する側に不用意があって、つまらぬ誤りをする場合が少なくないように見受ける。私のこの思いつきもその類かも知れない。御寛容を願う。

また、本居宣長をはじめとする、過去の諸論考を必要なるかぎり読み取って、それを理解されているのに感心するが、場合によっては、一論文についての解釈、ある論争についての考察だけで、いくつもの論考をついやすに足る大きな課題となる場合もあるであろう。他の研究者の論考を読み解くには大きなエネルギーがいる。たとえば、この西條氏の研究書にしても、とても私はまだ、全体を読み解くことができたなどとは思わない。「安萬侶書き下ろし説」を否定しておられることは確かで、それについては、私も全く賛成の外はないが、問題はそこから先にあり、その先の部分については、私はまだ氏の説を十分に読み取ったと記す自信はない。なお、これは言わずもがなのことだが、氏が考察にあたってよりどころとして引かれている諸論考は、おおむね適切な大論考と言えるものであるが、中に例外的にであるが、論拠が弱く内容が浅薄ではないかと私には思われるものもわずかながらある。

ともあれ、詳細にわたるしっかりした論拠の上に、鋭い指摘や深い考察を加えて、大きな課題をとらえた本書は、これからの『古事記』研究、上代の文字法の研究などにあたって、必ず参照されねばならない、そうした重要な文献の一つとされるであろう。この一書がまとめられたことは、我々にとっても幸いであった。

（一九九八年六月　笠間書院・A5判・三七〇頁・八八〇〇円）

10　記紀の表記と上代文字資料

一、日本書紀の歌および詔書

ひとくちに記紀と言っても、『古事記』と『日本書紀』では、内容はともかく、表記においては『万葉集』と『懐風藻』ほども違う。もっとも、わずかだが、似た部分もある。そのいちじるしいのが、歌謡の表記である。いずれも借音表記、つまり音仮名で書かれている。用字に違いはあっても、表記は同一である。

ところで、両書におさめられる前に、それらの歌は、どのように表記されていたのであろうか。たとえば、孝徳紀には、中大兄皇太子の紀、蘇我造《みやつこ》媛《ひめ》の死を悼んで、野中川原史《ふびと》満《みつ》がたてまつった二首が記載されている。

山川に鴛鴦《をし》二つ居て偶《たぐ》ひよく偶へる妹《いも》を誰か率にけむ(1)
本毎《もとごと》に花は咲けども何とかも愛《うつく》し妹がまた咲き出来《こ》ぬ
（孝徳紀、大化五年三月、西暦六四九）

もちろん、音仮名表記で『日本書紀』には記されてある。宮廷の苑池をイメージに持つ作品で、庭園文化の移入は、それだけが単独にあったものではない。文芸、音楽、建築、衣服、医薬など、様々の大陸文化を伴って伝わったものであろう。

さて、野中川原史満は、中大兄にこの歌を口頭でも述べた、あるいは歌ったかも知れないが、彼または他の書記官が、それを文字でも示した、少なくとも記録したのではなかろうか。

近年、発掘があいついだ、飛鳥時代の木簡例などから、少なくとも天智・天武のころには、和文の表記は、和化漢文によってではあるが、相当に進んでいて、日常的な書簡類も頻繁に書かれていたであろうことが推定される。都におけるだけでなく、地方にも文書行政の網が広がっていたであろうことも知られる。米を請求したり、病気療養のための薬酒を記したり、奴《やっこ》による盗難の訴えをしたりといった、日常的な文言が和化漢文で木簡に書かれていたのである。難波宮跡から西暦六四八年に相当する紀年を記した木簡の出土していることから、おそらく七世紀中ごろ、先の二首（歌謡というより、もはや和歌である）の作られたころには、歌が表記され得る時代になっていたと推定される。

だとすると、それはどのように表記されたであろうか。従来の国語学では、和歌の表記は、テニヲハなどを省略して訓字で書かれた、いわゆる略体表記（和化漢文に近い）で記され、それにテニヲハの記入される非略体表記（これが進むと宣命大書体表記に相当するものとなろう）で記されるようになり、万葉仮名で一首全体が表記される万葉仮名表記は、最も新しく始まったと考えられてきた。

ところが、徳島県観音寺遺跡から難波津の歌を記した木簡が出土したことから、歌の表記は万葉仮名表記から始まったとする見方が俄然、有力になってきており、これに対する強力な反論はあまりなされていないように見受ける。そこで、あえて反論するのだが、少なくとも現時点での出土資料から、そう結論するのは早計ではなかろうか。

例の難波津の歌の木簡が何年のものなのか、明確に決定づける論述はまだ出ていないようである。たとえ、天武朝のころのものとされたとしても、木簡に年紀の記載はない。こうした場合、伴って出土した土器などの分析によって、土層の年代を測定するらしいが、確実に何年のものと年月を決定できるわけではない。歴史遺産は古いほど価値があるように見られがちであるから、年代の判断は可能性の示す最も古い所に持ってこられがちであろう。とすると、六八〇年頃と推測されたとしても、実は七世紀末のものであったかも知れないのである。少なくとも、そうした誤差の可能性も考慮に入れておかねばなるまい。

それに対し、歌を表記した例は欠くものの、和化漢文表記はもっとさかのぼるであろう。年紀の記された和化漢文では、法隆寺幡の墨書銘の例がある。

　壬午年二月飽波書刀自入奉者田也(2)

（壬午年二月、飽波《あくなみ》（地名）の書刀自《ふみとじ》の入れ奉《まつ》る者田《はた》也）

これは、天武十一年（六八二）に筆録されたことが確かである。しかも訓仮名表記（者田《はた》＝幡）までまじえた、和文表記となっていて、『万葉集』の略体・非略体表記を思わせる。もし当時の人が、こうした表記法で歌を書き記そうとしたなら、充分にそれができたであろう。難波宮木簡なども考え合わせれば、七世紀の中ごろには、和化漢文で書こうとすれば、恐らく歌の表記もできたであろう。とすると、早くに略体表記・非略体表記によって歌が書かれた可能性もあるわけである。

ただし、私は、歌の表記が、早くに借音仮名で表記されたことの可能性について、三十年以上前にすでに述べていた(3)。

　和化漢文において、真仮名表記が固有名詞以外にも及ぶようになって生れたのが音訓交用体であり、宣命体は、高度な語法意識によってそれが整理されたものである。

　一方、表音式は、固有名詞を真仮名で表記した方法を、そのまま文全体に及ぼしたものである。また歌謡は散文と違い、まず表音性の確かさが第一に要求されるものであるから、真仮名体が生れたのは、歌謡においては、かえって宣命体（大書体）よりも早かったかも知れない。

この意見は、変えていない。ただ、現在の出土資料によるかぎり、略体表記先行説も否定できないというわけである。

別に、飛鳥池遺跡からも万葉仮名表記の和歌木簡が出ている。

・止求止佐田目手□〔和カ〕□

・□久於母閉皮

表裏の語句が続いていると見て、「（紐《ひも》?）とくと定めて（我は）……（逢へら?）く思へば」と解するなら、歌垣のざれ歌か、七夕の虚構歌か、などと想像されもするが、あまりにも断片的すぎて、意味を定めがたい。

和化漢文体表記の木簡にせよ、あまりにも古くへとさかのぼる資料が出土した。従来は七世紀中ごろの日本語の実用文など考えがたかったが、その存在の可能性が大となったのである。従来の通説がこうみごとにくつがえされては沈黙せざるを得ない。数年前まで、天武朝以前の文章表記は、和風傾向のものであろうか、漢文傾向のものであろうかと考えあぐねていた私においても、自失は同様である。

ところで、『日本書紀』には、在位が七世紀中ごろに相当する孝徳天皇の詔書がしばしば見られ、その文中に後の宣命の慣用句に似たものがまじる例があって注目されてきた。「明神御宇日本天皇詔旨、始我遠皇祖之世」（明神御宇日本天皇の詔旨とのたまはく、始め我が遠皇祖《とほつみおや》の世《みよ》に）これは大化元年（六四五）七月の詔である。宣命の原型となったものの痕跡が残ったのではないかとされた時期もあったが、現在では、元は漢文のみであったものを、後に部分的に手を加えたか、あるいは後世に作成されたものであったため、宣命の表現がまじったとする見方が有力である。

しかし、先に述べたように、木簡などから、すでに七世紀中ごろには和化漢文が書かれていたであろうと推定される。

木簡の文言は、召喚状、請求書、上申文書、あるいは荷札などきわめて日常的なものであり、これと天皇文書である詔書（のちの詔勅、あるいは和文のものは宣命と呼ぶ）とは全く別のものであるとする見方もあるであろう。

しかし、宣命、詔勅の類は文学作品とは異なる。国政機関に使われた公文書として一連のものであり、天皇文書と、下級官人の出す上申文書などとの中間には、のちの中務省などの諸省に相当する機関から出される諸文書がある。また、詔書も、天皇の命令であり、説得するための文言でもあるから、宮中において諸官の前で示される時には、口読された。それも中国語ではなく、日本語によって読み上げられる必要があった。

天皇のことばであるから、儀式の中で読み上げられる場合は、それなりの文飾が望まれたであろうし、読み間違いなどないよう、表記にも工夫がなされたであろう。木簡に書かれる程度の文章なら、どう読もうと、意味さえ通じればよい。天皇のことばは、そうはいくまい。

とすれば、表記の和文化は、日常的な実用文よりも先に求められたかも知れない。古代朝鮮において、すでに、朝鮮語として読み上げられる詔書の先例があったかも知れない。中国語が宮廷の共通語になっていればともかく、そうでなければ、国王のことばは、その国のことばで発せられなければ、用をなさない。極端なたとえを使わせてもらうなら、日本へやってきたキリシタン宣教師が、ポルトガル語で布教するようなものだ。

古代朝鮮において、もし、朝鮮語で読み上げられる詔書があったなら、孝徳朝に和化漢文で書かれた「原」宣命があったとしても不思議ではない。古代朝鮮になくても、日本独自に翻案詔書、つまり宣命がいちはやく生まれていたかも知れない。渡来人たちの集団においてはともかく、飛鳥時代の一般的な宮廷人の共通語が、中国語だとは思えない。とすれば、その原宣命の痕跡が残った可能性はある。純漢文で表記することを目的としたはずの『日本書紀』の中に、漢文が達者なはずの編集者たちが、わざわざ孝徳紀を選んで和文表記のまじる詔書を作って入れたと考えるより、たまたま漢訳しにくい原宣命の一部分があるいは変形して痕跡として残ったと考える方が自然である。

なお、和文の成立段階の表記法についてであるが、公的な成立はともかく、もし私的な成立、というより発生を言うなら、渡来人の日本語学習の状況を想像してみる必要があろう。借音表記の日本語と、その翻訳語としての漢語（漢字）が並べて記されるようなことがあったかも知れない。また、渡来人の数は多く、室町時代のキリシタン宣教師の比ではなかったであろうし、もし当時の朝鮮に郷歌式の表記法が成立していたら、歌を表記するのに、音仮名を使った日本語表記と、その朝鮮語訳にも相当する略体式表記との両表記のものが書き並べられたことがあったかも知れない。いずれにせよ、私的な、臨時的なものにすぎなかったであろうが、このような可能性があるとすれば、どちらの表記が先かと言っても、零細な文字資料のもとでは追究しきれず、また決着をつけねばならない課題でもなくなる。

二、古事記の表記と成立

『日本書紀』は純漢文で表記されている。といっても、すべてが等質ではなく、たとえば神代紀の正文と、一書のある種のものとの間にあるような、表現などの微妙な相違は見られるようではあるが。

ところで、『古事記』では、それと比べると、個所によっては部分部分の表記の違いが大きく、つぎはぎの文章に近いような印象を受ける場合がある。

たとえば、須佐之男昇天から天の石屋にかけては、借音仮名の多い、和風傾向の強い表記でつづられている。

　天照大御神者、登賀米受而告、如㆑屎、酔而吐散登許曾、我那勢之命、為㆓如此㆒。

（天照大御神は、トガメズて告らさく、「屎の如きは、酔ひて吐き散らすトコソ、我《あ》がナセの命、如此《かくし》為つらめ」）

借音仮名に傍線を引き、読み下し文ではカタカナで示した。このような部分は音訓交用体表記であり、宣命体表記の成立の直前、一歩前の状態を思わせるものである。しかし、こうした詞章のすぐ近くには、『古事記』に一般的な和化漢文表記の部分も見られる。

　於是、天照大御神、以㆓為怪㆒、細㆓開天石屋戸㆒而、内告者、因㆓吾隠坐㆒而、以㆓為天原自闇、亦、葦原中国皆闇㆒矣

天の岩屋の条に続く須佐之男追放の条では、追放を述べる部分は音訓交用体だが、大気都比売の話を記した部分から後は和化漢文で、文章の書き手がかわったかのような印象を受ける。

　かと思うと、次のように漢文傾向の強い部分もある。

　故、天皇、不㆑知㆓其之謀㆒而、枕㆓其后之御膝㆒、為㆓御寝㆒坐也。爾、其后、以㆓紐小刀㆒為㆑刺㆓其天皇之御頸㆒、三度挙而、不㆑忍㆓哀情㆒、不㆑能㆑刺㆑頸而、泣涙、落㆓溢於御面㆒。
（「垂仁記」）

この伝説(4)は、『日本書紀』の文章に似ている。

　時天皇枕㆓皇后膝㆒而昼寝。於㆑是皇后既無㆑成㆑事、而空思之、兄王所㆑謀適是時也。即眼涙流之落㆓帝面㆒。
（「垂仁紀」）

表記だけでなく、用字までが似通っている。ただし、『古事記』の場合、いかにも和化漢文らしい表現もまじる。「以㆓紐小刀㆒（中略）三度挙」（紐小刀を以て……三度挙《みたびふ》りて）とあるのは、『古事記』らしく、演劇的な所作をもって表現したものであろう。『日本書紀』の「帝《みかど》の面」は、『古事記』では「御面《みおもて》」とだけ記されているのは、和文では敬語と文脈で「誰の」は言わずとも知れるからであろう。

　この伝説では、両書に共通の漢文表記の原資料があって、『古事記』ではそこに収める際にふさわしい修正をし、その修正部分を中心に表記も少々、和風となったものと考えられるのである。

　『古事記』と『日本書紀』では、似た説話を書いた個所があり、どちらが先に書かれたのか論議されるところで

あるが、ざっと見通したところでは、『古事記』ないし「原古事記」とでもいうべきものが元になったであろうことは、ここ数年に発表したいくつかの拙稿で論じてきたところである。しかし、その「原古事記」というべき資料の中にも、『日本書紀』に近い漢文表記のものがまじっていたのである。

それはさておき、このように和化漢文とひとくちに言っても、『古事記』の部分部分により、非常に和風傾向の強い音訓交用体と言えるものから、非常に漢文傾向の強いものまで、様々なものがある。別々の資料をつなぎあわせて書き改めたり、書き足したりしたため、このような様相を呈することになったのであろう。

ところが、『古事記』全体を読み通すとき、こうした表記の異なりは、それほど意識にのぼらず、むしろ統一の取れた表記で書かれているようにさえ感じられる。

これには、用字の傾向や全体に見られるある種の漢語助辞類の用法などに、おおむねは一貫性があることなど、いくつかの理由があるであろうが、大きな原因として、目的語を漢文式に述語の後に記すという、いわゆる漢文式倒置表記で全体が統一されていることがあげられる。

吾者、伊㆓都岐奉于倭之青垣東山上㆒。
（吾をば、倭《やまと》の青垣の東の山の上にイツキ奉《まつ》れ）（「大国主神」）

猶阿㆓蘇婆勢其大御琴㆒。
（猶《なほ》其の大御琴をアソバセ）（「仲哀記」）

このように、借音仮名表記で述語が書かれている個所まで、強引に倒置表記がなされているのである(5)。

当時の一般的な表記法を知るための資料は少ない。ただ、七世紀木簡の出土が近年あいついでいるが、これについては、実用的な木簡の文言と、『古事記』など文芸的要素のある文章では違うという意見があるが、当り前で、誰も漱石の『坊っちゃん』と、明治時代の伝票、送り状、欠勤届、その他の公用文とを同列に並べるという者はいない。しかし、用字（正字か略字か）、仮名遣（歴史的仮名遣か表音式か）、表記（変体漢文か、漢字仮名まじり文か、仮名文か）、用語（新語、外来語のいかん）など、少しは参考資料にならないでもない。「違う」といっても百パーセント違うのかどうか、特称命題を全称命題であるかのように言いなして切ってすてる述べ方はいかがなものであろう。

さて、次のものは、天智五年に相当する紀年銘のある木簡が出たのと同じ遺跡から出た木簡例である(6)。

（表）　□病齋下甚寒

（裏）　薬師等薬酒食教豉酒

（□病み齋（臍《ほぞ》）の下甚《いと》寒し）

（薬　師《くすりし》等《ら》薬酒を食《を》せと教《をし》ふ、豉酒《くきさけ》）

このように、七世紀後半のものと推測される木簡例では、和文の語順どおりに漢字（訓字）を並べ、倒置表記を行っていないものがある。出土点数はまだ少ないが、飛鳥時代に目立つ傾向である。

現存の『古事記』では、述語の前に目的語が記された例はきわめてまれであるから、編集の最終段階で、和風傾向の強い個所では見られたであろう和文の語順どおりに記していた個所も、倒置表記に書き換えられた可能性がある。いわゆる以音注や訓注が撰上の前に整えられたであろうことが言われているが、その際に、倒置表記への統一なども行われたかも知れない。

最終段階でと書いたのは、『古事記』本文の一応の成立は、西條勉氏らの説くように(7)、すでに天武朝頃にあったのではないかと考えられるからである。もし、『古事記』序文にある元明朝、和銅五年（七一二）に成立していたら、『万葉集』や風土記に見られるように、宣命体（宣命大書体および宣命小書体）表記がどこかに混じったであろう。『続日本紀』第一詔は文武元年（六九七）に出ている。これは、写本資料であるが、当時すでに宣命体表記が成立していたことは、木簡資料によって裏付けられている。『古事記』が和銅五年に書き上げられたものであったら、いずれかの部分に、宣命体表記が混入することはさけがたかったであろう。

だが、『古事記』にある宣命体表記部分はごくわずかで、たとえば助詞の借音仮名表記は、「ト」「コソ」がごくわずかの個所に見られるくらいである。宣命体（大書体）表記と言うより、その一歩前の段階のものであり、こうしたことから、天武朝、遅くとも持統朝の表記の様相を示していると考えられる。そのころに、一応の成立を見た可能性は高いであろう。

注

※この稿は、ここ数年間に発表した文字資料の表記や記紀に関するいくつかの拙論によるところがあるが、都合でそれらの論文名は省略する。近く一書にまとめる予定である。〈一書すなわち本書〉

（1）以下、『日本書紀』『古事記』の読み下し文は、小学館の新編日本古典文学全集をもとにした。

（2）東京国立博物館編『法隆寺献納宝物銘文集成』一九九九年二月参照。

（3）拙稿「宣命体の成立過程について―藤原宮跡出土木簡をめぐって―」（『国語と国文学』一九七一年一月。『木簡と宣命の国語学的研究』所収）

（4）原話となったであろう仏典との関係について、瀬間正之「垂仁記と漢訳仏典」（『記紀の文字表現と漢訳仏典』一九九四年一〇月）などの論考がある。

（5）拙著『木簡と宣命の国語学的研究』一九八六年一一月参照。

（6）和田萃・東野治之・鶴見泰寿「木簡」（『飛鳥京跡苑池遺構調査概報』二〇〇二年一〇月）、東野治之「近年出土の飛鳥京と韓国の木簡―上代語上代文学との関わりから―」（『古事記年報』二〇〇三年一月）参照。

（7）西條勉『古事記の文字法』一九九八年六月など。

（増補）

1　古事記序文と本文の筆録
――表記と用字に関して――

はじめに

『古事記』序文によれば、その成立は和銅五年（七一二）である。だが、知られているように、『古事記』の成立をめぐって、本文も序文も後世に作られたとするいわゆる偽書説があり、また、序文のみを後世に作られたものとする説もある。ここでは『古事記』の筆録に関して、国語学の立場から考察しようとするものである。

『古事記』を偽書とするにせよ、その反対とするにせよ、偽書説、反偽書説に二分されるという単純なものではなく、研究者によって、論証の経過や結果は微妙に違う。たとえば西條勉氏は、「序」が署名の太安万侶の筆録であることについては疑問を呈していないが、「本文の表記史的位相は天武朝の時点まで遡らせねばならない」(1)、つまり『古事記』の本文は天武朝に書かれていて、安万侶は「その文字使いに手を加えず編集」したとする。

この西條説に対して、三浦佑之氏は、本文は「七世紀半ばには書記化され書物として存在していた」が、「序」は「後から付けられたもので、その時期は九世紀初頭であろう」(2)とする。本文については、両氏とも天武朝、あるいは七世紀半ばの成立としていて近い見解となるが、「序」を三浦氏は、日付けの和銅五年ではなく、九世紀初頭に置くのである。

これに対し、西宮一民氏に代表される、『古事記』は太安万侶が書き下ろしたとする従来の説があり、このほか、西條氏以前の諸説については、西條氏の『古事記の文字法』に詳しく書かれている。拙著でも、[3]『古事記』本文の形成について述べて来たが、その結論はまだ保留にしており、序文については検討していない。そこで、あらためて国語学的に、序文の筆録について、ひいては本文の筆録にも関連して、表記や用字にこだわって考察を試みる。その際に、二つの方向から検証した。

一つは従来に発表してきた拙論でも、その部分部分で触れていることではあるが、木簡などの近年の新出資料によって、本文の表記や用字、ひいては文体などの時代性を検討する。これは、いくつかの拙論をもとに、今まで考証してきた所を整理して、『古事記』本文が天武朝にも記述され得たことの確認作業となるであろう。しかし、これもすでに述べたことだが、「書けた」（書き得た）ということと、「書いた」ということはイコールではない。「天武朝に書き得たということは、持統朝にも、あるいは奈良時代においても書くことが可能だったかもしれぬ」[4]というわけである。

次には、序文と本文を詳しく対照比較することで、この両者の共通する側面の有無を調べる。実は、かねてから、直観的にではあるが、この両者の文体などに似通ったところが感じられ、これが気になっていた。漢文対倭文で、[5]根本のところで大きく文体が違うにもかかわらず、読んだ印象として、どこか似通っているのである。いうまでもないが、漢文は古典中国語を表記するもので、倭文は古語である日本語を表記するものである。漢文であっても、正倉院文書など奈良時代の公用文は、訓読される、つまり日本語で読まれるもの[6]ではあるが、従って『古事記』序文も訓読されるものであったと考えられるが、訓読される前の表記されたものは、あくまでも漢文、つまり中国語文であったのである。その両者の類似点を、先入観に左右されずに、客観的、分析的にとらえることができるかどうか、用字などに関して、検討を試みる。

一、天武朝頃の文章表記

序文によると、『古事記』は天武天皇が、稗田阿礼に命じて、帝紀と旧辞を誦習させ、のちに元明天皇が和銅四年（七一二）に太安万侶に命じて、稗田阿礼の誦習した「勅語の旧辞」を撰録させてできたものとされる。この文章の表記についての苦労を書いた部分は、よく知られた所であるが、読み下し文によって示しておく。

然れども、上古《いにしへ》の時は、言《こと》と意《こころ》と並《とも》に朴《すなほ》にして、文《ふみ》を敷き句《ことば》を構ふること、字《もじ》に於ては即ち難《かた》し。已に訓《よみ》に因りて述べたるは、詞《ことば》心に逮《およ》ばず。全《また》く音《こゑ》を以て連《つら》ねたるは、事の趣《おもぶき》更に長し。是を以て、今、或るは一句《ひとことば》の中《うち》に、音《こゑ》と訓《よみ》とを交へ用ゐつ。或るは一事の内に、全く訓を以《もち》て録《しる》しつ。即ち、辞《ことば》の理《すぢ》の見え叵《がた》きは、注《しるべ》を以て明《あか》し、意《こころ》の況《かたち》の解《さと》り易きは、更に注《しるべ》せず。亦、姓《うぢ》に於て日下をば、玖《く》沙《さ》訶《か》と謂ひ、名に於て帯の字《もじ》をば、多《た》羅《ら》斯《し》と謂ふ。如此《かく》ある類は、本の随《まにま》に改めず。(7)

現代なら、古典を活字本とする際に、解説としての前書きを記し、その後へ凡例を付すのはよくある。しかし、こうした古い時代の文書に、このような例が他にあったのかどうか、興味が持たれる。ともあれ、『古事記』本文の文章表記の実際をよく要約して示している。これをすなおに読めば、表記に際しての太安万侶の態度なり方針なりを記したもので、「如此ある類は、本の随に改めず」とある所からは、太安万侶が書き記す以前に、その原本となった資料のあったことを示している。

問題は、これが太安万侶、もしくは『古事記』本文の筆者が書いたものか、どうかということである。

西條説によれば、「辞の理の見え叵きは」以降は太安万侶が実際になしたことを述べているが、それ以前の個所は、天武朝に『古事記』本文を書き記した人、あるいは人々がすでにいて、その結果について推測して解説したものだということになる。三浦説によれば、序文全体が後世に作成されたものであるから、後世の人物が『古事記』本文を読んで、その作成事情を推察して創作したことになる。はたして、どうであろうか。

ところで、西條氏は、木簡などに関する拙論を参考にした上で、次のように書いている。

その後に発掘された木簡資料によって、少なくとも藤原朝には音訓を交用する宣命体様式が形成されていた事実が明らかになっている。安萬侶が古事記の撰録を命ぜられた元明朝は、とても、音訓交用体の創案を公言しうるような時代ではなかった。それは、とうに、同時代の共通認識だったのである。旧辞類の表記形態が安萬侶の工夫した用字法に基づいて塗りかえられたとする「安萬侶書き下ろし説」は、今日の表記史的な観点からすれば、成立する基盤をほとんどもちえないと言ってよい。(8)

西條氏のこの論考が書かれてから二十年以上が過ぎ、その間に七世紀木簡の出土が続いた。それによって、天武朝前後の文章表記の実際が知られ、認識が改められることになったので、そのことについて整理し確認しておきたい。

なお、西條氏は「元明朝は、とても、音訓交用体の創案を公言しうるような時代ではなかった」と述べている。それはその通りであるが、現在の時点にたって考えると、音訓交用体の開始は、天武朝あるいはそれ以前にさかのぼるであろう。元明朝になってそれを自分の創案とすることは考えがたい。太安万侶は、音訓交用体の創案を述べたのではなく、当時にあった何種類かの表記法のうち、音訓の交用をも選択して書いた部分のあることを述べたのであろう。

さて、近年に出土した木簡などの資料で、天智朝、天武朝の頃のもので、表記に関して注目されるもののうち、二、三のものを示す。

・大夫前恐万段頓首白□真乎今日国
・下行故道間米无寵命坐整賜(9)

（大夫《まへつぎみ》の前《みまへ》に恐《かしこ》み万段《よろづたび》頓首《ぬかづ》きて白《まを》す□真乎今日国に）
（下り行く故に道の間の米无《な》きに寵命《おほみこと》に坐《ま》せ整へ賜へ）

「□真乎」なる者が、今日自国に下るのだが、道中の米がないので命じてそれを調達してほしいと上請したものであろうか。「故」をカレ、无をナシと読んで文を分けても意味は通じる。「寵命」は「寵」字の意味を生かしたものであろうか。「万段頓首」など漢文の用語用字がそのまま使われていて、訓読に迷うが、慣用句として使いならわされ、当時にあっては、決まり文句で読まれたであろう。「大夫前」の「前」（～の前に）と「白」（白す）の組み合わせは和文風だが、『天寿国繡帳銘』に「白畏天皇前日啓」の例があり、宣命、祝詞、文書木簡に例が見られる。(10)

なお、右の木簡の出土したのと同じ遺跡から天智五年（六六六）紀年を記した木簡も出土していて、そのころの上中文書の例として重視される。

ちなみに、「～の前に申す」の表現は、和文風とは言え、中国の公用文書からの影響が考えられ、(11)より直接的には、古代朝鮮の文書類からの影響によって成立したものであろう。『藤原宮木簡一』(12)の解説に、これに関連して新羅の俗文で記された新羅民政文書の「乙未年烟見賜節公等前及白他郡中要追移……」の例が提示されており、それは後世のものではあるが、「吏読との関係の有無を問いかけたものとして、貴重な指摘である」と拙稿(13)に書いたことがある。

のちに、李成市氏によって、古代朝鮮の「河南山城出土木簡」が紹介され、そこに「村主前」の表記が見られた。(14)李氏はこの語句を含む文書を誓記体（つまり日本の倭文に似通った所のある古代朝鮮の表記法）と考えているようである。この木簡には「戊辰年」（六〇八年または六六八年にあたる）の紀年がある。日本の七世紀木簡より先だつか、またはちょうど同じ頃の文書木簡と言える。七世紀の古代日本と古代朝鮮を、同じ文書文化圏にあったものととらえて考察することも、意義があるかと思われる。

次の文書木簡は、先にあげた天智五年の紀年銘のある木簡が出土したのと同じ遺跡から出ている。

・　□病齋下甚寒

・薬師等薬酒食教鼓酒

(□病み齋（臍《ほぞ》）の下甚《いと》寒し)

(薬《くすりし》師等《ら》薬酒を《を》食せと教《をし》ふ、鼓酒《くきさけ》)

かつて、「このように、七世紀後半のものと推測される木簡例では、和文の語順どおりに漢字（訓字）を並べ、倒置表記を行っていないものがある。出土点数はまだ少ないが、飛鳥時代に目立つ傾向である[15]」と書いた。内容面では、このように日常的生活の、個人的な病気に関する具体的な記述が和文（ここでは日本語の文・倭文の意）によって書かれていることが注目される。正倉院文書に残る欠勤届の類にも、具体的な病状などを書いたもののあることが知られるが、天武朝にすでに同様の文書行政が行われていたのであろう。

次の木簡[16]は、天武朝かそれ以前のものと見られる飛鳥池跡の遺構から出土したものである。「官大夫前白」（官《つかさ》の大夫《まへつぎみ》の前に白す）とあって、その述べた文書を欠き、人名が列記してあるのは、その部分が失われたとも考えられるが、申し上げることの内容は木簡の運搬者が記憶していて、口頭で述べることになっていたためかも知れない。当時の書状の一形式か。

・官大夫前白　田々連奴加　加須波□〔々カ〕鳥麻呂
　　　　　　　久田□　　　小山乃□乃

・□波田乃麻呂　安目　汙乃古
　野西乃首麻呂　大人　□□ツ麻□□□□黒□

正訓漢字に借音仮名、借訓仮名を交用した表記となっている。『古事記』では、神名の表記が借音仮名に正訓漢字の交用したもの、あるいは借音仮名のみの表記で書かれ、わずかながら借訓仮名を交えた例が見られるのと似た表記法と言えるであろう。

次は、法隆寺幡銘の一例である。(17)

壬午年二月飽波書刀自入奉者田也

（壬午年二月、飽波《あくなみ》の書刀自《ふみとじ》の入れ奉《まつ》る者田《はた》也）

「壬午年」は天武十一年（六八二）、「飽波」は法隆寺の近辺の地名、「者田《はた》」は、「幡」を借訓仮名で表記したものである。正訓漢字による文章表記の中に借訓仮名による語の表記が交じっている結果となっている。当然、日本語として書かれ、読まれたものである。

以上のような文章表記例から考えて、天武朝の頃には、すでに『古事記』の文章は、表記法としては書き得た。ただし、「書けた」から「書いた」とは限らないとは、すでに述べたところである。(18)

二、序文と本文の共通性

西宮一民編『古事記』の凡例(19)に次のような記述がある。

接続助詞テにおいて、古事記では文体上、「而」が連続して用いられている箇所と、ほとんど現われない箇所とがある。前者は口誦的な内容に多い。従って忠実に「而《テ》」を表記したものと考えられるから、原則として「而」が無ければよまない。後者は漢文体に近い文体で叙事的な内容に多い。

口誦的なものと漢文体に近いものとでは、文体、ひいては用語に違いがあることを指摘していて重要である。ただし、漢文体に近い文体のものにはほとんど「而」が現れないとしたところは、すぐ次に始まる『古事記』の序文によって裏切られる。

故、太素杳冥、因㆓本教㆒而識㆓孕㆑土産㆑島之時㆒。元始綿邈、頼㆓先聖㆒而察㆓生㆑神立㆑人之世㆒。寔知、懸㆑鏡吐㆑珠

> 而百王相続、喫レ剣切レ蛇以万神蕃息与。議二安河一而平二天下一、論二小浜一而清二国土一。是以、番仁岐命（下略）

これに見られる「故」「是以」などの接続詞は、『古事記』本文にもしばしば見られるものであるが、元来は漢文の訓読によって生まれた漢文訓読語である。

大坪併治氏は、『続日本紀』宣命の接続詞について例をあげた上で、宣命に使われている接続詞を加えると、奈良時代の接続詞がかなりの数にのぼることを指摘して、次のように述べている。[20]

> しかし、宣命の接続詞の大部分は、平安時代の漢文訓読語に一致するのであって、宣命の用語と訓読語との間に密接な関係のあったことを示している。おそらく、奈良時代にも、和歌の用語や日常の口語とは別に漢文訓読語がある程度成立していて、宣命はその影響を受け、訓読語はその多くを平安時代まで保持したことによるのであろう。

今、考えるに、宣命に限らず、『古事記』などの接続詞も、その多くは漢文訓読によって生まれたもので、漢文訓読語と言えば言えるものである。文と文を接続するのに漢文の接続語の翻訳によって生まれた漢文訓読語が使われていることを元に考えると、用語だけでなく文章の組み立て、つまり構成法にも漢文からの強い影響が考えられるであろう。大坪氏の指摘のとおり、奈良時代にはすでに漢文訓読語がある程度成立していた。ただし、近年の出土資料によって考えるなら、漢文訓読はさらにさかのぼる七世紀なかば以前に始まっていたとしなければなるまい。日本語の散文の表記された文章の成立には、漢文訓読からの影響が強く働いたと考えるべきであろう。

しかし、先に示した『古事記』序文に見られた「故、而、而、而、而、而、是以……」のように接続詞の「故」「是以」などを使いながら、その間に接続助詞「而」を多用して文を進めて行く方法は、西宮一民氏の述べた口誦的なものと言えよう。『古事記』本文中でも和文調の所に現れる表現であり、一般の漢文の表現とは少々異なるものではなかろうか。山口佳紀氏、神野志隆光氏の『古事記』[21]に次の指摘がある。

意味の切れ・続きの理解確保のために頻用される「故《かれ》」「而《て》」は、「…。かれ…。かれ…」、「…て…て…て…」というかたちで、あるリズムを作り、それが素朴に見えるといってよい。しかし、それは人工的な洗練であったというべきなのである。

この『古事記』本文において工夫された洗練された文章表現が、「本文」ならぬ漢文表記の「序文」にも使用されているのである。

ただし、本文では、一般的には、西宮一民氏の述べているように、「而」の頻出は和文傾向の強い部分に見られる。

天照大御神、坐二忌服屋一而、令レ織二神御衣一之時、穿二其服屋之頂一、逆二剥天斑馬一剥而、所二堕入一時、天服織女、見驚而、於レ梭衝二陰上一而死。

天照大御神、忌服屋《いみはたや》に坐《いま》して、神御衣《かむみそ》を織《お》らしめし時に、其の服屋の頂《いただき》を穿《うか》ち、天《あめ》の斑馬《ふちうま》を逆剥《さかは》ぎに剥ぎて、堕し入れたる時に、天の服織女、見驚きて、梭《ひ》に陰上《ほと》を衝《つ》きて死にき。

「天の石屋」のよく知られた場面であるが、この後に一文が三百字あまりという部分があり、それを分析して、西條勉氏は次のように説いている。

全体を「是以〜也」でくくり、そのあいだが「而」で区切られた二十一の小節から成り立っている。各節は、長短さまざまであるが、而で区切られている部分は、ひとつの動作、もしくはひとつのことがらである。（中略）こうして成り立つテクストの世界は、書くことを通して、すなわち〈和語を―漢字で―書く〉ことによって作りだされる世界になっているのである。[22]

『古事記』の序文の先に述べた部分にこの表現方法が現れるのは、「本文」の内容を要約紹介するために、本文からの影響を受けたためとも考えられるが、元来、「序文」の筆者自体にこの文体への嗜好があったとも考えられるであろう。つまり、本文と序文の両筆者が同一人物である可能性が見えてくるのである。なお、漢文体表記の『日本書紀』に次の部分がある。[23]

時天皇枕㆓皇后膝㆒而昼寝。於㆑是皇后既無㆑成㆑事、而空思之、兄王所㆑謀適是時也。即眼涙流之落㆓帝面㆒。[24]
（垂仁天皇）

『古事記』では、これに相当する部分が次のように表現されている。

故、天皇、不㆑知㆓其之謀㆒而、枕㆓其后之御膝㆒、為㆓御寝㆒坐也。爾、其后、以㆓紐小刀㆒為㆑刺㆓其天皇之御頸㆒、三度挙而、不㆑忍㆓哀情㆒、不㆑能㆑刺㆑頸而、泣涙、落㆓溢於御面㆒　（同）

『日本書紀』では「時……而……於是……而……也。」と文章が進み、『古事記』では「故……而……也。爾……而……而……」と進む。内容が類似のもの、というより同じ話を元にしているもので、あるいは同一の資料からそれぞれに取り入れたものかも知れず、構文も必然的に似通う所がある。従って「而」字の多寡だけでは断定には至らない。ただ、序文に見られた接続詞「故」「是以」「於是」や接続助詞相当の「而」によって話が進展して行く構文のありかたは、『古事記』に顕著な語りの方法とは言えよう。

次に「之」字は、一般的には助詞「の」で読まれることが多いように印象されるが、先に『古事記』序文から引用した部分の「令㆑織㆓神御衣㆒之時」（神御衣を織らしめし時に）の「之」のように、連体修飾関係であることを示すだけで、「の」とは読まない例もある。

因㆓本教㆒而識㆓孕㆑土産㆑島之時㆒。
頼㆓先聖㆒而察㆓生㆑神立㆑人之世㆒。
連㆑柯幷㆑穂之瑞、
列㆑烽重㆑訳之貢、

撰二録稗田阿礼所レ誦之勅語旧辞一

以上は序文における用例であるが、「之」字の、連体修飾句を受けて体言へ続けさせるだけで特定の語を示さない用法は本文に多い。

天地初発之時、

久羅下那州多陀用弊流之時、

各言竟之後、

今吾所レ生之子、不レ良。

さて、林四郎氏[25]は、『古事記』の「之」字を八種類に分類している。右のような例は、氏が「用言を体言へつなぐための連体表示」で、「動詞句が連体形で下の名詞へかかることを示すだけで、自分は発音されないものである」としているものである。また、この用法は、「中国古典の中にあまり見ないように思う」「「之」の連体表示力を利用して安万侶が開発した表記法ではないかと推測するが」云々と述べている。

また、西條勉氏[26]は「〜之時」について、「書紀には「時〜」のかたちがおよそ四百例ほどみられるが、「〜之時」はわずか三四例しかない。しかもその半数は和習のめだつ神代の巻にある」「一方、古事記の「〜（之）時」の二一四例中、七一例（33％）は之を書かずに「〜時」のかたちをとっている」と論じている。『日本書紀』の「〜之時」が三四例に対し、『古事記』の「〜之時」は一四三例となり、後者に圧倒的にこの用例が多いことになる。「神代の巻」は『日本書紀』が「原古事記」と言えるような資料、または『古事記』そのものから影響を受けているであろうことは、かつて述べたところである[27]。

前述した「序文」における連体表示の「之」の用例は、序文全体の長さを考えると少ないとは言えず、使用頻度において、傾向として本文に類似していると言えるであろう。

典教於欲上レ絶。（典教《のり》を絶えむと欲《す》るに）

の例に見られるような「於」字の多用など、ほかにも「序文」には「本文」の用法を思わせる所がある。

以上のように、接続詞を含め、文章の構成を支える「辞」的な用字・用語において、序文と本文に共通する所が見られ、両者の間に連続性があるように考えられる。連体表示の「之」字も、特定の語は示さないものの、連体修飾句末の活用語が連体形であることを示している。

「詞」的部分には漢文らしい用字が使われており、語序も漢文そのものであるから、表記された文章としては漢文であるが、「辞」的部分に多くはないにしろ、倭文体である『古事記』本文の筆癖を思わせる用字・用語が現れる。ここから、本文と序文の筆者が同一人であるか、もしくは本文の成立に直接かかわった者が序文を作成した可能性は高いと推測される。

おわりに

従前に『古事記』の文章について調べたところでは、和文的傾向の強い部分、漢文的傾向の強い部分、その中間の傾向の部分などがパッチワーク式にまじり、その語序を漢文式に述語の後に目的語や補語に相当するものを置く、いわゆる転倒表記によって、全体としての統一を取っていた。それらの部分部分の原資料は、おおむね天武朝ころには書かれていたであろう。「それらの原資料をまとめて補修し、『古事記』の総体を書きあげたのも、天武朝ないし持統朝だと思われる」「安万侶、ないし安万侶を代表とする人たちが、『古事記』成立の最終段階で行なった作業についてはどうであろう。（中略）あるいは本文に及ぶ補修作業があったかもしれない」と、かつて書いた(28)。

しかし、序文と本文の筆録者が同一だとすると、安万侶は補修作業だけではなく、もっと深く『古事記』の成立にかかわっていたであろう。すなわち、「原古事記」とも言える資料集の中で、いく通りかの表記法がなされていたものを、整えて不揃いながらも、全体を統一し、一書として読み通せるようにしたのは彼、元明朝における安万侶であった。

もっとも、序文にある日付けや署名などの記載が事実そのままであったかどうかは、今となっては調べようもないことではある。

『古事記』の成立については、序文に書くところにおおむねは同意する結果となったので、多数の一般的な『古事記』読者の考えるところに近いという結果になってしまった。なお、最近では、この「序」が序文であるか上表文であるかの問題をめぐり、諸説について論じた上で、序文偽作説を否定した矢嶋泉氏の論考[29]が注目される。

ただし、この拙稿の主眼とするところは、序文の筆者が本文の最終的な筆録者、あるいは筆録者たちのうちの一人であろうということ、それは本文と序文の用字・用語や文体などの対照比較による国語学的な分析によって述べられることを示したことにある。さらに内容にわたっての詳しい分析を進めたい。

注

（1）西條勉『古事記の文字法』一九九八年六月　九一ページ、一三〇ページ、一七五ページ

（2）三浦佑之「古事記「序」を疑う」（『古事記年報』四七　二〇〇五年一月　一五・一六ページ）

（3）拙著『木簡・金石文と記紀の研究』二〇〇六年五月〈本著作集〉

（4）注（3）二八二ページ

（5）「倭文」は、毛利正守氏の命名による。従来は変体漢文・和化漢文と呼ばれていたもの（毛利氏の「和文体以前の「倭文体」をめぐって」『萬葉』一八五、二〇〇三年九月、「古事記の書記と文体」『古事記年報』四六、二〇〇四年一月、「倭文体の位置づけをめぐって―漢字文化圏の書記を視野に入れて―」『萬葉』二〇二、二〇〇八年九月、「上代

の作品にみる書記と文体―萬葉集及び古事記・日本書紀を中心に―」『古事記年報』五二、二〇一〇年一月など参照)。
(6) 拙論「木簡・文書の文字使用に関する一考察―基本的課題をめぐって―」(『国語文字史の研究十一』二〇〇九年五月。本著作集第二巻『上代文字と木簡の研究』所収)
(7)『古事記』ならびにその読み下し文は、山口佳紀・神野志隆光『古事記』(新編日本古典文学全集1)一九九七年六月による。ただし、ルビは任意に省略した所がある。以下同じ。
(8) 注(1)一九ページ
(9) 和田萃・東野治之・鶴見泰寿「木簡」(『飛鳥京跡苑池遺構調査概報』二〇〇二年一月)
(10) 拙著『木簡と宣命の国語学的研究』一九八六年一一月　一八八～一九〇ページ
(11) 東野治之『日本古代木簡の研究』一九八三年三月、拙著『木簡と宣命の国語学的研究』参照
(12) 奈良国立文化財研究所『藤原宮木簡一』(解説)一九五六年一月
(13) 注(10)一八七ページ
(14) 李成市「新羅と百済の木簡」(『木簡が語る古代史上』一九九六年九月)、拙著『上代文学と木簡の研究』一九九九年一月　八〇ページ
(15) 注(3)九八ページ、三一七ページ
(16) 寺崎保広「奈良・飛鳥池遺跡」(木簡学会『木簡研究』第二一号　一九九九年一一月)、及び注(3)五七ページ、一三三ページ
(17) 注(3)三三ページ
(18) 注(3)二八二ページ
(19) 西宮一民『古事記』修訂版(初版一九七三年二月)「凡例」一五ページ
(20) 大坪併治「漢文訓読語における接続詞」(『月刊文法』二―一二　一九七〇年一〇月　八八・八九ページ)
(21) 注(7)の「解説」四〇九ページ
(22) 注(1)三〇四・三〇五ページ
(23) 以下、注(3)三一五ページ参照

（24）『日本書紀』は、小島憲之・直木孝次郎・西宮一民・蔵中進・毛利正守『日本書紀1』（新編日本古典文学全集2）一九九四年四月を使用。
（25）林四郎「古事記、「之」字の用法」（『国語と国文学』六八―一　一九九一年一月　一四ページ）
（26）注（1）二一九ページ
（27）注（3）参照
（28）注（3）二八四・二八五ページ
（29）矢嶋泉「和銅五年の序―『古事記』序文研究史の陥穽」（『国語と国文学』八七―一一　二〇一〇年一一月）、「古事記成立論の行方―序文研究史の再検討」（『国文学　解釈と鑑賞』七六―五　二〇一一年五月）

〈この論文では、研究誌編集者の毛利正守氏のご教示により、「変体漢文」を「倭文」と書き換えた。だが、本著作集の第一巻に増補した「上代散文の文体について―和漢混淆文前史―」では、「漢文」について、現代の日本では一般に、古典中国語で書かれてはいるが、文語の日本語文（漢文訓読文）で読まれる文章を意味するものとして私は論じた。そうすると、変体漢文はその変体のものと、少なくとも今の日本人には考え得ると思うので、この命名については、後日に再考することとして、読者はここの「倭文」を一応「変体漢文」に戻して読んでいただきたい。もっとも、時代が進み、もしも古典中国語で書かれた「漢文」を中国語で読むことが多くなれば、「変体漢文」という用語も変更しなければならなくなるであろう。〉

2 〔書評〕佐佐木隆『上代の韻文と散文』

本書は第Ⅰ部から第Ⅲ部までの三つの部と二つの付論によって構成されている。そのうち、「第Ⅰ部　韻文と散文の構文的差異」が、最も本書の表題にふさわしい内容である。第Ⅱ部、第Ⅲ部は、『萬葉集』の和歌を主として論じており、著者の得意とするところであろう。今までに蓄積された研究の重厚さが感じられる。「付論一」も著者の長年にわたる『萬葉集』研究の集積の上にもたらされた論考と言えるであろう。「付論二」は、金石文などの散文から、『萬葉集』や木簡をふくむ宣命体資料などに、表記についての考察を広げたものである。

いずれも、広く、かつ詳細に及ぶ分析を基に、徹底して用例を博捜、収集した上で、適切な事例に基づき、帰納法的に可能なところまで考証を進めるという、国語学的研究方法としては、まことに堅実な方法で論を進めていて、その実証的研究のみごとさに、私は読みながら感嘆していた。

さて、第Ⅰ部は「韻文である『萬葉集』の歌と、散文である『続日本紀』所載の宣命および『延喜式』所載の祝詞」とを比較対照しながら、意欲的に考証を進めたもので、研究にあたっての視点からして、斬新で大胆なものと思われる。それに、私の研究領域に最も関係するところなので、本稿では、まずこの第Ⅰ部について、詳しく内容を見てゆきたい。

第Ⅰ部　韻文と散文の構文的差異
　第一章　助詞「し」の用法
　第二章　助動詞「如し」の用法
　第三章　準体句・ク語法の用法
　第四章　「―や―む」の用法

この第一章では、韻文と散文の間には助詞「し」の用法に差異はあったのか、なかったのか、という問題について論じている。散文は『続日本紀』宣命を、韻文は『萬葉集』を取り上げている。両者を比較することについては、佐佐木氏も「分量の差が大きすぎる両者を調査対象として「し」の用法の実態を見ることが、当時の散文と韻文との間の、構文上・文法上の実態を見るのにどれほど有効なのか、という疑問がつきまとうのである」と、あらかじめ断っておられるが、分量だけでなく、後述するように、外にもこの比較の有効性については、いささか課題ありと言うことができるであろう。

さて、佐佐木氏は、まず『続日本紀』宣命に見られる四十例の助詞「し」について、大野晋の論考における助詞「し」の五種類の用法を示す。そして、本稿は大野晋の「宣命のシの意味用法は、基本的に万葉集と同一である」とする断定を明確に否定し、「宣命の「し」と『萬葉集』の「し」とは用法が大きく異なると言われなければならない」と断じる。大野の分析に従って分析し、また、佐佐木氏の異なる角度から見た分析によって検討した上でこの結論に至ったものであり、その過程では、緻密に考察がなされている。「宣命に用いられた「し」の半数に及ぶ二十例が「…することによって」という意味の「…てし」であり、同じ用法の「…てし」は『萬葉集』に一例もない」「また、それとは逆に、「…し」という表現が、「思ほゆ」「見ゆ」その他の「――ゆ」型の動詞を導いたものが『萬葉集』に六十二例あるのに、宣命には一例もない」と指摘している。

大野晋説の限界を「大野の論では、「こそ」の機能と対比しうる「し」の機能しか視野に入っていないから、宣命と『萬葉集』に見える「し」の共通点のみが意味をもつことになる」と鋭く指摘している。これは、その通りであろう。しかし、佐佐木説もまた、大野説への反論がその論考の基調にあることから、一つの限界が生じている可能性がある。たとえば、『萬葉集』の「家にてもたゆたふ命波の上に浮きてし居れば奥処知らずも」〔巻十七・三八九六〕の「…てし」など、宣命の、ある例に近いものと思われる。佐佐木氏は注記などで、一応は『萬葉集』の「てし」と宣命のそれの違いを断ってはおられるが、もしこの論が大野説への批判を基調に置いたものでなければ、これを重視して、本論の中でもっと詳しく述べておられるはずである。また、「思ほゆ」「見ゆ」などは、和歌のように個人的に心情を述べるものには出てきやすいが、そもそも宣命のような、公的な場で大勢の臣下たちに伝達するための文章には現れにくいものではなかろうか。

第二章では、助動詞「如し」の用法について、『続日本紀』宣命の十三例、『延喜式』祝詞の三十一例、『萬葉集』の約百二十例について、その用法を分類して、詳しい分析を行っている。宣命・祝詞の用例が多いだけに、第一章よりさらに詳細に及んでの考察がなされているように印象される。「如し」使用の様相が一望できてありがたく、ここから新たな課題を広げることも出来そうである。さらに、論は『古事記』の「如」字の読みの検討や、「ゆゑ」などの語の分析にまで進むが、このあたりは、今後に向けて、考察の発展が期待されるところである。

第三章は、構文との関わりの強い準体句とク語法について、考察がなされている。前者については、「無助詞の準体句は歌においてのみ許容されたものであり、それは宣命の表現の様態から見れば例外的な用法のものだった」と分析を進める。用例を博捜しての結論であるから納得できる。もっとも、宣命においては形式名詞「こと」の使用、和歌においては字数の制限が関連している可能性もある。「日常会話などの散文に用いられる準体句が、宣命のように常に助詞を伴ったかどうかは断言できないが、助詞を伴うのが規範的で正しい表現だと考えられただろうことは推測できる」というところには、氏らしからぬ勇み足を見る。「日常会話などの散文」とは、この時代に、いったいどんなものであったのか、その実態は把握できるのかという問題がある。私は従来より、宣命は漢文の翻訳・翻案によって成立したものと論じて来た。だから、もちろん宣命の文章作成における規範意識は強かったであろう。だが、日常会話はそれとは異なる。そもそも日常会話において、かたことではなく、散文の文章といえるほどのものが成立していたかどうかも明確ではない。日常会話ではなく、たとえば神話は口頭の文章としてあったが、それもあるいは散文というより韻文の傾向を持つものであったという可能性がある。宣命は漢文の翻訳から生まれたものであるなら、当然、当時の漢文翻訳文からの影響は強い。これは、宣命だけでなく、当時の表語・表意文字→訓読字としての漢字によって表記された文章全体に言えることであろう。したがって、表記された文章については、「助詞をともなうのが規範的」であった可能性は大きいが、「日常会話」については、いまはまだ、推測の外としなければなるまい。

次に、ク語法について、「……なく」「……なくに」という詠嘆の用例が、宣命にはまったく見えない。「これは、威厳をたたえる宣命と、細かい心情を表出する歌の表現が大きく異なることを示す、顕著で端的な事実の一つである」と指摘する。重要な指摘であるが、この外にも宣命と和歌の違いは大きい。宣命は、あった事柄を叙述したり説明したりして、臣下を説得し命令するという内容をもつことが少なくない。散文であっても、特殊なものである。これをもって、散文一般をいうことは難しい。

この章の終りに、『古事記』の「垂落塩之累積成嶋」の読みについて、山口佳紀の説に反駁し、「主格である準体句が助詞を伴わないというのは散文としては例外となる」「準体句と主格の助詞との関係について、同じく散文でも宣命と『古事記』では異なるのだという根拠が具体的に提示されないかぎり」山口説は疑わしいとする。しかし、宣命の文と、『古事記』のこの部分の文とは、同じ「散文」としてひと括りにはできない。内容が違いすぎるのである。『出雲国風土記』の国引きの詞章など、広く他の文献にもあたって、さらに考察を進めてほしいところである。

第四章は、「――や――む」という型の構文について論じたものである。木下正俊氏の説について批判し、結論は似たものながら、さらに分析を進めて、その結果に至る論証の道筋を整理、修正したもののようである。事実の裏付けのある、堅実で説得力のある論考と思われる。ただ、宣命の十四例ある「――や――む」という型の構文で、反語を表すものが九例と示されているが、その例文どうしの内容が似通っており、表現もあるいは、宣命においてパターン化したものかと思われる。内容が瑞祥や即位など、おめでたい、つまり祝福すべき出来事に関連するもののようだが、宣命の作成においては、先に出た類似の内容を持つ宣命や詔勅を見本として、それにバリエーションを付けて新しく宣命を作成するようで、とすると、内容が似通っておれば、表現も似通ってくる。似た構文の数は似た事柄の繰り返された回数に比例することともなる。和歌においても類歌の存在という問題はあるが、宣命においてはその「作品」数がきわめて少ない中で、表現の継承ということが起きるので、構文や用語などの事例の多い少ないは、出来事の多い少ないを直ちに反映する結果となる傾向が強いと考えられるのである。

以上、第Ⅰ部については、長きにわたって韻文、つまり『萬葉集』の和歌について研究されて来た佐佐木氏の論考に対し、かつて『続日本紀』宣命について研究した経験のある私が、いわば逆の方向から批評する立場となった。研究の方向の違いから、氏の独創的な視点からの重厚な研究に対し、ほんの部分的なところをとらえての、揚げ足取りのようなことをしてきたのではないかと恐れる。上代における韻文と散文の違いを、構文面から考察するという意欲的な研究で、今後の継続が期待される。また、上代における散文とはなんぞや、という大きな課題が前面に立ちはだかっているように思われるが、これについては、漢文や和化漢文（変体漢文）などに関する研究が学界において進行中のようで、多方面からなされる研究の進展によって、解決の手掛かりを得ることが出来るかと予想される。

第Ⅱ部は、『萬葉集』の和歌や『古事記』の歌謡を研究対象とするもので、佐佐木氏の従来からの研究の発展した所にあるものと言え、手慣れた分野で真骨頂を発揮している感がある。

第Ⅱ部　歌の表現とその構文

第一章　「明石大門に入らむ日や…」――時間語と「や」の結合――
第二章　「痩す痩すも生けらばあらむを…」――「あり」の一用法――
第三章　「槻弓の臥やる臥やりも…」――目的語の様態――
第四章　「生けりとも無し」と「生けるとも無し」――「と」と「無し」の結合――
第五章　「時」と「時じ」――「時」の語義――

いずれも歌の読みや解釈にかかわる課題を取り上げ、従来に出版された研究書の路線を発展させたものという印象を受けた。

第一章は、人麻呂の作品中の「入日哉」の訓について論じたものである。「入らむ日や」と読むべきことについて、これは木下正俊の論考によってすでに定訓化しているが、佐佐木氏は多くの用例によって、それをさらに高度に整理し、批判しながらも、さらにこの定訓を確認し、論を整えてそれを補強したものと見られる。

第二章は、家持の作品中の「あらむ」について、『萬葉集』中の用例を詳細に検討した上で、この表現がどのような意味や背景を持つものなのかを確定したものである。

第三章は、『古事記』歌謡の語句「槻弓の　臥《こ》やる臥やりも　梓弓　立てり立てりも」について、構文ひいては表現を論じたものである。考証の手掛かりとなる用例を博捜して、論を構築し、説得力のある論考となっている。

本稿によるかぎり、詳細に渡っての考証を経た、佐佐木氏の解釈が最も正しそうである。ただ、理論的にはそうだが、私の感性からすると、完全には腑に落ちかねる所が残る。歌を創作する立場に立てば、「臥やり」は名詞化できるだろうが、「立てり」は名詞化しにくい。そこで、文法的にはいささか不自然な表現とはなるが、歌う際のリズムから、語法上は少々強引でも、この形で妥協しようということではなかろうか……これが主観による乱暴な判断だとは我ながら思うが、あまり理詰めで説かれていると、かえって疑念の余地はないかと考えてしまうのが批評というものか。

なお、本論文中に引用している祝詞の「作々物《つくるつくりもの》」は、「作々物《つくりつくるもの》」と読む可能性がある。また宣命の語句「遣《つか》はす使人《つかひ》」などの例を引いて、それを古い用法と見なすがごとき論法は危うい。宣命の語句には、漢文からの影響を受けている可能性がある。

第四章は、「と」についての課題をめぐって詳細に論じ、第五章は、「時じ」を中心にこれも詳しく論じたものである。いずれも、従来から論じられてきた問題の語句に関するものであろう。多方面からの視点に立って、理路整然と分かりやすく説かれている。

第Ⅲ部は文字の誤脱に関する論考が集められている。

第Ⅲ部　写本の文字と誤字説

第一章　「受早宿跡」——借訓字の用法から——

第二章　「手二所纏乎」——表現の呼応から——

第三章　「人事繁哉君乎」——ミ語法の用法から——

第四章　「吉名者不告」——「よし」の用法から——

第五章　「奥槨常念者」——構文の様態から——

第六章　「国見者之毛山見者」――歌の構成から――

第七章　「受旱」と「時及」――誤字説と字義から――

第一章は次の一文で始まる。

写本を扱っていると、本文に問題があるのかも知れないと思われる箇所に、しばしばつきあたる。そうした場合、当該箇所に誤写が起こったことを想定すべきか、あるいはまた、ひとまず写本に見える本文を尊重し、それを原形と認めたうえで、何とか疑問を解消しようと努めるべきか。この問題はどうしても回避できないものであり、どの古典の写本を扱う場合にもあてはまる。

古語の研究者には広く共感を呼ぶであろう書き出しである。ここでは、『萬葉集』に二例みられる〈旱〉字について、これを借訓字〈日手〉を誤写したものとする説をよしとし、次のように述べる。

確かに、かつて頻繁に提唱されたような、写本から大きくかけ離れた原文や、もってまわった複雑な原文などを想定した恣意的な誤字説は、もともと信用するに値しないものである。しかし（中略）〈旱〉と〈日手〉のように単純な、形態面でよく似た原文を想定する誤字説ならば、また、そう想定することによって疑念があっさりと解消されるならば、それを提示・採用することに躊躇を感じる必要はない。

これも、共感を覚えるところである。たしかに、写経所における写経のように、厳重に勤務評定付きの点検がなされるような場合はまだしも、書写における誤字脱字衍字はさけがたいものである。自分自身の書いた文章でさえ誤写するのが人というもの。しかし、ことは、簡単ではあるまい。文脈から想定して、これが正しいと推測しながら読む。しかし、改めて原文を調べると、その推測読みが間違っていたということも、木簡の解読などでは、ままあることである。もっとも、『萬葉集』のこの箇所の読みについては、佐佐木氏が詳しく論じられたところが妥当であろう。

第二章も、誤字説を回避できない例について論じている。第三章は写本によって〈之〉字〈乎〉字の異動のあるものにつき、どちらが原文かを論じている。第四章は、かつて誤字説がいくつかあった字句について論じたもの。第五章は、新しい読みに誤字説が生じたもの。第六章は古くから脱字・誤字・衍字の説がある一句について述べたもの。第七章は第一章で論じた〈早〉字について、再び取り上げ、第一章とは別の問題について考察している。紙幅の都合で、詳しくは紹介できないが、いずれも感嘆を覚えるほど、多角的に、詳細に検討されていて、ここで使われている字句の解釈に関する考証は、今後、この研究書を出発点の一つとしなければなるまい。

なお、近年は木簡などの新しい出土資料により、上代の文字の誤脱をうかがえる生の現物資料も増えている。正倉院文書も合わせて、上代の書記、書写における誤字脱字衍字の諸相が一つの重要な研究テーマとして、研究がなされるべき時期に来ているのではなかろうか。これは、あるいは我々の次の世代に託さなければならない課題かもしれないが。

以上の三部の構成のあとに二編の付論が加えられている。

「付論一」の「歌の解読と語法」は、『萬葉集』のいくつもの作品について、「構成」「語法」「解釈」「訓法」などの各方面から見直し、検討の方法を多くの具体例をあげながら整理して論じたものである。研究方法を論じた論考としても読まれるものと思われる。

「付論二」の「上代語の表記法」は、現在、上代語上代文学の研究分野の最先端で研究が競われている課題である。あいつぐ新出資料の出現で、日進月歩の感のある分野であるから、この記述内容が、すでに現在ではもの足りないものとなっている恐れもある。次に書かれるであろう論考によって、さらにこの部分の研究が大きく発展するであろうと期待されるところでもある。

木簡研究の立場から「付論二」に関して、あえて補記するなら、たとえば、『古事記』の表記について、「修理固成是多陀用弊流之国」の「ただよへる」などの部分をとらえて、「固有名詞以外の語を一字一音の形式で書いた、それ以前の確実な例は残されていない」（三九四ページ）とするが、これは、否定される。「北大津遺跡音義木簡」に漢字の訓を記した「田須久」「阿佐ム加ム移母」の例のあることがつとに知られている。和歌木簡では「なにはづに」の歌など、七世紀の真仮名表記の例がいくつか出土していることは、今ではよく知られている。木簡以外の資料では、「法隆寺幡銘」に「壬午年二月飽波書刀自入奉者田也」があり、「者田《はた》」は普通名詞「幡」の一字一音表記、壬午年は、天武十一年（六八二）である。上記の『古事記』の表記などは、天武朝にも書き得たであろう。

また、『古事記』の歌謡の表記について、「すべて一字一音の形式であり、これは梵語（サンスクリット語）を漢語に翻訳せずにそのまま表音的に書いた、漢訳仏典に見られる陀羅尼《だらに》に倣ったものだろうという」（三九五ページ）と、かつては通説だったが、いまは一説というべきものを批評なしに紹介されている。この説は、『古事記』の歌謡の表音式表記が、地の文の和化漢文とセットになることで成立したならとにかく、歌謡の表記として表音式表記がすでに一般化していたとすれば、なりたちにくい。

また、「日本人のなかに、帰化人系の人々に頼らなくても実用的な日本語文を書くのに何とか漢字が使える、というレベルの人物が七世紀の中頃には出てきた」（三九二ページ）と書かれている。これは、学界全般に言えることだが、「帰化人」の定義、「日本人」の定義を見直さねばならない時期に来ているように思われる。少なくない数の人々が、いわば雨だれ式に、ときには、なだれ式に渡ってきて、日本に土着するような時代を想定すれば、いったい「帰化人」と「日本人」との違いをどこに置くのか当惑する。

もっとも、この「付論二」では、そうした、先鋭の問題を論じようとしたのではなく、これまで学界で永年にわたって積み重ねられてきた『萬葉集』などの表記についての研究成果を振り返って整理し検討して、現代における穏当な見解を示されたものと取るべきで、わずかな一部分をとらえての私の反論は蛇足であり、見当違いだと言えるかもしれない。ご寛容を願う。

以上、繁簡よろしきを得ぬまま、自分の興味によって書き進めてしまった。本書は、堅実で重厚な書である。それとともに、研究内容にはこれから大きく発展する可能性が見られた。上代語上代文学の研究を進めている若い方々にも、強く推薦したいと思う。

なお、「あとがき」によると、本書は二〇〇四年以降の既発表論文と、六編の新規執筆の論考から成っている。佐佐木隆氏の旺盛な研究活動に改めて敬服した次第である。

初出一覧

第一部

1、七世紀における日本語の文章表記（『国語と国文学』東京大学国語国文学会　一九九九年五月）
2、法隆寺幡銘と斉明紀挽歌（『国文学』学燈社　一九九九年九月）
3、文章史から見た法隆寺幡銘と薬師像光背銘——七世紀金石文の作成年代に関して——（『書くことの文学』笠間書院　二〇〇一年六月）
4、万葉集の表記と文体——柿本人麻呂歌集の筆録をめぐって——（『日本語の伝統と現代』和泉書院　二〇〇一年五月）
5、播磨国風土記の筆録——用字および表記に関して——（『古代文学研究』8号　甲南大学古代文学会　二〇〇三年三月）
6、木簡の文体史——七世紀を主として——（『甲南大学紀要　文学編』二〇〇三年三月）
木簡の文体史（続）——石神遺跡出土木簡——（『甲南大学紀要　文学編』二〇〇五年三月）
7、書評　沖森卓也著『日本古代の表記と文体』（『国語と国文学』東京大学国語国文学会　二〇〇一年七月）
8、日本語表記のルーツを探る（『しにか』大修館書店　二〇〇〇年九月）
木簡と国語学（『文化遺産の世界』第5号　国際航業アドバンス事業本部文化事業部　二〇〇二年五月）
9、古代文字と意味（『国文学』学燈社　二〇〇二年九月）
10、万葉集と庭園——イメージモデルとしての古代苑池——（『日本文学』日本文学協会　二〇〇三年五月）

第二部

1、古事記の佐久夜毘売説話と日本書紀
（『古事記・日本書紀論叢』群書（太田善麿先生追悼論文集刊行会）一九九九年七月）

2、古事記と日本書紀に共通する一本について――国生み、黄泉の国、須佐之男昇天――
（『古代文学研究』5号　甲南大学古代文学研究会　一九九九年九月）

3、古事記の天孫降臨説話と日本書紀（『甲南大学紀要　文学編』二〇〇〇年三月）

4、古事記・日本書紀の表記と成立過程――国生み、天の石屋、八俣の大蛇――
（『上代語と表記』おうふう（西宮一民先生喜寿記念文集刊行会）二〇〇〇年一〇月）

5、古事記中巻と日本書紀――神武・崇神・垂仁――
（『古代文学研究』6号　甲南大学古代文学研究会　二〇〇一年三月）

6、古事記の形成と文体――漢文的傾向と和文的傾向――（『甲南大学紀要　文学編』二〇〇一年三月）

7、古事記の筆録と和風表記――天武朝成立説をめぐって――
（『古代文学研究』7号　甲南大学古代文学研究会　二〇〇二年三月）

8、古事記下巻と日本書紀――仁徳・允恭・安康――（『甲南大学紀要　文学編』二〇〇二年三月）

9、書評　西條勉著『古事記の文字法』（『国文学研究』早稲田大学国文学会　一九九九年三月）

10、記紀と表記――原資料の面影を追って――（『国文学』学燈社　二〇〇三年一一月）

＊原則として原文のままを本書に収めた。ただし、校正ミスの訂正、年次表記の統一などのほか、「第一部8」では挿入写真の一部省略、位置の移動、説明の省略がある。また、〈　〉に入れ、本書作成時において追記した箇所が若干ある。

（増補）

1、古事記序文と本文の筆録（萬葉語学文学研究会編『萬葉語文研究　第8集』和泉書院　二〇一二年）

2、書評　佐佐木隆著『上代の韻文と散文』（『日本語の研究』第7巻2号　二〇一一年四月）

＊本著作集刊行にあたり、二〇〇六年刊行の『木簡・金石文と記紀の研究』並びに増補した論文・書評の誤字、脱字などの錯誤を改めている。

あとがき

あれは二〇〇三年三月だったから、もうすぐ、満三年になる。頸椎の手術のために入院した。手術のあったのは、アメリカ・イラク戦争の始まった日であった。

その一年以上まえから、医者たちに手術を強く勧められていたのが、諸事情により、延ばし延ばししていたものである。きつい手術のようなので、はたして戻って来れるか、などという思いがなくもなかった。そうしたこともあって、その前年の十一月ころ、思い立って本書の編集を行った。もしかしたら、遺稿集のようなものになるのではなかろうか、という思いが、これも、なくはなかった。

だが、無事、病院から帰還すると、体力が弱り、それ以上に気力の弱りもあって、研究活動からは、少々、遠ざかってしまい、その他の理由もあって、結局、本書の刊行は、予定よりえらく遅くなってしまった。

本書に収めた論文のうち、六点は国内研究で講義を休んだ一九九九年度に書いたものである。たまたま、活字にしていただける機会が多く、一気に三年分くらいの数の論文を、いろいろの論文集や機関誌に掲載していただけた。それに関しては、それぞれお世話になった方々は多くて、ここに謝辞を書ききることができない。

研究のうち、木簡などに関するものは、飛鳥を始めとする各地の遺跡から、七世紀半ばから後半にかけて書かれた木簡が次々と出土したことに刺激を得て書いたもので、これは、『上代文学と木簡の研究』（一九九九年一月出版）を引き継いでいる。

後半の『古事記』の成立に関する研究は、本格的には古事記学会から「古事記研究大系」への執筆の依頼を受けて論文を書いたことから始まっている。この事情は前記の拙著のあとがきに書いたところである。

木簡研究について言うなら、いわゆる一般向けの啓蒙的な分かりやすい概説書が、そろそろ書かれるべき時期であろう。ただし、研究としては、資料を整理しまとめる基礎的な作業が待たれている時期だと思う。この数年間にも、特に歴史学の分野では、めざましい進展が見られた。それらの成果も取り入れた基本になる資料の整備が望まれるのである。

『古事記』の成立について言うなら、これは難しい課題で、十年やそこらでは究明しつくせない。もっと年月をかけて『古事記』の作成を追体験できるくらいまで徹底した分析を行う必要があろう。さいわいなことに『日本書紀』という参考資料が残されている。不可能なことではない。

木簡の研究など、まだまだ資料と向き合い、こつこつと地道な作業を行いながら研究を進めて行くべき段階で、将来ある若い研究者のためにも、基礎的な資料整備が待たれていると思うのだが、しかし、若いかたがたの中にこそ、そうした地味な基礎研究に携わってくれる者の出現する可能性があるのではないかと思う。私には、もう、そんなに長い年月は残されていないであろう。

ここで自分の昔を振り返って見るのだが、私の修士課程二年目に書いた論文の下書きは、のち、全国大学国語国文学会の機関誌にはじめて活字になった、その論文のもとになったものであったが、奈良教育大学まで出かけて、恩師の鈴木一男先生に見ていただくと、いろいろ注意のあった後に却下され、もう一年大学院に残るように言われた。当時はまだ、甲南大学の大学院の国文学専攻に博士課程はできていなかった。また、奈良教育大学には大学院がなく、鈴木先生は、非常勤で甲南大学の大学院に来て下さっていたのである。

修士課程の三年目には、ときどき鈴木先生から電話があって、（国文学専攻修士課程の）最初の卒業生になるのだから、博士論文を書くつもりで努力するようにと、励まされた。

あのころは、将来、自分が研究者となるとは思っていなかった。そうなりたいと思い始めたのは、修士論文をまとめなおして投稿したものが、学会誌に掲載され始めてからでなかろうか。修士課程修了後二年してから国文学専攻に博士課程ができた。

今、三十数年前の私と同様に、研究者としての未来が見えないまま研究に励んでいる若いかたがた、その中の誰か一人でも、この研究分野を引き継いでいただければと思うこと、しきりである。

なお、本書において、年号の西暦への統一をはじめ、表記などについての細かな編集作業に関して、和泉書院編集部の方のお世話になった。

また、「事項索引」に関して、甲南大学博士後期課程大学院生の安井寿枝氏のお世話になった。

本書が成るに当たっては、和泉書院の廣橋研三氏のご尽力をいただいている。ここに記して、感謝の意を表す次第である。

二〇〇六年一月二十八日

小谷博泰

著作集第三巻あとがき

西條勉氏は数少ない私の研究者仲間の中で、とりわけ懇意にしていただいていたかたの一人であった。彼は国文学、私は国語学と研究のジャンルが違い、研究方法も違っていたが、私が依頼により彼の著書の書評（本書所収）を書いたことがあり、今から思うと、それが動機の一つとなって、「古事記の成立」というとてつもなく大きな研究課題に関わることになったのかもしれない。

私的個人的な研究史を考えると、いろいろな状況の流れによって、研究が思いもかけない方向へ進んだり、逆にそこから逸れたりすることがあった。長屋王家木簡が大量に出土したころ、それに興味を持ったが、もしその研究を行っていたら、さらにそこから『万葉集』へと進むきっかけが出来ていたかも知れない。だが、勤め先の大学で日本語教育の課程の創設を検討して、その方面の勉強の比重が大きくなり、その忙しさで木簡関係の研究はいささか休みがちとなった。いっぽう、『古事記』関係の研究はそうした状況もあまりなく、むしろ流れにのって先へ先へと進んだように思い出される。古代歌謡の研究家の宮岡薫教授の指導で甲南大学に古代文学研究会がつくられ、研究誌の発行が行われたことなど、その流れの一つであった。

さて、『古事記』成立の研究もつきつめると、この文献の最終作成者、あるいは最終編集者のしあげた『古事記』の、元になったいくつかの原資料を復元するところまで行かないと、決定的なことは言えないのではなかろうか。そのための手立てをカンによって漠然とつかめるところまでは来たかなと思うのだが、それを成し遂げるにはもう時間がない。

『古事記』序文に関して、論証できない推測を一つ言うと、作成の事情と年月日の関係である。天皇の命がくだってから完成するまでに所用した期間がえらく短い。そんなにはやく出来上がるわけがないだろうということで、問題になるところである。実務的世間的な実際として、その成り行きを憶測するなら、こういう仮定も許されるかという前提で、かねてから思っていたことをあえて書くと、天皇から『古事記』編纂の命が下ったときには、前時代からの流れですでに『古事記』本文が、あとわずかな校訂を待つほかはほぼ出来上がっていて、残るは序文の作成をするばかり。その序文も一部分がすでにメモていどには下書きされていたのではなかろうか。

『日本書紀』のように大々的に行われた国家事業とは異なり、『古事記』の場合は、稗田阿礼という役所組織の外にいた重要人物を使っていることもあって、相対的にやや私的な立ち位置によって作成の事業が進められたことが考えられる。比喩的に言うと、その最終段階において、国のトップ、つまり天皇の決裁、つまり勅命をいただいて、事業の存在をあらわにしたのが序文に書かれた日付だったのではないか。このような実務的な成り行きは、裏方の事情など思いもしない学者世界では、あるいは考えに入れることもタブーかも知れない。実証など不可能な場にあるのが大概の世間の出来事である。

天皇のお墨付きをいただけば箔がつく。実務的な組織にあってはやや立ち位置の私的な奥向きの世界にあったものを、どうどうと国家における公的な高い表向きの、つまりハレの世界に出せる。また、天皇にとっても、その重要な功績として後世に残すことが出来る。いずれにもメリットがある、というようなドライな計算は、現代から眺めた結果としてのことであろうが、お役所内で働く裏方や、太安万侶などの立ち回りが想像される。ただし繰り返すが、たとえそうした状況があったとしても、それは学問研究においては関われない場面である。あるいは、文学研究のジャンルでなら何らかの方法があるかも知れないが、表（おもて）に現れた事物にもとづいて、言えるところまでを言うという、私の国語学ジャンルでの研究方法では、手の届かぬもの、いわば守備範囲の外にあって断念せざるを得ない領域である。

ある題材について、国語学的方法、文学的方法の二通りの方法で考えてみたら、両者の間で結論が逆になったことがあった。すなわち、その研究は捨ててしまったので、何がテーマだったのかも忘れた。若いころ、思いつくまま研究テーマを手帳にメモしていたことがあったが、その多くは、あるいはすべては、研究する時間もなく捨ててしまった。人生短しで、したいことは山ほどある。

上代の日本の文学史を考える際、ネックになるのは古代朝鮮半島の残された文章資料の少なさである。以前は私の生きている間に、北朝鮮で木簡の発掘が行われるような時代がこないかと期待したこともあったが、どうやら無理のようである。ただ、かつて漢字文化圏にあった国や、今は中国の一部となっているが、古代に分立していた国々あるいは民族のなかには、中国語とは言語系統の違うことばを使っていた国などがあって、そのことばを公用語のようにしていたケースもあるであろう。そうした地域や民族の文字（漢字）資料をたんねんに調べてゆけば、見えてくるものがあるのではなかろうか、などと空想は広がるのだが、そのあたりはもう人工知能の仕事になるかもしれない。

なお、私の研究書についての書評として、私が認識しているものでは、次の三編がある。いずれも心のこもった、丁寧な批評である。

書評　小谷博泰著『木簡と宣命の国語学的研究』（西宮一民「奈良教育大学国文」一九八七年三月）

書評　小谷博泰著『木簡と宣命の国語学的研究』（東野治之『長屋王家木簡の研究』一九九六年十一月）

書評　小谷博泰著『木簡・金石文と記紀の研究』（沖森卓也「日本語の研究」二〇〇八年七月）

また、『日本史文献事典』（二〇〇三年十二月）に『木簡と宣命の国語学的研究』の紹介文が掲載された。この執筆者は私自身で、短い文章なので、ついでながらここにその全文を引用しておきたい（原文は横書き）。

宣命、祝詞などの上代の和文的資料、および木簡などの金石文について、国語学的分野から研究したもの。

藤原宮出土木簡に宣命の常套語句を使ったものがあり、それがいわゆる宣命大書体表記でなされているところから、従来に推定されていた、宣命書（宣命小書双行体表記）が大書体から小書双一行体、そして小書双行体へと移行したことの裏づけとした。また、藤原宮木簡に宣命大書体表記（小書体表記のものもすでにあるが）など和文的傾向が強いことを述べている。宣命が中国の詔書の翻案になることを再確認し、その語法、語彙、文体などについても論じている。

祝詞は宣命から文の組み立てなど骨格部分に影響を受けているところはあるが、用語など意外に相違も大きく、その成立に宣命とは別の土台を持つものとする。宣命と万葉集、木簡と上代歌謡、風土記などとの共通する用語をめぐって、その意味するところを考察する。ほか、稲荷山古墳鉄剣銘の用語、高橋氏文の用字と語法、などの検討を行っている。

上代の歴史資料を中心に、木簡などの新出資料を材料に加えて、国語学からの検討を行ったもので、この方面の研究として一書にまとまった最初のものといえる。文書の作成や伝達、あるいは当時における訓読の進展、口頭言語とのかかわりなど、当時の言語行動に関連した領域にも検討を進め、中国、朝鮮からの影響関係をめぐる考察へと研究の方向を進めてもいる。

二〇一八年十月二十三日

小谷博泰

著者名索引

あ 行

か 行

さ　行

た　行

な　行

は　行

事項索引

く

け

こ

さ

し

も

や

よ

り

れ

ろ

わ

＊表記・文体・資料を重視し、他の分野に関する項目の多くは省略した。項目の語に関してはあえて統一しなかったので、類似の項目が分散して現れる結果となった。

(小谷博泰)

小谷博泰著作集　第三巻

木簡・金石文と記紀の研究

二〇一八年一二月一五日　初版第一刷発行

著者　小谷博泰
発行者　廣橋研三
発行所　和泉書院
〒543-0037　大阪市天王寺区上之宮町七－六
電話　〇六－六七七一－一四六七
振替　〇〇九七〇－八－一五〇四三

印刷・製本　亜細亜印刷　装訂　森本良成

定価はカバーに表示

ISBN978-4-7576-0891-7　C3381